河北农业大学卓越农林人才教育培养计划项目建设成果

SPSS
应用与案例分析

主 编 王 洁 杨江澜 石会娟
主 审 尉京红

中国财经出版传媒集团
经济科学出版社
Economic Science Press

图书在版编目（CIP）数据

SPSS 应用与案例分析 / 王洁，杨江澜，石会娟主编. —北京：经济科学出版社，2017.7（2019.7 重印）

河北农业大学卓越农林人才教育培养计划项目建设成果

ISBN 978 - 7 - 5141 - 8102 - 9

Ⅰ. ①S⋯　Ⅱ. ①王⋯②杨⋯③石⋯　Ⅲ. ①统计分析 - 软件包 - 高等学校 - 教材　Ⅳ. ①C819

中国版本图书馆 CIP 数据核字（2017）第 130558 号

责任编辑：崔新艳
责任校对：隗立娜
责任印制：李　鹏

SPSS 应用与案例分析

主　编　王　洁　杨江澜　石会娟
经济科学出版社出版、发行　新华书店经销
社址：北京市海淀区阜成路甲 28 号　邮编：100142
总编部电话：010 - 88191217　发行部电话：010 - 88191522
网址：www.esp.com.cn
电子邮箱：esp@esp.com.cn
天猫网店：经济科学出版社旗舰店
网址：http://jjkxcbs.tmall.com
北京季蜂印刷有限公司印装
787×1092　16 开　15.5 印张　390000 字
2017 年 7 月第 1 版　2019 年 7 月第 3 次印刷
ISBN 978 - 7 - 5141 - 8102 - 9　定价：42.00 元
(图书出现印装问题，本社负责调换。电话：010 - 88191510)
(版权所有　侵权必究　举报电话：010 - 88191586
电子邮箱：dbts@esp.com.cn)

编 委 会

主　任：王建忠　卢国林
副主任：尉京红　黎鸿雁　李维军
成　员：（按笔画顺序）
　　　　刁　刚　刘冬蕾　宋晓慧　张　玲
　　　　郭丽华　甄鸣涛　熊凤山

总　序

河北农业大学创建于1902年（清光绪28年），是我国最早实施高等农业教育的院校，是河北省建立最早的高等院校，是河北省人民政府与教育部、农业部、国家林业局共建的河北省重点骨干大学，是教育部、农业部、国家林业局首批"卓越农林人才教育培养计划"实施高校。学校秉承"农业教育非实习不能得真谛，非试验不能探精微"的办学原则，开创了享誉全国的"太行山道路"，凝结成"艰苦奋斗、甘于奉献、求真务实、爱国为民"的"太行山精神"，整合人才培养、科学研究、社会服务和文化传承创新四大功能，追求育人、兴校、富民目标，形成河北农业大学的优良传统和办学特色。

河北农业大学商学院溯源于1956年学校成立的农业经济教研组。1995年由原河北农业大学农业经济系（1980年）和原河北林学院的林业经济管理系（1987年）合并成立了经济管理学院，2002年经济管理学院分院成立商学院。

经过60多年的发展，河北农业大学商学院形成了博士、硕士、学士人才培养层次，拥有农林经济管理博士后科研流动站、农林经济管理一级学科博士点、农林经济管理和工商管理一级学科硕士点，农业经济管理学科为河北省重点学科，会计学为校级重点学科。商学院现设有农林经济管理、工商管理、会计学、财务管理和物流管理5个本科专业。商学院有河北省经济管理实验教学示范中心，是河北省农林经济管理人才培养模式创新实验区，是河北省农林经济管理本科教育创新高地。

围绕河北农业大学"建设特色鲜明的高水平大学"的教学发展目标，商学院坚持"入主流、有特色"的办学指导思想，以培养具有社会责任感，厚基础、强能力、高素质、广适应，具有创新创业精神和实践能力的复合应用型管理人才为目标，依托农林经济管理一级博士点和工商管理一级硕士点两大学科平台，不断探索本科人才培养新模式。

近年来，商学院加大了学术实践能力和创新创业能力的培养，先后制定了本科专业实践能力培养方案、实践能力培育路线图等，实施了"卓越农林人才教育培养计划改革试点项目"，鼓励本科生参与教师的科研课题，提高学生的科研能力；通过专业综合教学实习、各类创新创业技能大赛等活动，鼓励学生深入农村、深入企业一线开展实地调研活动，提高学生发现和解决实际问题的能力。

商学院通过开展各类实践和大赛活动，每年都能收到一系列专题调研报告和创新创业作品，为了及时总结学生成果，不断探索卓越农林人才培养的途径，我们组织编辑了"河北农业大学卓越农林人才教育培养计划项目建设成果"系列丛书。该丛书主要包括两大类，一是以学生的调研论文为主，主要收集当年本科生开展社会实践活动形成的调研论文，每篇都增加了指导老师的点评，形成了以"三农问题调研报告"为主线的论文集；二是以学生参与的各类创新创业大赛作品为主，主要收集当年本科生参与教师科研活动或创新创业大赛形成的科技作品，每个作品后增加了指导老师的点评，形成了以"创新创业实践"为主线的作品集。

本套系列丛书的出版得到了河北农业大学及教务处各级领导的大力支持，商学院各级领导和专业指导教师付出了辛勤的劳动，经济科学出版社的编辑们为本书的出版做了大量工作。在此特向对本书编写和出版给予关心、支持、指导和帮助的所有领导、老师和同学表示感谢和敬意。

社会经济在不断发展，卓越农林人才的培养也在不断探索中，我们希望通过该套丛书记录下我们在探索卓越农林人才培养过程中的点滴成果，以此激励师生，为今后更好地培养卓越农林人才提供借鉴，也希望更多的专家、学者关注该系列丛书，关注河北农业大学商学院的发展。

河北农业大学商学院教授、副院长

尉京红

2017 年 8 月

前　言

统计作为数据的科学，是一门实践需求很强的学科，具有广阔的应用领域。在2011年新的《学位授予和人才培养学科目录》中，将统计学升为一级学科，彰显了其在科学研究、社会经济发展以及政策决策等理论及实践中的重要价值。

在大数据日新月异的时代背景下，根据统计学科发展趋势和实践工作的要求，为了全面提升学生的统计应用操作能力，我们组织编著了这部指导书。本书以案例贯穿各种基本理论及应用的讲解，用数据分析结果说明统计分析的价值，希望能够通过实践问题，为学生数据分析能力的提升提供帮助。

当前，实际工作对数据分析能力的要求越来越高，从起始阶段的研究设计、调查设计到数据收集、整理和分析，以及最终报告的撰写等，都有很高的要求。同时，新研究手段、方法也为统计分析的实际应用创造了条件。所以，本书以统计过程为纽带，以理论联系实际、学以致用为原则，从数据的根源开始，经数据录入、整理、图示和多种分析方法的综合运用，到最终分析报告，以案例的形式引领章节的编排，寓理论于实践中，突出实际操作和结果的解读，希望以此能够引领各位读者进入统计分析的广阔殿堂，为实际工作提供帮助。

本书是"精品课程"建设成果的一部分，在编著过程中院领导、系主任和各位同事提出了很多中肯的意见和建议，在此，向各位帮助和指导我们工作的领导和同事深表谢意。参与本书设计的有王建忠教授、赵邦宏教授、尉京红教授、宗义湘教授、王俊芹教授、张润清教授、孙文生教授、张亮教授，最终由王洁、杨江澜、石会娟、李滢、刘晓东等编写完成。其中第一章主要由王洁、杨江澜编写，第二章主要由石会娟、刘文琪、郑杰编写，第三章主要由王洁、杨江澜、王亮、杨香合、刘佳琪、刘款、李华编写，第四章主要由石会娟、杨江澜编写，第五章主要由王洁、李滢、杨江澜编写，第六章主要由杨江澜、王洁、刘文琪、颜慧贤编写，第七章主要由杨江澜、王洁、刘晓东编写，第八章主要由石会娟、杨江澜编写，第九章主要由王洁、杨江澜、石会娟、冯晓明、李华、刘佳琪、颜慧贤、郑杰编写。全书最终由王洁、杨江澜、石会娟统稿完成。

在编写过程中，引用了多位著作者的相关数据文件，在文中相应位置已列明数据来源，在此对作者深表感谢。由于能力和水平有限，书中难免存在疏漏，不当之处敬请批评指正。

编　者
2017年4月

目 录

第一章 统计研究方法概述 ... 1
- 第一节 统计数据及其类型 ... 1
- 第二节 统计分析流程 ... 7
- 第三节 统计分析报告撰写 ... 9
- 附录1 利用EpiData软件进行数据录入 ... 15
- 附录2 调查问卷及编码 ... 25

第二章 描述统计分析 ... 31
- 实验一 频数分析 ... 31
- 实验二 描述性分析 ... 37
- 实验三 探索分析 ... 39
- 实验四 列联分析 ... 43
- 实验五 多重反应题目的分析 ... 48
- 实验六 设置表操作 ... 54

第三章 数据库管理及转换 ... 59
- 实验一 计算生成新变量 ... 59
- 实验二 数据分组——重新编码 ... 63
- 实验三 可视离散化分组 ... 67
- 实验四 分类汇总 ... 74
- 实验五 时间序列数据分析 ... 77
- 实验六 合并文件 ... 84
- 实验七 数据重组——数据库长宽型格式转换 ... 90
- 实验八 拆分文件 ... 95
- 实验九 加权个案 ... 100
- 实验十 抽样及其权重计算 ... 104

第四章 均值比较 119

- 实验一 单个样本的 T 检验 119
- 实验二 独立样本均值比较的 T 检验 121
- 实验三 配对样本的 T 检验 126

第五章 假设检验分析 130

- 实验一 单因素方差分析 131
- 实验二 多因素方差分析 138
- 实验三 多因变量方差分析 143
- 实验四 非参数检验 151

第六章 回归分析 156

- 实验一 线性回归分析 156
- 实验二 分类自变量的回归分析 163
- 实验三 分类因变量的回归分析 166

第七章 聚类与判别分析 172

- 实验一 二阶聚类分析 172
- 实验二 K中心聚类分析 175
- 实验三 层次聚类分析 179
- 实验四 判别分析 185

第八章 主成分与因子分析 191

- 实验一 主成分分析 191
- 实验二 因子分析 194

第九章 数据图表展示 200

- 实验一 箱线图 200
- 实验二 散点图 207
- 实验三 条形图 214
- 实验四 线图 218
- 实验五 质量控制图 223
- 实验六 人口"金字塔" 228
- 实验七 3D直方图 231

参考文献 235
后记 236

第一章 统计研究方法概述

本章主要介绍统计数据的基本知识、统计分析的一般流程以及统计分析报告的基本要求。最后介绍了一款数据录入软件——EpiData,这款软件有助于我们快速、准确地录入数据,审核数据质量。

第一节 统计数据及其类型

一、统计数据与变量

统计分析方法对数据结构有要求,不同的数据结构可以采取不同的分析方法,但可达到相同的分析目的。

(一) 数据及其结构

在利用统计软件对数据进行分析时,需将数据按照一定结构进行整理。一般情况下,要整理成矩阵式结构,如图 1-1 所示。

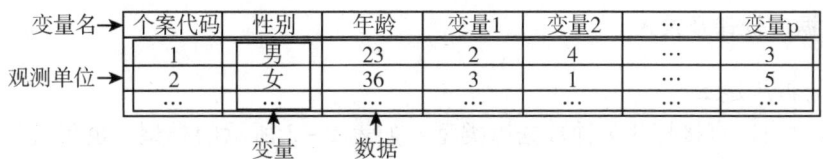

图 1-1 矩阵结构式数据文件

在矩阵式数据文件中,每一行数据称为一个个案(cases),记录着观测单位各方面属性信息;每一列称为一个变量(variable),用于描述各观测单位具体特征的观测值。

但有时候,针对一些特殊的分析方法,还需要对数据结构进行变换,使之适合分析方法的要求,这在后续实验操作过程中结合实例会有所说明。

(二) 变量及其类型

统计分析中的变量,对观测单位(个体)而言,表示属性及其属性值。对总体而言,它可以表示统计指标,用于描述总体数量特征。

本书中,我们主要是以微观数据为例,故围绕描述观测单位(个体)属性的变量进行重点介绍。在统计分析过程中,不同的数据类型选择不同的统计分析方法,这是由变量的测量尺度和数据存储类型决定的。

在 SPSS 操作中,变量的测量尺度(measure)划分为名义型(normal)、顺序型(ordinal)和数量型(scale)三类。不同测量尺度的数据可采用的一般分析方法如表 1-1 所示。

表1-1　　　　　　　　变量测量尺度及分析方法的选择

项　目	名义型变量 （nominal）	顺序型变量 （ordinal）	数量型变量 （scale）
定义	无序的分类变量	有序的分类变量	数值变量
示例	性别、血型	教育程度、满意度	收入、身高、体重
集中趋势	众数	众数、中位数	众数、中位数、均值
离散趋势	异众比率	全距、四分位差	全距、四分位差、标准差等
图示	饼图、堆积条形图	饼图、堆积条形图、	直方图、茎叶图、箱线图等
分析过程	频数分析	频数分析	频数分析、描述分析、探索性分析
分析模型	分类Logistic回归模型	序次Logistic回归模型	线性回归模型等

一般情况下，我们把名义型变量和顺序型变量称为定性数据，而把数量型变量称为定量数据。在分析方法的选择上，低测量尺度的变量数据不能使用高测量尺度的变量数据之分析方法，反之，则可以。

如上下班所用交通工具，用变量Traffic表示，交通工具的可能类型有：1家庭汽车、2公共汽车、3地铁、4自行车、5步行。其中，1、2、3等数字表示各类交通工具的代码。以数字代码的形式录入数据库会大大提高工作效率，但也为我们带来了烦恼，如果分不清代码的实际含义，而简单地对Traffic变量进行均值计算，将不会为我们带来正确的结论。我们看到代码4比代码2大（高）等，并不意味着自行车就比公共汽车好。请注意，代码仅是这些交通工具类型的代号，不具有大小、好坏比较的含义。

二、数据库管理及录入

（一）数据库建立

SPSS软件可以直接打开多种数据库类型，如表1-2所示的类型；也可直接在SPSS系统中通过设立变量—录入数据的方式建立。

表1-2　　　　　　　　SPSS能够读取的数据文件类型

文件类型及扩展名	说　明
SPSS（*.sav）	SPSS数据文件
Excel（*.xls, *.xlsx）	Excel文件
dBase（*.dbf）	dBase数据库文件
Txt（*.txt）	文本文件
Dat（*.dat）	Tab分隔符数据文件
逗号间隔数据格式（*.csv）	是用半角逗号（即","）分割字段的文本数据库文件
Stata数据格式（*.dta）	Stata数据文件
SAS数据（*.sas7bdat）	SAS长扩展名数据文件

注：有些数据类型需经过适当转换才能在SPSS中直接打开。

在数据录入过程中，我们首先需要根据分析内容确定数据库结构，包括变量名、测量尺度、存储类型、小数位数、值标签的含义等内容。同时，还需注意不同题目所采用的合适的录入方式。下面我们结合相关问卷的内容讲解数据录入过程中的一般原则，详细问卷见本章附录2部分。

1. 分清变量的类型及测量尺度

针对统计内容或调查内容，应明确其采用何种测量尺度，这将决定变量的类型属于分类数据、定序数据，还是数量型数据；最终决定可选择的统计分析方法。如

> **例1**：您入校前是：(1) 理科生 (2) 文科生 (3) 未分文理科的考生

例1问题是要调查学生入校前的学科背景，属于分类型测量尺度，其变量即为分类变量，可采用的统计分析方法有频数分析以及绘制相应的结构图，不能计算该变量的数值平均数（即使变量的存储形式是以数字代码的形式存在，也不宜计算其数值平均数）。

> **例2**：您对自己学习掌握《统计学》课程的自我评价分数为：
> 差 ←――――――――――――――――――→ 优秀
> 　　1分　2分　3分　4分　5分　6分　7分　8分　9分　10分

此问题可作为数量型测量尺度，用数字形式表示对课程掌握的自我评价，其调查结果将以数值型变量的形式存在，这种类型的变量有丰富的分析方法可供采用，如计算平均值、方差以及变量的分布形态指标等。

2. 明确变量名及其标签

统计分析过程是对变量的操作，所以需要我们利用简洁清晰的变量名明确所分析的对象，在 SPSS 操作系统中，随着其功能的强大，现在可以命名中文的变量名了，但还需注意一些事项：

- 变量名中不能存在减号（-），可以通过下划线（_）连接字符；
- 变量名首字符不能是阿拉伯数字；
- 变量名中不能使用!、?、*、& 等字符；
- 变量名不能与系统保留的特殊字符相同，如 ALL、By、AND、NOT、OR 等；
- 变量名不区分大小写字母。

除了变量名命名清晰之外，还需注意变量可能取值的范围、含义是否准确。如为了提高分类型变量数据的管理效率，在数据录入过程中采用数字代码的形式录入数据库。此时，需明确各数字代码的含义，如例1中将变量名确定为"类型"，其代码取值为1、2、3，其中1表示"理科生"、2表示"文科生"、3表示"未分文理科的考生"。如果我们在变量"值标签"对话框中将各代码的含义注释清晰（见图1-2），在分析过程中将大大提高工作效率。

3. 确定数据录入方式

利用问卷调查的形式收集各类数据，会涉及结构式问题和开放式问题。其中，结构式问题是以选择题的形式存在，各问题的备选答案已确定，被调查者仅需在备选答案中进行选择。开放式问题未提供参考选项，需根据被调查者的回答内容记录。

针对有选择项的结构式题目，如果是单项选择题，直接将选项代码或数值录入数据库即可。如果是多项选择题，一般有两种录入方式：

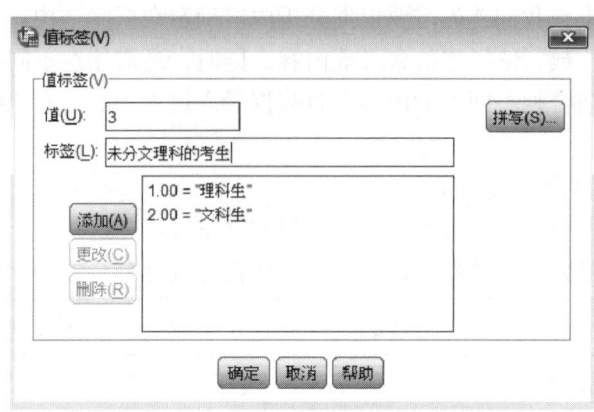

图 1-2　变量值标签对话框

其一，多重二分法。这种方式针对不定项的多选题，即选项个数不确定，应根据各选项内容及项目个数确定变量名，有几个选项即设置几个变量名，在录入过程中，用代码 1、0 表示选择与否。如果选择了某项，就在相应变量中录入"1"；如果未选择，即可录入"0"。

> **例 3**：请问您选修过《统计学》课程吗？
> （1）已选修　　　　（2）正选修
> （3）未选修，请问是什么原因（请在方框内选择，可选多个题项）
>
> > （1）认为是数学类的课程，不喜欢
> > （2）听同学说很难，不易过关
> > （3）认为没用，将来用不到而不去选修
> > （4）下学期才选修
> > （5）教学计划未设置
> > （6）其他原因，请注明_____

对第一项调查内容，我们可以设置变量名为"Q3"，表示课程选修情况，其值标签含义如表 1-3 所示。

表 1-3　　　　　　　　　变量 Q3 的值标签含义

值标签	含义
1	已选修
2	正选修
3	未选修

对于未选修的原因，根据可能出现的多个项目情况，设置 6 个以"Q3w"为根的变量名，其形式如 1-4 所示。

表1-4　　　　　　　　　　变量标签及值标签含义

变量名	变量名标签的含义	值标签及其含义
Q3w1	认为是数学类的课程，不喜欢	1—选择，0—未选择
Q3w2	听同学说很难，不易过关	1—选择，0—未选择
Q3w3	认为没用，将来用不到而不去选修	1—选择，0—未选择
Q3w4	下学期才选修	1—选择，0—未选择
Q3w5	教学计划未设置	1—选择，0—未选择
Q3w6	其他原因	1—选择，0—未选择

在此例中，"其他，请注明"，应在变量中附加一个文本变量，完整记录注明的内容，事后需对相关内容重新编码归类。本例的文本变量名记为"Q3w6t"，表示需注明的其他原因。

其二，多重多分类法。该类多选题一般设定两个或两个以上的回答选项，根据回答项数确定变量个数，在每个变量名下录入相应选项的代码。

例4：如果您遇到问题和困难，最先想找谁解决？（限选三项）	0. 配偶 1. 儿子 2. 女儿 3. 儿媳 4. 女婿 5. 孙子女或其配偶 6. 其他亲属 7. 朋友/邻居 8. 社会工作者 9. 保姆 10. 无人可说	第一　第二　第三 □□　□□　□□

在例4中"限选三项"，故要设置三个变量名，Q4a1，Q4a2，Q4a3依次表示第一、第二和第三个选项。每一个变量可能选择的数字代码为"0"到"10"共11种情况。所以这三个变量的值标签及其含义一样，如表1-5所示。

表1-5　　　　　　　　　　变量标签及值标签含义

变量名及其标签	值标签	含　义
Q4a1（第一选择）， Q4a2（第二选择）， Q4a3（第三选择）	0	配偶
	1	儿子
	2	女儿
	3	儿媳
	4	女婿

续表

变量名及其标签	值标签	含 义
Q4a1（第一选择）， Q4a2（第二选择）， Q4a3（第三选择）	5	孙子女或其配偶
	6	其他亲属
	7	朋友/邻居
	8	社会工作者
	9	保姆
	10	无人可说

在问卷调查中，我们也会利用选项排序题对某些问题的重视程度进行调查（见例5）。这种题型在数据录入过程中也需采用多重多分类法，即根据选项内容依次设置相应变量名为Q5a1，Q5a2，…，Q5a5，Q5a6。

例5： 您在选购电脑时会考虑下列哪些特性？请按照重要性由高到低进行排序。（1表示最高，6表示最低）
（1）质量　　（2）保修　　（3）品牌　　（4）外观　　（5）价位　　（6）性能

如例5中，某次调查结果如表1-6所示。

表1-6　　　　　　　　　　　　问卷调查结果

回答结果	变量名					
	Q5a1	Q5a2	Q5a3	Q5a4	Q5a5	Q5a6
	质量	保修	品牌	外观	价位	性能
A 被调查者	3	6	1	5	2	4
B 被调查者			2		3	1

在数据库录入中需注意未标示顺序号码的变量，如B调查者中的Q5a1、Q5a2、Q5a4，一般要求按顺序赋值相同序次号码，故表1-6的调查内容在数据库的录入结果见表1-7。

表1-7　　　　　　　　　　　　数据录入结果

回答结果	变量名					
	Q5a1	Q5a2	Q5a3	Q5a4	Q5a5	Q5a6
A 被调查者	3	6	1	5	2	4
B 被调查者	4	4	2	4	3	1

对于开放式题目，在调查过程中需由被调查者直接回答相关内容。一般情况下，开放式题目我们采用直接录入相关文本的形式。在录入数据库中只需设置好变量名，将被调查者回答的内容完整录入即可。录入数据库之后，再利用文本分析对其进行处理，重新编码为我们

能够处理的变量。

为了使数据库建立工作高效，后续数据录入、管理时标准统一，在确定数据录入方式之后，还需制作统一的数据编码表，这有助于数据录入过程的标准统一，能够提高数据录入的质量，具体事例可参见本章附录部分。

（二）专业性数据录入工具——Epidata 软件

我们可以在 SPSS 系统中设置好变量名及其属性后直接录入数据，但有时候这种方式并不高效。现在我们介绍一种专业性数据录入工具——EpiData 软件。[①] 该软件是免费的数据录入和数据管理软件，开发者为丹麦欧登塞（Odense, Denmark）的 The EpiData Association，一个非营利组织。

该软件的视窗如图 1-3 所示，它除了常见的菜单栏、快捷按钮之外，还有数据录入的 6 个步骤按钮。

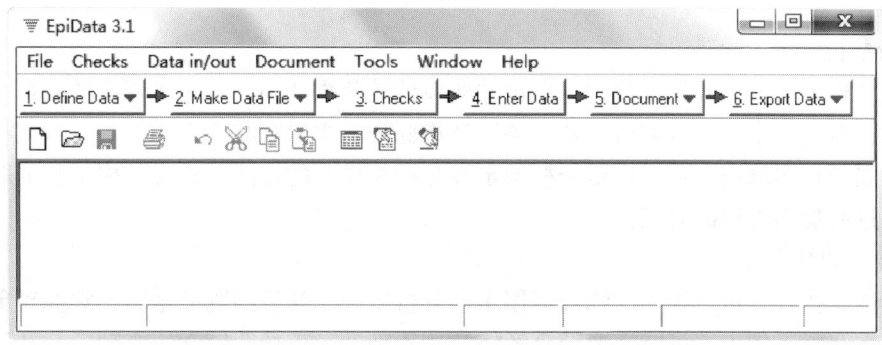

图 1-3　EpiData 程序视窗

我们依据 6 个步骤按钮的提示，将能够完成相关数据文件的设立及其数据录入、审核、导出工作。其详细介绍见本章附录 1 和相关指导手册。

第二节　统计分析流程

统计工作是从认识事物的现象到认识事物的本质及其发展规律的过程，一般由统计设计、统计调查、统计整理和统计分析四部分组成。统计设计是对整个统计工作过程的计划和部署，统计调查是根据目的搜集有关资料，统计资料整理则是对已经搜集到的统计资料进行加工整理，统计分析是对整理后的资料运用一定的技术和方法进行分析。

一、统计分析的概念和特点

（一）统计分析的概念

统计分析就是根据研究目的，以客观统计资料为依据，结合具体情况，运用定量分析与

[①] 软件下载链接为：http://www.epidata.dk，其指导手册可参见由北京大学公共卫生学院吕筠编译的《EpiData 3.1 使用手册》。

定性分析相结合的方法，对社会经济现象进行系统的分析研究，阐明问题产生的原因，揭示事物之间的内在联系，从而认识事物的本质和发展规律的一种统计分析方法。

（二）统计分析的特点

1. 问题的针对性

统计分析是对社会经济现象中的具体问题进行分析研究，这决定了统计分析要具有针对性。针对在一定时间、地点和条件下的具体情况，研究具体事物的本质及其发展规律，其结果主要是为各级决策部门、企事业单位和社会公众服务。

2. 资料的数据性

这一特点要求统计分析须建立在一定规模的统计数据基础之上，反映研究对象发展变化的规律。以统计数据为依托，要求统计分析部门必须掌握大量的、真实可靠的相关数据。只有这样，才能使分析的结果更加具体，更具实用性。没有统计数字的运用，就不能称其为统计分析。

3. 分析的定量性

统计分析虽然离不开统计数据，但也并非单纯的数据罗列，它是将真实的数据与实际问题相结合，对具体事物进行剖析，从有关统计指标数值中研究其联系和差别，深入探索事物变化、发展的根本原因，通过定量分析与定性分析相结合的方法，综合掌握事物的联系和变化规律，进而提出可行的对策。

4. 方法的综合性

综合性是指在分析过程中，综合运用多种分析方法，认识问题的全貌，掌握现象运动的全过程。在实际工作中，可能需要结合经济学、管理学、市场营销学、心理学、社会学以及系统工程方法等对复杂现象进行深入分析，并结合研究事物的特点和研究目的进行选择。

5. 结果的时效性

时效性是指统计分析要及时抓住现实问题进行研究，尽快提出分析成果。失去了时效性，也就失去了实用性，统计分析结果写得再好，也成了无效劳动，这就需要统计人员有敏锐的洞察力，能及时抓住问题、分析问题。特别是月季度定期分析、偶发事件专题分析，都应当按照信息特点，在较短时间里完成分析研究，提交统计分析结果，保证统计分析的时效性。

二、统计分析的一般程序

无论统计分析的问题和内容如何，分析的目的和重点怎样，统计分析的基本程序大致相同。

（一）明确分析目的，选准分析题目

根据分析目的，恰当地选择分析题目。题目的选择根据客观的需要，既可以围绕社会经济问题深入实际、深入基层，从实践中寻找，也可以针对有争论的难点问题或社会经济实践中出现的新事物、新问题进行选择。

（二）拟订分析提纲，做好分析计划

分析提纲是整个分析工作的指导性规划，是在确定了分析目的和选定了分析题目之后进行的工作细化。分析提纲中一般包括以下几项内容：主题思想、研究的对象和内容、思路和方法、资料及来源、资料的搜集方式、资料加工整理的要求、整个研究过程的步骤、分工和时间要求等。统计分析的具体实施中，一般以此为依据，有步骤、有计划地进行。

（三）搜集数据，鉴别整理资料

统计资料是进行统计分析的根据。因此，必须尽可能多地搜集与分析题目相关的统计资料。统计资料的来源，首先是利用现有的统计资料，如利用定期统计报表资料，积累有关数据资料及会议文件、总结和简报资料等。其次还必须搜集历史资料，了解有关业务核算、会计核算的相关资料。最后，为了获得第一手资料，还要深入实际进行调查研究，通过普查、抽样调查、重点调查等方式，使资料更加符合实际。

在使用前要对搜集的资料进行鉴别和整理。鉴别的内容包括资料的正确与否，是否符合实际情况，资料的可比性和计算口径是否一致等。根据分析的需要，对资料进行加工整理，去粗取精，去伪存真，围绕分析题目，把有关资料归纳在一起，使其更加系统化和条理化，为进行系统的统计分析做好准备。这个过程也就是"去伪存真"和"分门别类"的过程。

（四）开展全面分析，归纳结论建议

这是统计综合分析研究中最重要的环节，它要求运用多方面的知识，使用多种多样的统计分析方法，对统计资料进行全面分析，认识现象之间的关系和差异，从事物内在的联系中揭示现象发展的规律性，达到统计分析由量变到质变的目的。方法是实现目的的手段，了解并掌握每种方法的作用、应用条件和实施过程，对于搞好统计分析十分重要。

（五）立论布局谋篇，形成分析报告

这是统计分析的最后程序，是分析研究成果的集中表现。撰写统计分析报告应坚持主题突出、结构严谨、观点和材料统一、语言准确、简洁、通俗易懂等原则。根据统计分析的目的，统计分析报告的结构应围绕着"是什么""为什么"和"怎么办"展开，即基本情况、原因、建议或措施。另外对统计分析报告的质量也要严格要求，它不仅是统计前期工作的集中反映，而且对以后的工作也会起到指导性的作用。

第三节 统计分析报告撰写

一、统计分析报告的概念和特点

（一）统计分析报告的概念

统计分析报告，是指运用统计资料和统计分析方法，以独特的表达方法和结构特点，表现所研究事物本质和规律的一种应用性文章。利用统计报告的形式来记录分析结果，可以详尽地、系统地把分析的结果表达出来，而且通过灵活地运用表格、图形、文字等形式，可以使分析结果更加鲜明、生动、具体。同时，分析报告在印发后，可以在较大的范围内发挥作用，也便于资料的积累和以后查阅。

（二）统计分析报告的特点

1. 以统计数字为语言

"用数字说话"，是统计分析报告区别于其他文体最基本的特点。统计分析报告是以统计数据为主要语言，并辅之以统计表和统计图来表述的。同时，统计分析报告中的数据不应该是个别的、简单的、杂乱无章的，而应该是大量的、复杂的、联系的。一篇好的统计分析报告，能通过对这些数字和材料的深刻分析，反映出社会经济现象的本质和普遍性。

2. 具有独特的表达方式

统计分析报告属于应用文，基本的表达方式是以事实来叙述，让数字说话，在阐述中议论，在议论中分析。在表现事物时，不使用夸张、虚构、想象等文学表达方式，也不使用华丽的语言和过多的描写去着意渲染。它要求用尽可能少的文字，做到言简意赅、精炼准确，完整而全面地表达统计分析结果。

3. 具有相对固定的结构

统计分析报告的结构基本是固定的，一般是先列数据、摆事实，进行各种科学的分析，进而得出结论、阐明观点，最后有针对性地提出建议、办法和措施。统计分析报告的行文，通常是先后有序，主次分明，详略得当，联系紧密，统计资料与基本观点统一，结构形式与文章内容统一，数据、情况、问题和建议融为一体。

4. 使用特殊的分析方法

统计分析报告在大量数据的基础上进行分析，通过综合使用各种分析方法，客观地反映事物之间的各种复杂联系。在具体时间、地点、条件下研究各种数量关系和数量界限，并在量的研究基础上探讨社会经济现象质的规定性。

二、统计分析报告的写作要求

（一）主题鲜明，观点明确

主题即分析报告内容所表达出来的基本观点或中心思想。主题的确定至关重要，它关系到一篇统计分析报告的质量高低，作用大小，影响好坏，主题能否贯通首尾，统帅全篇。一般来说，分析报告主题的获得和确立，都有一个提炼过程，在提炼中，力求做到主题集中而鲜明。鲜明的主题要求报告有明确的观点，赞成什么，反对什么，态度要明朗，绝不能含糊。观点明确是指必须准确无误地表述其所包含的全部概念的内涵和外延以及观点，保证选择和使用材料的内容、性质、范围与观点相吻合，符合观点的要求。

（二）材料和观点统一

材料和观点的统一，是编写分析报告的一个重要原则。一篇分析报告，必须既有观点又有材料，观点统帅材料，材料表明观点。只有观点没有材料，就缺乏说服力；有材料而没观点就不能说明问题，所以一定要做到材料和观点的辩证统一。一方面保证所使用的材料既不缺乏又不过量堆积，还能最准确的、最恰当的说明观点；另一方面要对实际材料进行全面的、科学的分析，从中引出正确的观点，只有在大量资料分析基础上得出的观点，才能站得住脚、经得起考验。

（三）结构严谨，条理清晰

明确了主题，掌握了材料之后，就要对文章进行精心布局，使文章条理清晰，言之有序。对文章结构的安排具体包括：文章层次的设计，内容阐述的顺序，写作详略的安排，首尾的前后呼应等。结构能否严谨，首先取决于作者思想认识和思路是否清晰、严密，作者只有充分认识与掌握事物发展的内在规律，才能把它顺理成章地表达出来。另外，根据写作目的、反映内容、表现角度的不同，统计分析报告的结构也应有所不同，结构应力求追新求变，富于创造性。

(四) 文字简明，语言生动

统计分析报告的专业性和实用性都很强，因而它的语言，要力求准确、简洁、通俗易懂。如果用词烦琐，语言不通，词不达意，就不能较好地表述分析的结果，那么整个分析研究工作也将功亏一篑。所以，写一篇较好的分析报告，要善于用典型的事例、确凿的数据、简练的辞藻、生动的语言来准确无误地说明问题。

(五) 报告要反复研究、修改

写统计分析报告与其他文章一样，必须反复研究和修改，通过修改、检查观点是否符合政策，材料是否真实可靠，文章结构是否严密合理，文字是否言简意明，表达是否准确得当。

三、统计分析报告的结构[①]

统计分析报告一般由导言、方法、结论、讨论、小结、参考文献以及附录等内容构成。

1. 导言，主要说明研究的问题、背景及研究意义等内容。
2. 方法，说明研究所采用的方式方法、研究程序和工具等。具体包括：文献述评；研究的基本概念、变量、假设和理论架构；研究总体、样本及其抽样方法、抽样过程；资料收集方法和分析方法等。
3. 结论，主要说明研究的发现，研究对象有哪些特征、发展规律及其变化趋势等。
4. 讨论，说明研究发现的意义，如果从研究结论出发还能继续做什么。
5. 小结，是对上述四方面的简要总结。
6. 参考文献，是研究报告所涉及的书籍、期刊、报纸等文献的目录。
7. 附录，研究过程中所用到的问卷、量表以及计算公式的推导、数据处理方法的介绍等。

四、应用统计图表的注意事项

(一) 统计图的设计要求

统计图能够直观、形象化地展现数据分布特征，一般包括标题、坐标轴、图形和图例等元素（见图1-4）。

利用统计图能够展现复杂事物的分布特征、发展趋势以及变量间的相互连接。但设计不合理的图形往往会适得其反，所以要求我们在设计统计图的过程中需遵循以下原则：

1. 根据数据类型选择合适的图形。如显示事物发展变化趋势，线性图是最好的方式；如显示事物构成，经常用到饼形图或百分条形图；如显示变量的分散状态，箱线图可以达到目的；如显示连续型变量的分布情况，可借助于直方图；如研究变量间的相关关系可使用散点图等。

2. 简洁美观。要求设计的统计图线条清晰；用颜色体现差异化的分析，对比要明显（见图1-5）。

图1-5中，既用颜色又使用不同图形明确区分城乡之间在各年龄组的住房需求差异问题。为了美观，绘图区的阴影和图表区域的边框都去掉了。

---

① 风笑天．社会研究方法（第三版）[M]．北京：中国人民大学出版社，2009：339．

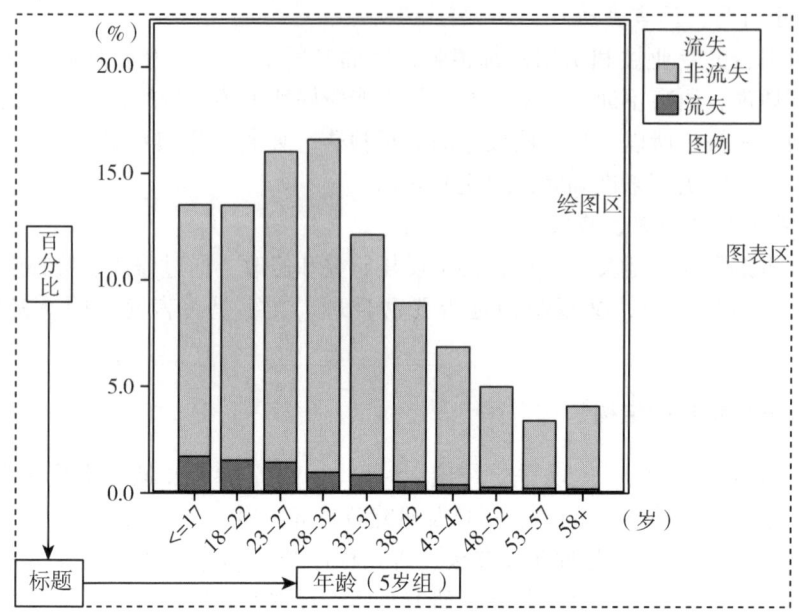

图1-4 绘图元素构成

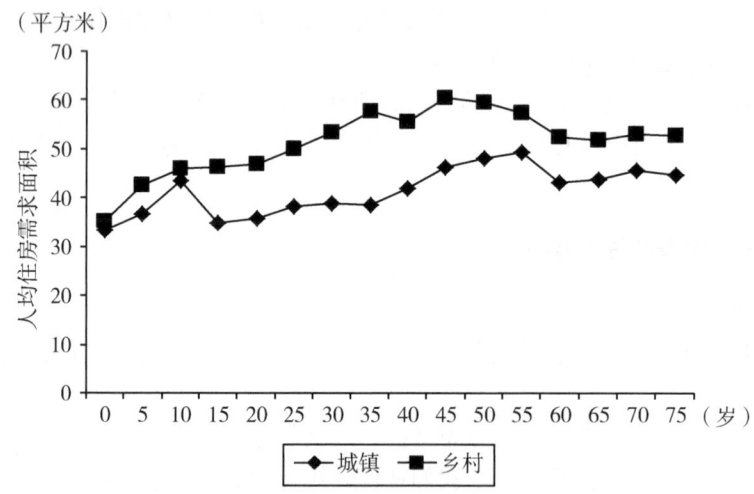

图1-5 不同年龄组人均住房需求面积（2000年）

3. 注释全面。统计图须有能够概括图的主要内容的标题，并放置在图形下方。在图形绘制过程中，需对横、纵坐标轴的标题及刻度注释清晰，有时还需在图形中标示出变量的关键数值，这有利于图形的解读。另外，复合图中的图例也是必不可少的要素（见图1-5）。

如图1-6所示，纵轴的刻度起点是202，显示出农产品批发价格总指数上升较明显。同一组数据，如果纵轴的起点刻度改为0，将显示一条基本持平的变化曲线（见图1-6）。从图1-6与图1-7的对比中，我们发现坐标轴刻度标示的重要性。

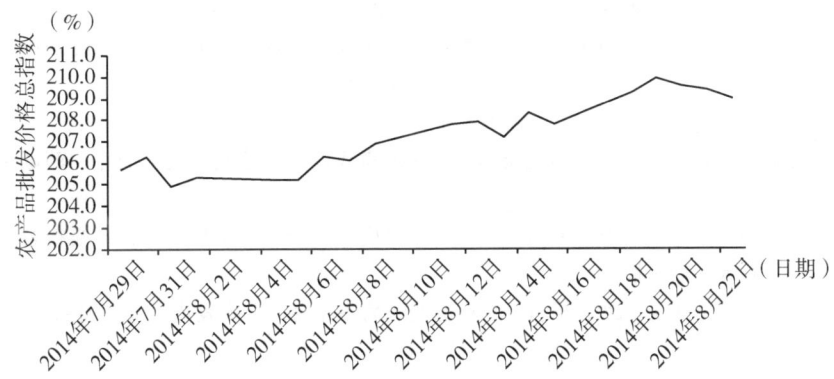

图 1-6 农产品批发价格总指数日度走势

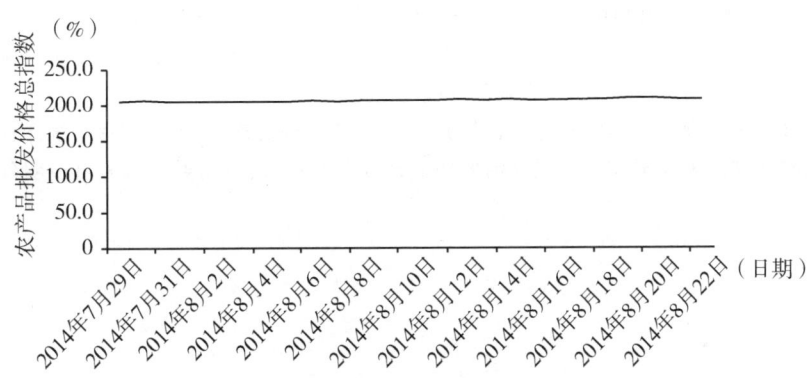

图 1-7 农产品批发价格总指数日度走势

(二) 统计表的设计要求

一般来说，统计表由总标题、横行标题、纵栏标题和数字资料构成（见图 1-8）。总标题是统计表的名称，简明扼要地说明统计表的内容，在统计表的正上方居中分布。横行标题置于表的左端，是具体研究对象或类别的名称。纵栏标题用于说明研究对象数字特征的名称，置于表的右上端。位于统计表横行和纵栏交叉处的即为数字资料，由横行标题和纵栏标题限定，是统计表的核心部分。

图 1-8 表格绘制示意

由于使用者的目的以及统计数据的特点不同，统计表的设计在形式和结构上会有较大差异，但其设计上的基本要求则是一致的：简练、明确、实用、美观，便于比较。我们利用统计软件或 Excel 绘制的统计表并不能直接达到规范的要求，需要我们根据基本要求进行美化修饰。

为了达到基本要求，在设计统计表的过程中应注意以下几项规则：

（1）线条的绘制。表的上下端应以粗线绘制，表内纵横线以细线绘制。表格的左右两端一般不画线，采用"开口式"。

（2）合计栏的设置。统计表各纵列若需合计时，一般应将合计列在最后一行，各横行若需要合计时，可将合计列在最前一栏或最后一栏。

（3）标题设计。统计表的总标题，横行、纵栏标题应简明扼要，准确表述统计资料的内容、资料所属的空间和时间范围等。

（4）指标数值。表中数字应该填写整齐，对准位数。当数字小可忽略不计时，可写上"0"；当缺失某项数字资料时，可用符号"…"表示；不应有数字时用符号"—"表示。

（5）计量单位。统计表必须注明数字资料的计量单位。当全表只有一种计量单位时，可以把它写在表头的右上方。如果表中各指标数值的计量单位不同，可在横行标题后添一列计量单位。

（6）注解或资料来源。为保证统计资料的科学性与严肃性，在统计表下，应注明资料来源，以便查考。必要时，在统计表下方应注解或说明数据的处理过程。

（7）内容。内容简明扼要，不要罗列太多或过于庞杂。内容确实较多，可分设多个统计表。

（8）统计表的栏数。栏数较多时，通常需要加上编号，用1、2、3等数码编号可说明各栏间的相互关系。

附录 1　利用 EpiData 软件进行数据录入

本节将结合附录 2 中的问卷，学习 EpiData 软件的操作过程。重点对 6 步操作流程进行简单介绍，详细内容请参见相关帮助手册。

一、Define data（定义数据格式文件）

我们打开 EpiData 软件之后，可通过单击"Define Data"按钮选择"New . QES file"建立新的问卷数据格式文件（*.qes 格式），见图 1-9。我们会发现在程序窗口中新建了一个"Untitled 1"（未命名）的文件，可以直接在此文件页面中写入问卷内容，或者将电子版问卷复制粘贴到此页面中。将电子版问卷复制粘贴到此页面并保存为"课程调查问卷.qes"文件（见图 1-9）。

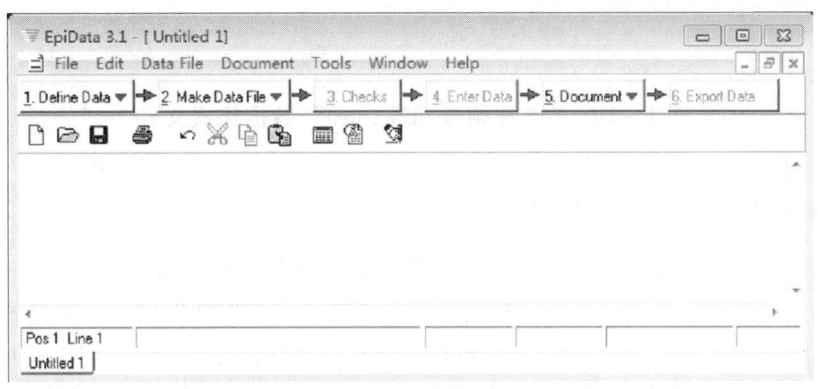

图 1-9　新建问卷数据格式文件

在"课程调查问卷.qes"文件中，设定各问题的变量名及其数据录入格式。对于数值型变量，使用"#"表示数字字符，一个"#"表示一位数字，如 q3（入校前的学生类型）将以一位"#"表示可能出现的 1—3 代码。对于文本型题目，如第 5 题第 12 选项（其他）的"注明内容"将以文字形式直接录入数据库，在 EpiData 程序中以"＿＿"（半角下的下划线，两个下划线表示一个汉字字符）表示字符串变量所录入文本信息。

在 EpiData 软件中，一般将首位非数字的英文字符默认为变量名；并且变量名中不能存在"＿＿"（下划线）、"—"（减号）；不能与系统保留的特殊字符相同，如 ALL、By、AND、NOT、OR 等不能作为变量名。

在实际操作过程中，为了变量名的准确以及与非变量名信息的区分，变量名可直接与"#"或"＿＿"符号紧密相连，避免变量名中出现乱码的情况。将问卷所有变量名及其数据类型设置完成后的形式如图 1-10 所示。

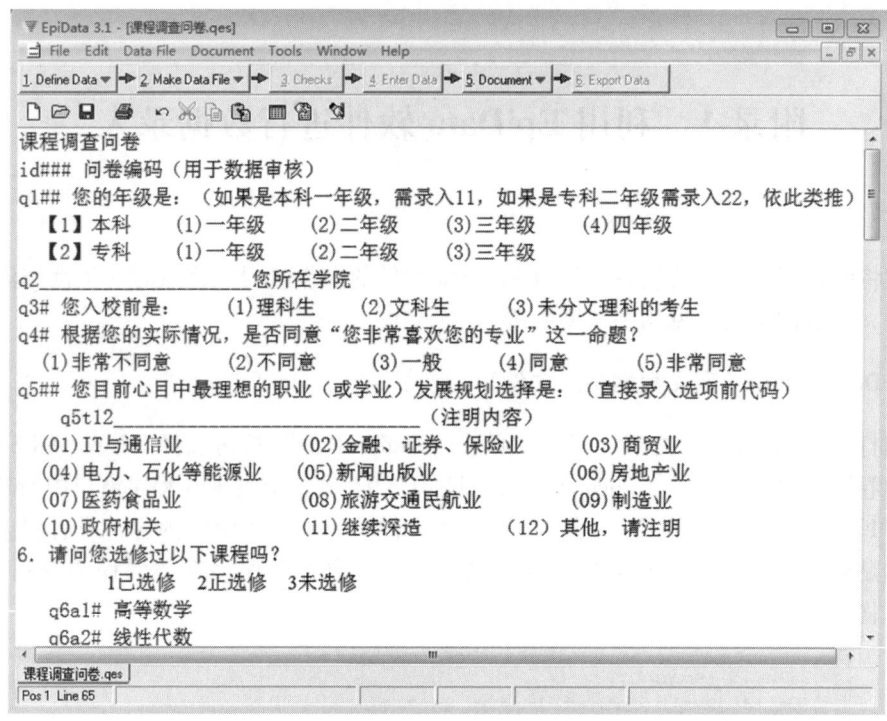

图1-10 "课程调查问卷.qes"数据格式文件

二、Make Data File（产生数据文件）

我们以上生成的"课程调查问卷.qes"仅是数据库管理的格式文件，还不是我们可录入数据的文件，需要将"课程调查问卷.qes"文件转换为数据文件（*.rec格式）。

需要我们先关闭已保存的"课程调查问卷.qes"文件，再单击"2. Make Data File"按钮。在转换窗口中显示出将把"*.qes"文件转换为"*.rec"文件，其新生成文件的存放位置可采取默认的形式，与"*.qes"文件放置在同一文件夹内（见图1-11）。

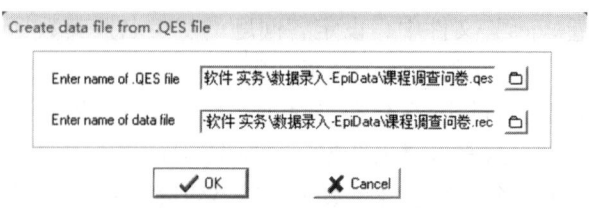

图1-11 数据文件生成过程

单击"OK"按钮直至出现提示框（见图1-12），表明已完成转换，并生成了"课程调查问卷.rec"。

我们可以先点击"第四步"（4. Enter Data）按钮打开"课程调查问卷.rec"（见图1-13）。其数据录入文件的形式见图1-14，变量名后紧跟需录入数据的文本框，我们可将数字或文本录入到相应变量名下。

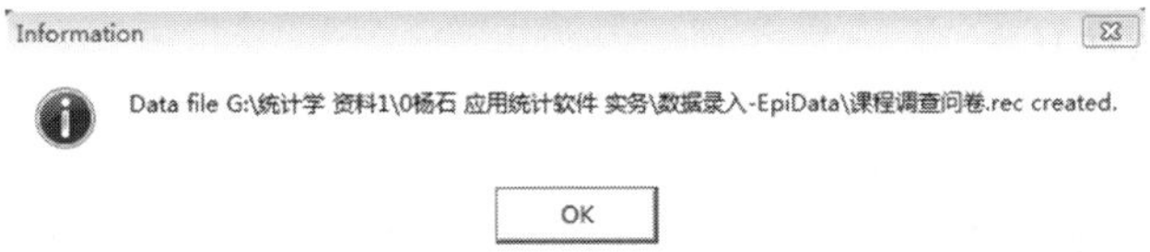

图 1-12　信息提示框

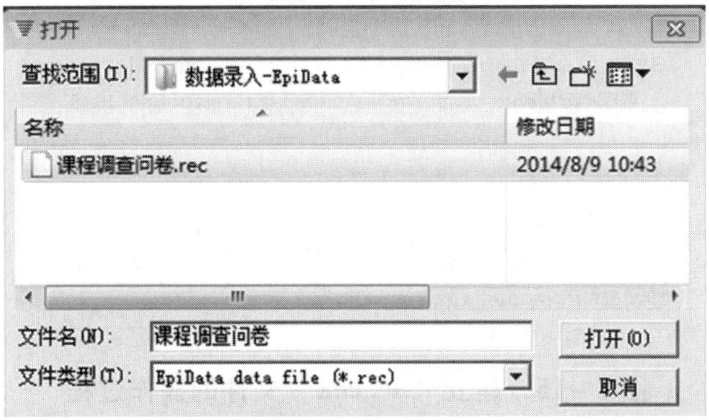

1-13　打开"课程调查问卷.rec"文件的操作对话框

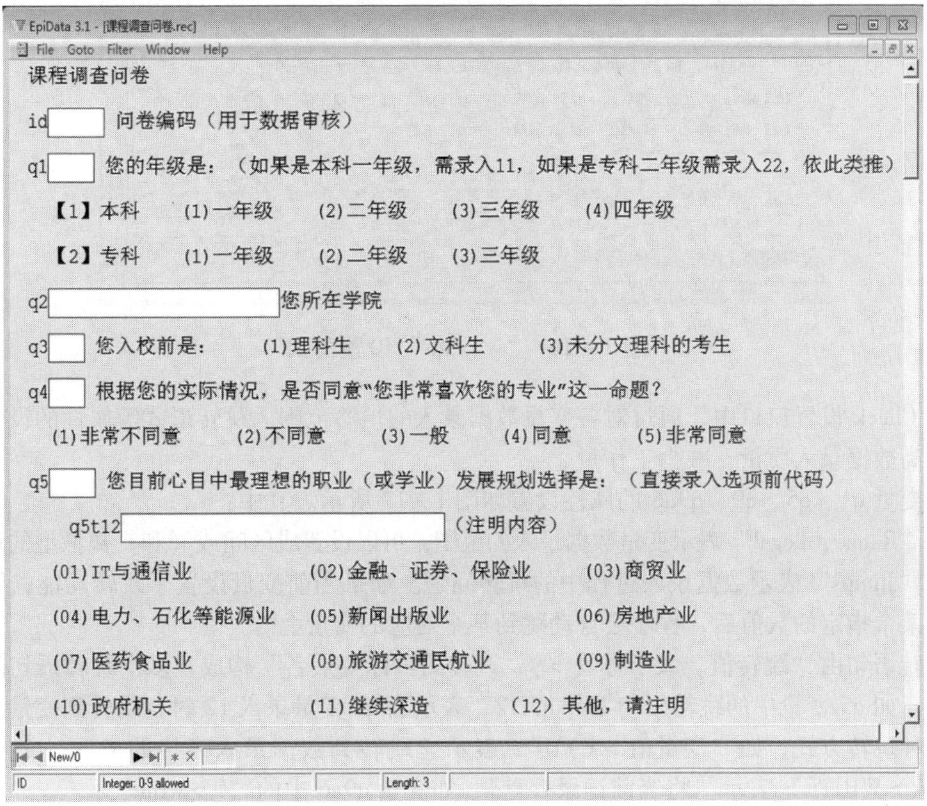

图 1-14　数据录入文件

三、Checks（审核）

为了数据录入的快捷、高效，我们可以对变量设置相应的范围、跳转等功能。单击"3. Checks"按钮，选择打开"课程调查问卷.rec"（见图1-15），显示数据文件和变量审核窗口（见图1-16）。

图1-15 建立"*.chk"文件的操作过程

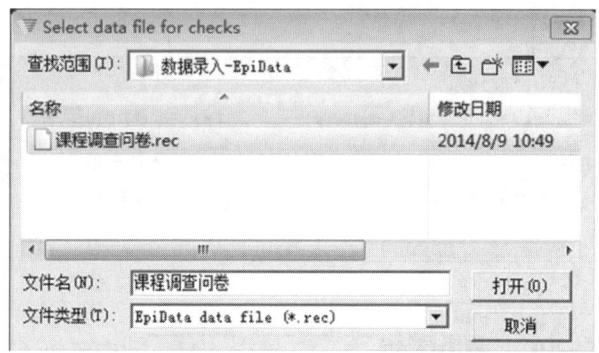

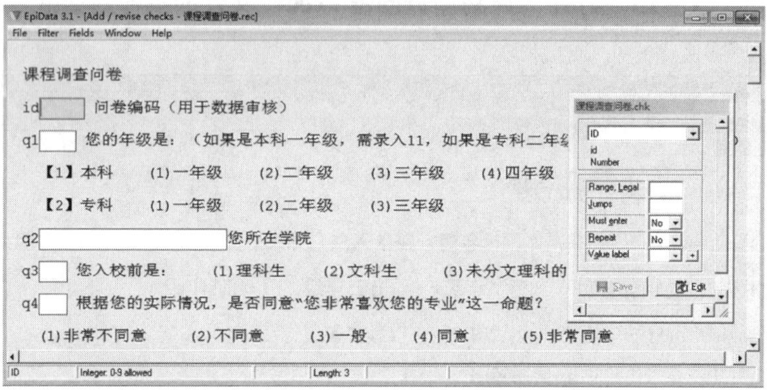

图1-16 "*.chk"设置窗口

在Check设置窗口中，通过对各变量数据录入的填答范围、跳转形式等属性的设置，可大大提高数据录入质量，减少工作量。

如变量q1、q5、q9、q9a6的属性设置如图1-17所示。其中：

1. "Range, Legal"表示变量数据录入的范围，可以设置成区间或（和）离散型的形式。

2. "Jumps"表示数据录入过程中的跳转问题。如果当前变量设置了跳转功能，则表示在输入某个指定的数值后，程序会自动跳到某个对应的变量上。

跳转语句由"跳转值、大于号（>）、跳转的目标变量名"构成，多个跳转语句间用逗号分隔。如q5变量中的跳转语句12>q5t12，表示当q5变量录入12时，跳转到变量q5t12。另外两种跳转方式，如"变量值>END"，表示"跳转到数据录入表格的最后一个变量"；"变量值>WRITE"表示"将当前记录存盘"，如变量q9a6中的"0>write"。

在设置跳转功能时，当键入完"跳转值"和">"后，用鼠标直接点击跳转的目标变量，被点击变量的变量名会自动插入到">"后面。

3. Must Enter（必须录入）。这个命令要求必须给当前变量输入数值，否则无法进入下一个变量。

4. Repeat（重复）。如果选择"Yes"（是），则前一条记录在当前变量上录入的数据会在接下来的新记录上重复显示。这一功能适用于数据录入过程中，录入内容在不同记录间改动很少的情况，会大大减少重复键入的工作。在数据录入过程中，重复显示的数据也可以通过再次录入新内容的方式修改。

5. Value Labels（数值标签）。数值标签是用文字注释的方式表示相应数值所代表的含义。q9 变量中"1"表示已选修，"2"表示正选修，"3"表示未选修。如果设置了数值标签，在数据录入过程中，按 F9 键，程序将自动弹出数值标签窗口，显示各数值标签的含义。

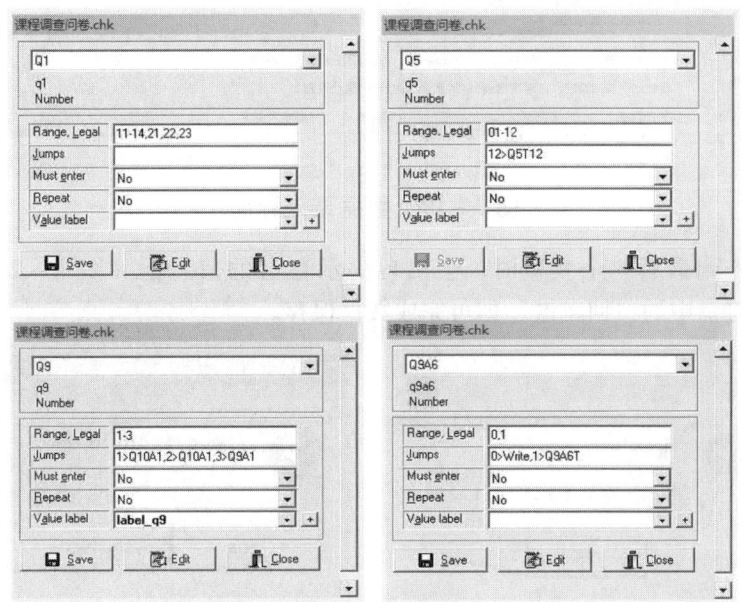

图 1-17 变量属性设置窗口

我们可通过点击"Value label"右侧的"+"按钮，在弹出的"Edit value labels"窗口中设置数值标签（见图 1-18）。

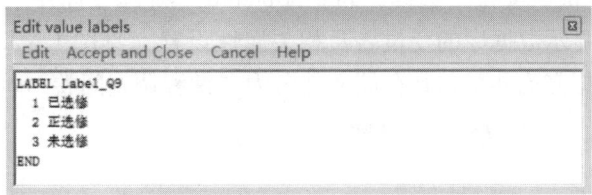

图 1-18 "Edit value labels"窗口

数值标签编辑完毕之后，点击菜单"Accept and Close"关闭该窗口，这时，新标签的名字将显示在"Value label"的下拉列表中，见图 1-17 中的 Q9 变量设置。

各变量的属性设置完成后，单击"Save"按钮保存该设置，将生成"课程调查问卷.chk"文件。

四、Enter Data（数据录入）

单击"4. Enter Data"按钮，打开"课程调查问卷.rec"进入数据录入窗口，将调查问卷内容直接录入相应变量位置（见图 1-19）。因为对各变量设置了数值范围、跳答等属性，如在数据录入过程中，超过数据范围取值时，将出现错误提示（图 1-20）。

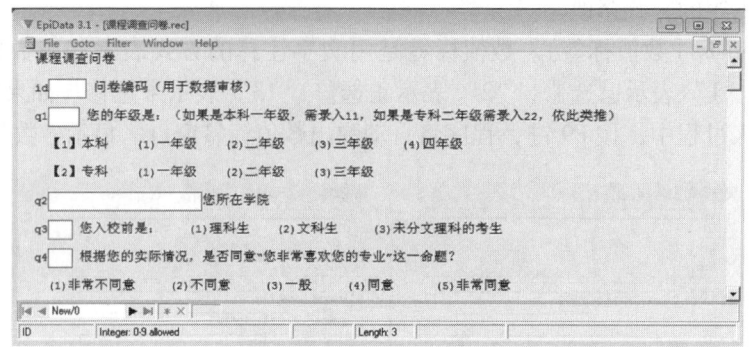

图 1-19　数据录入界面

当数据录入到最后一个变量时，会出现提示存盘的信息框（图 1-21），直接点击"Yes"按钮或键盘中的"回车键"即可完成数据保存。

 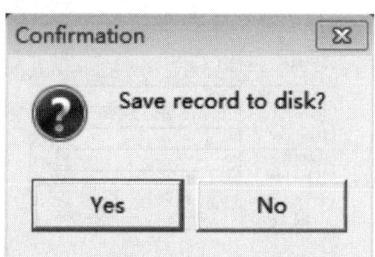

图 1-20　错误提示　　　　　图 1-21　存盘提示框

五、Document（数据结构文档）

单击"5. Document"按钮，选择"File Structure"项目可打开"课程调查问卷.rec"的数据结构文档，将显示数据库的变量名及相关属性设置（见图 1-22）。对此数据结构文档保存有利于进行数据交流共享，其存储文件名为"课程调查问卷.not"。

图 1-22　数据结构文档（部分）

还可在此步骤中对所录入的数据进行有效性检查（Consistency Checks），对其间存在的无效数据、逻辑错误数据进行审核修改，详细内容请参见《EpiData3.1使用手册》。

六、Export Data（导出数据）

通过此步骤可将 EpiData 软件中录入的数据转换为可由其他统计软件分析的数据格式，如 Stata（∗.dta）、SPSS（∗.sps 和 ∗.txt）、SAS（∗.sas）等软件所处理的数据格式（见图 1-23）。

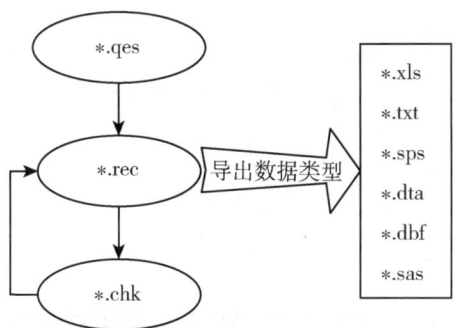

图 1-23 数据录入程序设计流程及导出类型

我们现在以转换为 SPSS 数据格式为例，讲解数据导出过程。单击"6. Export Data"按钮，打开"课程调查问卷.rec"文件，将显示"Export Data"窗口（见图 1-24），可见导出文件的类型（∗.sps）及其存放路径、文件名等信息。单击"OK"按钮导出数据库"课程调查问卷.sps"。

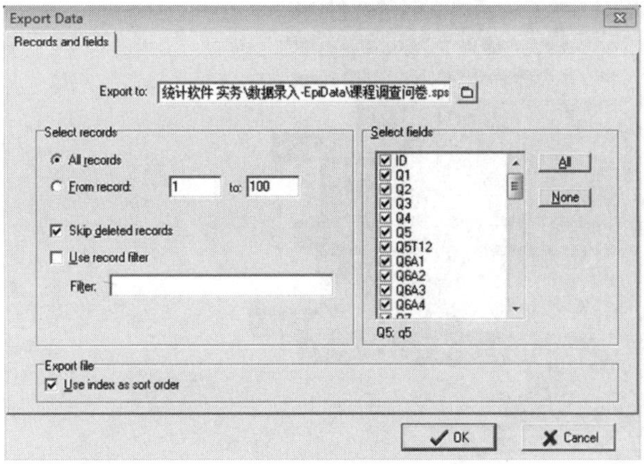

图 1-24 "Export Data"窗口

打开"课程调查问卷.sps"，在此 SPSS 语法编辑窗口中显示出相关文件的说明及其对此语句的修改（remove the ∗）运行（run）状况（见图 1-25）。

去掉"SAVE"前的"∗"，再选中该系列语句运行（点击"▶"按钮），可得到"课程调查问卷.sav"数据库（见图 1-26）。

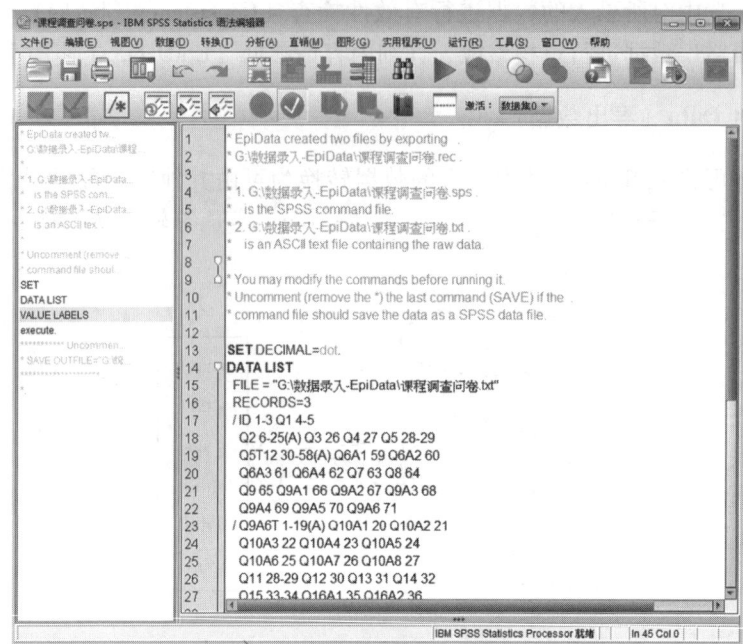

图1-25 SPSS语法编辑窗口

图1-26 语句运行过程

第一章 统计研究方法概述

到此,我们在文件夹中已生成了 7 个文件(见图 1-27),其中"课程调查问卷.sav"是我们将要利用 SPSS 统计软件分析的数据库。

名称	修改日期	类型	大小
课程调查问卷.chk	2014/8/9 21:46	恢复的文件碎片	1 KB
课程调查问卷.not	2014/8/9 22:13	NOT 文件	7 KB
课程调查问卷.qes	2014/8/9 10:48	QES 文件	5 KB
课程调查问卷.rec	2014/8/9 22:01	REC 文件	11 KB
课程调查问卷	2014/8/9 22:55	SPSS Statistics D...	5 KB
课程调查问卷	2014/8/9 22:43	SPSS Statistics S...	2 KB
课程调查问卷	2014/8/9 22:43	文本文档	1 KB

图 1-27 数据录入及转换过程中生成的文件类型

七、Double Entry Verification(双录入核查比对)

双录入核查比对功能是在原来数据库结构上重新录入数据,在录入的过程中即时(立即与原数据库内数值进行对照)比对数据的准确性。此功能可显著提高数据录入的准确性。

通过选择"Tools → Prepare Double Entry Verification"菜单项,打开刚刚录入完成的"课程调查问卷.rec"文件,出现"Create data file"(创建数据文件)窗口(见图 1-28),可见准备再次录入数据的文件名变为"课程调查问卷_dbl.rec"。

在该窗口中,我们选择"Match record by keyfield"项目,在出现的"Select key-field"子对话框中双击"id"变量(这是表明问卷身份的唯一变量),表明再次录入数据过程中比对的关键变量为"id"。同时选择"Ignore textfields in double entry"项目,表明在双录入过程中忽略文本变量间的差异比较问题(见图 1-28)。

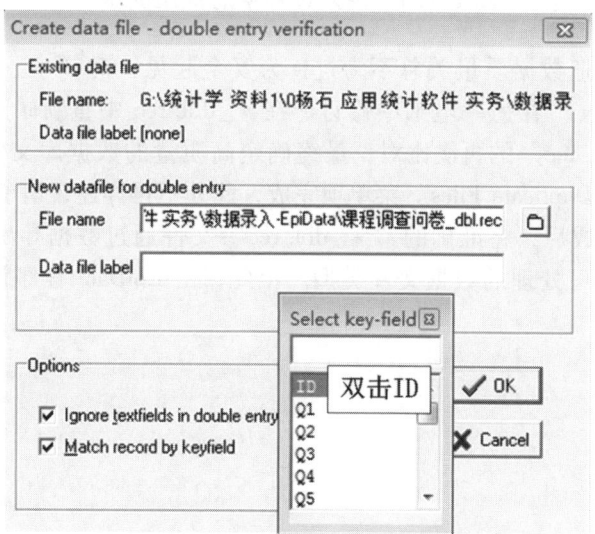

图 1-28 数据双录入核查设置过程

单击"OK"按钮出现信息提示窗,说明已完成双录入数据结构的建立。我们再次单击"4. Enter Data"按钮打开"课程调查问卷_dbl.rec"文件,开始对数据重新录入过程。但注意现在是在"双录入核查比对"功能下的录入过程(见图 1-29)。

图1-29 双录入信息提示框

在"双录入核查比对"方式下,问卷的身份变量"id"成为比对是否有效的关键,如果把"id"都录错了就谈不上核查比对了。所以,数据录入过程中很需要细心认真。

重新录入过程中,相同的"id"变量值表示同一份问卷内容,如果其间的某一变量值录入不一致,将显示"Warning"(警告信息)提示窗,显示相应变量名和不一致的数值(见图1-30所示)。我们只需在三个按钮间选择即可完成数据纠错。

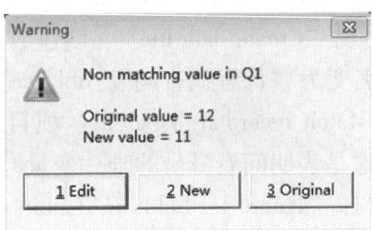

图1-30 录入过程中的错误提示

从录入过程中严把数据质量关总不为过!为安全起见,对"*_dbl.rec"修改确定之后,还需对原"*.rec"在另一电脑中修订。在*_dbl.rec中重新录入完之后,可以通过"*_dbl.rec"与"*.rec"的再次比对,最终确定高质量的数据库文件,该比对方式通过"Document—Validate Duplicate Files"菜单项完成,此处不再详述,请参见相关手册。

数据核查比对完成后,将准确的"*_dbl.rec"文件通过数据导出功能(Export Data)转化为其他统计软件可处理的数据文件类型。至此,由EpiData程序设置的录入过程告一段落。

附录2 调查问卷及编码

课程调查问卷

1. 您的年级是：
【1】本科（1）一年级　　（2）二年级　　（3）三年级　　（4）四年级
【2】专科（1）一年级　　（2）二年级　　（3）三年级
2. 您所在学院：_____
3. 您入校前是：　　（1）理科生　　（2）文科生　　（3）未分文理科的考生
4. 根据您的实际情况，是否同意"您非常喜欢您的专业"这一命题？
（1）非常不同意　　（2）不同意　　（3）一般　　（4）同意　　（5）非常同意
5. 您目前心目中最理想的职业（或学业）发展规划选择是：（限选一项）
（01）IT与通信业　　　　　　（02）金融、证券、保险业　　（03）商贸业
（04）电力、石化等能源业　　（05）新闻出版业　　　　　　（06）房地产业
（07）医药食品业　　　　　　（08）旅游交通民航业　　　　（09）制造业
（10）政府机关　　　　　　　（11）继续深造　　　　　　　（12）其他，请注明_____
6. 请问您选修过以下课程吗？（请用"√"在适当位置标示）

课　程	1 已选修	2 正选修	3 未选修
高等数学			
线性代数			
线性规划			
概率论			

7. 请问您理解本专业指导性教学计划中的课程先修与后续的关系吗？
（1）理解　　　　　（2）一般　　　　　（3）不理解
8. 您是否同意"《统计学》教学的目标是使学生的数据分析能力、处理实际问题的能力协调发展，能够熟练地运用统计思想和各种分析方法，以计算机为工具，解决各种经济、管理以及有关社会发展等实际中的问题"这一命题。
（1）非常不同意　　（2）不同意　　　（3）一般
（4）同意　　　　　（5）非常同意　　（6）不知道
9. 请问您选修过《统计学》课程吗？
（1）已选修　　　　（2）正选修
（3）未选修，请问是什么原因（请在方框内选择，可选多个题项）

> (1) 认为是数学类的课程，不喜欢
> (2) 听同学说很难，不易过关
> (3) 认为没用，将来用不到而不去选修
> (4) 下学期才选修
> (5) 教学计划未设置
> (6) 其他原因，请注明

【选择"未选修"项目的，在回答原因后，调查到此为止，感谢您的参与】

10. 《统计学》课程给您的印象分是：（请用"√"在适当位置标示）

		1分	2分	3分	4分	5分	6分	7分	
教师授课方法	不喜欢								喜欢
教学内容	新颖的								陈旧的
学习难易程度	简单的								困难的
课程理论性	理论性的								实践性的
实用性	无用的								有用的
课程期望	失望的								满意的
内容喜欢程度	喜欢								不喜欢
课堂讲授理解程度	理解								不理解

11. 您对自己学习掌握《统计学》课程的自我评价分数为：
　　差 ←——————————————————————→ 优秀
　　　　1分　2分　3分　4分　5分　6分　7分　8分　9分　10分

12. 实事求是地讲，您完成《统计学》课后练习的情况是：
（1）未做过相关习题　　　　（2）仅完成不足一半习题
（3）独立完成大部分习题　　（4）全部完成

13. "在统计学习题的处理过程中，仅仅是在学期末将要考试时才准备"，请问您是否同意这一说法？
（1）非常不同意　　　（2）基本上同意　　　（3）非常同意

14. 请问，平时您自己参加《统计学》上（计算）机操作（实验操作）的次数为：
（1）从来不　　（2）偶尔　　（3）每月一次　　（4）每周一次
（5）每周两次　（6）每周两次以上

【此题目如果选择项目（1），请直接跳答至第16题】

15. 您参加《统计学》课程上（计算）机操作，收获的自我评价分数为：
　　无收获 ←——————————————————————→ 收获大
　　　　1分　2分　3分　4分　5分　6分　7分　8分　9分　10分

16. 在学习《统计学》课程的以下各种方法中，您是否同意下列学习观点？请给出您的选择。（请用"√"在适当位置标示）

观　　点	完全不同意←　　　　　　　　　　　　　→完全同意						
	1分	2分	3分	4分	5分	6分	7分
主要以课堂认真听讲为主							
完成教师指定的课后阅读参考书							
课堂听讲与课前预习、课后复习相结合							
完成相应的习题以加强理解							
利用实践、实验理解所学的知识							
教学效果太差主要靠自学							
其他方式（若有，请注明）							

17. 在学习《统计学》课程中，您认为采用多媒体方式的教学方法是否值得推广？

　　　完全不同意推广←　　　　　　　　　　　　　→完全同意推广

　　　　　1分　2分　3分　4分　5分　6分　7分

18. 对于《统计学》课程，您认为增加实验教学的学时是否值得推广？

　　　完全不同意推广←　　　　　　　　　　　　　→完全同意推广

　　　　　1分　2分　3分　4分　5分　6分　7分

19. 对于统计学而言，您是否同意"统计知识能够增强本专业的实践操作能力"的说法？

　　　　　　　完全不同意←　　　　　　　　　　　　　→完全同意

　　　　　　　　1分　2分　3分　4分　5分　6分　7分

20. 您认为目前《统计学》教学中最需要改进的是（　　　），其次是（　　　）。

　　（1）选择浅显易懂的教材　　　　（2）压缩教学内容　　　　（3）延长学时

　　（4）增加实验教学　　　　　　　（5）多做练习　　　　　　（6）其他，请注明＿＿＿＿＿

21. 请问您对《统计学》还有哪些意见或建议，请写在下面：

　　　　　　　　　　　　　　调查到此，感谢您的参与！

课程调查问卷编码表

原始题项	变量名称	变量标记	数值范围	水平数值标记
0	Id	问卷代码	1~999	
1	Grad	年级	11~14 21~23	11 本科一年级　12 本科二年级　13 本科三年级　14 本科四年级　21 专科一年级　22 专科二年级　23 专科三年级
2	Colle	学院	字符型	
3	Schty	学科背景	1~3	1 理科生　2 文科生　3 未分文理科的考生
4	Q4	是否同意"您非常喜欢您的专业"这一命题	1~5	1 非常不同意　2 不同意　3 一般　4 同意　5 非常同意
5	Q5	理想职业	1~12	1 IT与通信业　2 金融、证券、保险业　3 商贸业　4 电力、石化等能源业　5 新闻出版业　6 房地产业　7 医药食品业　8 旅游交通民航业　9 制造业　10 政府机关　11 继续深造　12 其他，请注明
	Q5t	补充内容	字符型	
6	Q6a1	高等数学	1~3	1 已选修　2 正选修　3 未选修
	Q6a2	线性代数	1~3	1 已选修　2 正选修　3 未选修
	Q6a3	线性规划	1~3	1 已选修　2 正选修　3 未选修
	Q6a4	概率论	1~3	1 已选修　2 正选修　3 未选修
7	Q7	教学计划中的课程先修与后续的关系	1~3	1 理解　2 一般　3 不理解
8	Q8	《统计学》教学的目标的认知	1~6	1 非常不同意　2 不同意　3 一般　4 同意　5 非常同意　6 不知道
9	Q9a	您选修过《统计学》课程吗	1~3	1 已选修　2 正选修　3 未选修
	Q9b1	数学类的课程，不喜欢	0~1	0 否，1 是
	Q9b2	很难，不易过关	0~1	0 否，1 是
	Q9b3	没用，将来用不到而不去选修	0~1	0 否，1 是
	Q9b4	下学期才选修	0~1	0 否，1 是
	Q9b5	教学计划未设置	0~1	0 否，1 是
	Q9b6	其他原因	0~1	0 否，1 是
	q9b6t	其他原因的注明内容	字符型	

续表

原始题项	变量名称	变量标记	数值范围	水平数值标记
10	Q10a	教师授课方法	1~7	1 不喜欢　7 喜欢
	Q10b	教学内容	1~7	1 新颖的　7 陈旧的
	Q10c	学习难易程度	1~7	1 简单的　7 困难的
	Q10d	课程理论性	1~7	1 理论性的　7 实践性的
	Q10e	实用性	1~7	1 无用的　7 有用的
	Q10f	课程期望	1~7	1 失望的　7 满意的
	Q10g	内容喜欢程度	1~7	1 喜欢　7 不喜欢
	Q10h	课堂讲授理解程度	1~7	1 理解　7 不理解
11	Q11	掌握《统计学》课程的自我评价	1~10	1 差　10 优秀
12	Q12	完成《统计学》课后练习的情况	1~4	1 未做过相关习题　2 仅完成不足一半习题　3 独立完成大部分习题　4 全部完成
13	Q13	统计学习题的处理问题	1~3	1 非常不同意　2 基本上是　3 非常同意
14	Q14	《统计学》上（计算）机操作（实验操作）的次数	1~6	1 从来不　2 偶尔　3 每月一次　4 每周一次　5 每周两次　6 每周两次以上。选择项目 1，请直接跳答至第 16 题
15	Q15	参加《统计学》课程上（计算）机操作收获的自我评价	1~10	1 无收获　10 收获大
16	Q16a	主要以课堂认真听讲为主	1~7	1 完全不同意　7 完全同意
	Q16b	完成教师指定的课后阅读参考书	1~7	1 完全不同意　7 完全同意
	Q16c	课堂听讲与课后预、复习相结合	1~7	1 完全不同意　7 完全同意
	Q16d	完成相应的习题以加强理解	1~7	1 完全不同意　7 完全同意
	Q16e	利用实践、实验理解所学的知识	1~7	1 完全不同意　7 完全同意
	Q16f	教学效果太差主要靠自学	1~7	1 完全不同意　7 完全同意
	Q16g	其他方式（若有，请注明）	1~7	1 完全不同意　7 完全同意
	Q16gt	补充内容	字符型	

续表

原始题项	变量名称	变量标记	数值范围	水平数值标记
17	Q17	采用多媒体方式的教学方法是否值得推广	1~7	1 完全不同意　7 完全同意
18	Q18	增加实验的学时是否值得推广	1~7	1 完全不同意　7 完全同意
19	Q19	统计知识能够增强本专业的实践操作能力	1~7	1 完全不同意　7 完全同意
20	Q20a	最需改进内容	1~6	1 选择浅显易懂的教材　2 压缩教学内容　3 延长学时　4 增加实验教学　5 多做练习　6 其他，请注明
	Q20b	第二需改进内容	1~6	1 选择浅显易懂的教材　2 压缩教学内容　3 延长学时　4 增加实验教学　5 多做练习　6 其他，请注明
	Q20t	补充注明内容	字符型	
21	Q21	意见和建议	字符型	

第二章 描述统计分析

描述统计是通过图表或数学方法，对数据资料进行整理、分析，并对数据的分布状态、数字特征和随机变量之间的关系进行估计和描述的方法。描述性统计分析常用的方法有：频数分析、描述性分析、探索分析、列联表分析。

实验一 频数分析

一、实验目的和要求

1. 计算平均值、最大值、最小值、方差、标准差、极差、均值标准误、偏度系数和峰度系数等重要的描述统计量。
2. 根据数据类型绘制合适的统计图。
3. 能够对输出结果进行科学的解释、分析。

二、实验步骤

【**案例2.1**】表2-1给出了河北省某高校部分学生的统计学考试成绩，样本数据共120个，试通过计算平均值、最大值、最小值、方差、标准差、极差、均值标准误、偏度系数和峰度系数等描述性指标来分析这120名学生成绩的分布特征，数据文件为"*案例数据2.1.sav*"。

表2-1　　　　　　河北某高校学生的统计学考试成绩（部分）

72	75	75	72	45	84
83	67	67	33	46	88
…	…	…	…	…	…
81	67	75	46	87	73
74	62	46	75	72	92

1. 第一步：在SPSS数据窗口中打开（或录入）数据。SPSS可直接打开"*.sav"、"*.xls"等数据格式。
2. 第二步：在SPSS窗口中依次选择"分析—描述统计—频率"菜单项，打开"频率"对话框（见图2-1）。

图2-1 "分析"界面

3. 第三步：在"频率"对话框中，选择要分析的变量"成绩"，并根据需要以及数据的类型设置相应的选项（见图2-2）。若选择"显示频率表格"复选框，将在输出结果中看到成绩的频数分布表。此复选框在变量类别不是太多时可以选择，如果类别很多，利用单项值的频数分布表不利于展示数据分布特征，此实验所生成的频率分布表过长即是此原因。建议保留这个图表，更能清楚展示操作后的结果。

此例中，由于"成绩"是数值型变量，可对"统计量""图表"等项目进行相应设置（如图2-3所示），我们结合输出结果解释各统计量的含义。

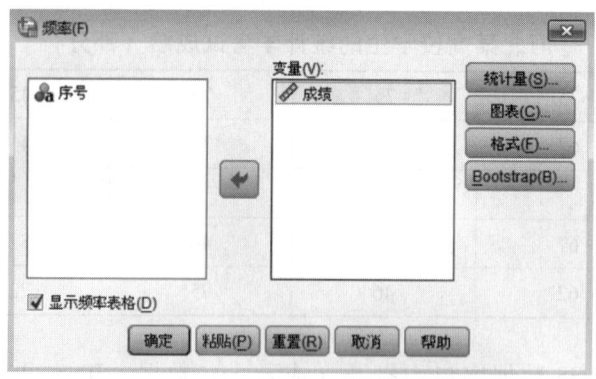

图2-2 "频率"对话框

在子对话框中将相应选项设置完成后，点击"继续"按钮回到主对话框。

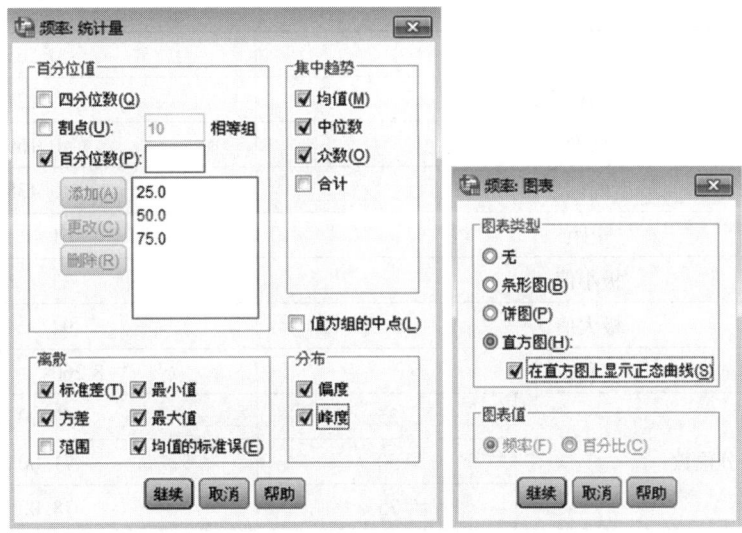

图 2-3 设置选项

4. 第四步：点击"频率"主对话框中的"确定"按钮输出结果。

三、实验结果及分析

1. 实验结果

表 2-2 中显示"成绩"的基本描述统计量，（1）样本规模为 120，不存在缺失值。（2）其变量均值为 68.83，样本标准差为 13.40，均值标准误为 1.22。另众数（呈现次数最多的变量值）为 67，中位数（处于数据分布列中间位置的数值，即 50% 分位数）为 71。（3）全距为 61，是最大值（94 分）和最小值（33 分）的差，该统计量表明数据离散状况。（4）百分位数，本例中仅确定了 25% 分位、50% 分位和 75% 分位数，依次为 62、71 和 78。（5）偏度系数为 -0.565，小于 0，数据呈现弱左偏分布；峰度系数为 -0.169，小于 0，相对于正态分布来说该变量略呈平峰分布。该变量的分布特征也可从直方图中直接看到（如图 2-4 所示）。

表 2-2　　　　　　　　　　统计量：成绩

N	有效	120
	缺失	0
均值		68.83
均值的标准误		1.223
中值		71.00
众数		67
标准差		13.402
方差		179.602

续表

偏度	-0.565
偏度的标准误	0.221
峰度	-0.169
峰度的标准误	0.438
全距	61
极小值	33
极大值	94
和	8 260
百分位数 25	62.00
百分位数 50	71.00
百分位数 75	78.00

从表 2-3 中可以看出每个分值（类别）出现的频数、百分比和有效百分比、累积百分比。其中百分比指标是指该类别频数占全部样本量（包含样本中此变量存在数值缺失的个案）的比例；有效百分比仅是计算该变量非缺失样本中某类别所占比例；累积百分比是一种向上累积的百分比结构，表明累积到该类别时所占有效样本的比例。

本例中，变量"成绩"的类别较多，会形成一个较大的频数分布表，在此仅摘录部分表格。从中我们也可看出，对于类别较多的频数分布需先进行类别合并，再绘制频数分布表较合适。

表 2-3 成绩频数分布表（部分）

		频率	百分比	有效百分比	累积百分比
有效	33	1	0.8	0.8	0.8
	…	…	…	…	…
	49	4	3.3	3.3	15.8
	60	5	4.2	4.2	20.0
	…	…	…	…	…
	67	10	8.3	8.3	43.3
	68	1	0.8	0.8	44.2
	69	1	0.8	0.8	45.0
	70	3	2.5	2.5	47.5
	71	5	4.2	4.2	51.7
	…	…	…	…	…
	94	1	0.8	0.8	100.0
	合计	120	100.0	100.0	

图 2-4 是直方图的绘制结果，该图中添加了正态曲线作为标准，能够清晰简洁地表明 120 名学生成绩的数据分布特征及均值。

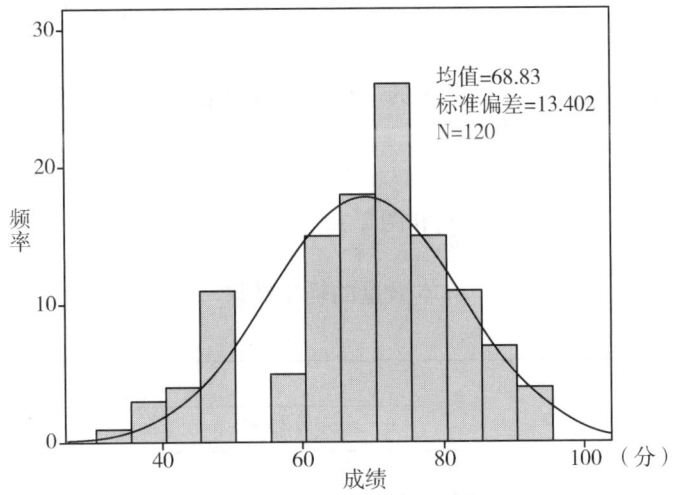

图 2-4　直方图的输出结果①

2. 统计结果分析

综合表 2-2 和图 2-4 的输出结果可以看出：第一，学生的平均成绩偏低，这 120 名学生的平均成绩为 68.83 分，原因是不及格（60 分以下）的学生所占比重较大，为 15.8%。第二，成绩分布较分散，一方面，最高分和最低分差异大，最高分为 94 分，最低分为 33 分，差距为 61 分；另一方面，个体间差异也较大，标准差为 13.40 分，进一步计算变异系数为 19.47%。第三，成绩分布不均衡，略呈左偏分布，存在较大比例的低分。

四、应用实例

表 2-4 给出了 2010 年调查的承德、保定及邯郸三个地区的留守儿童的性别情况（部分数据，全部数据见"*应用实例数据1.sav*"）。请对留守儿童的性别情况进行频数分析。

表 2-4　　　　　2010 年调查的三个地区留守儿童性别情况

问卷编号	地区	性别
1	邯郸	女
…	…	…
…	承德	女
…	…	…
441	保定	女

1. 第一步：在 SPSS 窗口中依次选择"分析—描述统计—频率"菜单项，打开"频率"

---

① 图形的输出都经过了修饰美化，如去除阴影、调整字体大小、修改轴标题等。有关图形的详细操作将在第 9 章介绍。

对话框。

2. 第二步：在"频率"对话框中，选择要分析的变量"性别"，并根据需要以及数据的类型设置其他的选项。此例中，"性别"是定类数据（或名义型数据），可对"图表""格式"进行相应设置。

3. 第三步：点击"频率"对话框中的"确定"按钮输出结果。

4. 第四步：实验结果及分析。

（1）实验结果。

实验结果摘要见表2-5、表2-6和图2-5。

表2-5　　　　　　　　　样本数量的输出结果

性别

N	有效	441
	缺失	0

表2-6　　　　　　　　"性别"频数输出结果

		频率	百分比	有效百分比	累积百分比
有效	男	217	49.2	49.2	49.2
	女	224	50.8	50.8	100.0
	合计	441	100.0	100.0	

（2）统计结果分析。

输出结果显示，有效样本数为441人，缺失样本数为0。在样本中有男性217人，所占比例为49.2%；女性224人，所占比例为50.8%，可见留守儿童中男女的比例基本持平。

可利用条形图展示调查对象性别的数量特征（见图2-5），放置在数据分析报告中简明清晰。

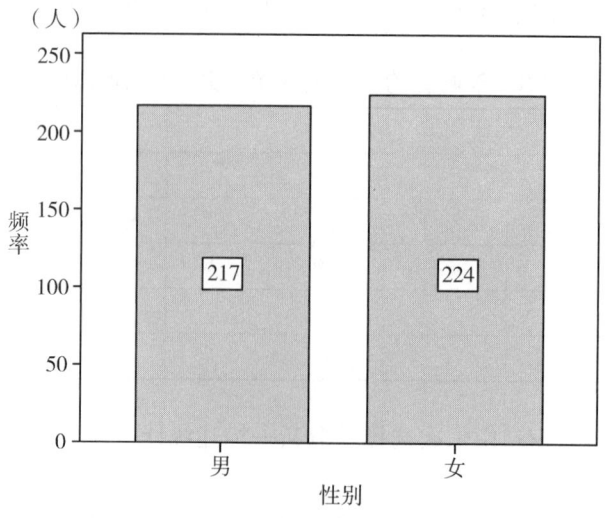

图2-5　直方图的输出结果

实验二 描述性分析

一、实验目的和要求

1. 掌握对数值型变量的分析，计算平均值、最大值、最小值、方差、标准差、极差、均值标准误、偏度系数和峰度系数等重要的描述统计量。
2. 理解将原始数据标准化的含义。
3. 能够对输出结果进行分析。

二、实验步骤

【案例 2.2】对"*案例数据 2.1.sav*"数据文件中的 120 名学生成绩进行描述性分析。

1. 第一步：在 SPSS 窗口中依次选择"分析—描述统计—描述"菜单项，打开"描述性"对话框（如图 2-6 所示）。

在此对话框中我们发现仅有变量"成绩"显示在变量列表中，而原有的变量"序号"消失了。这是因为"描述性"操作仅对数据存储类型为"数值型"的变量有意义，而对"字符型""日期型"变量的操作无意义。在此例中，"序号"已设置成字符串型数据，所以在变量列表中未显示。这也提示我们在数据统计分析过程中，既要注意数据的测量尺度，又要注意数据的存储类型，不要错误地利用分析方法。

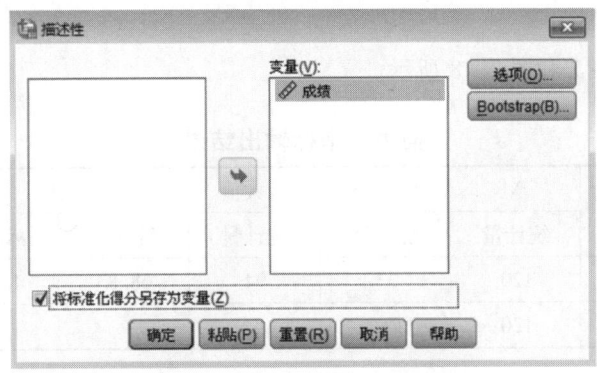

图 2-6 "描述"对话框

2. 第二步：选中要分析的变量"成绩"，单击 ![按钮] 按钮，使之进入分析"变量"列表框。同时，选中"将标准化得分另存为变量"。

3. 第三步：根据分析的需要设置输出项。单击"选项"按钮打开"描述：选项"对话框（见图 2-7）。

此对话框中的均值、离散和分布项目都是针对定量型测量尺度数据，对定类型测量尺度的数据无效。本例中的"成绩"即为定量型尺度数据，可以选择各分析项目。

4. 第四步：点击"继续"，返回"描述性"主对话框，在主对话框中点击"确定"输出相应结果。

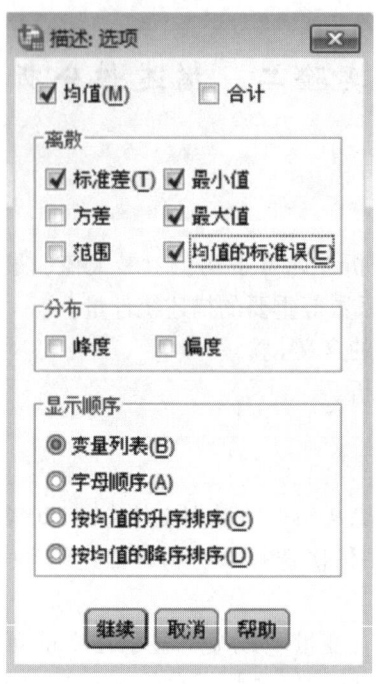

图 2-7 "选项"对话框

三、实验结果及分析

1. 实验结果

实验结果如表 2-7 和图 2-8 所示。

表 2-7　　　　　　　　　　描述性指标输出结果

项　目	N	极小值	极大值	均值		标准差
	统计量	统计量	统计量	统计量	标准误	统计量
成绩	120	33	94	68.83	1.223	13.402
有效的 N（列表状态）	120					

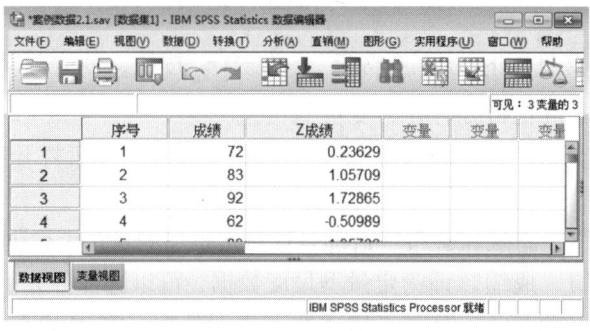

图 2-8 标准化数据

2. 实验结果分析

表 2-7 显示样本量 N 为 120，有效样本为 120，表明样本的全部数据参与了统计分析。其中学生成绩最高为 94 分，最低为 33 分；平均成绩为 68.83 分，样本平均数的标准误为 1.223 分；样本的标准差为 13.402 分。

在图 2-8 中新生成了变量"Z 成绩"，用于表示原变量的标准化结果，其计算过程为：

$$z_i = \frac{x_i - 均值}{标准差}$$

通过分析标准化数值"Z 成绩"的正负以及与 0 的远近，即可判断该原始数值偏离均值的大小及方向。如 72 分，相应的"Z 成绩"为 0.2363，为正数，说明该成绩高于平均分，向右偏离均值 0.2363 个标准差；62 分，相应的"Z 成绩"为 -0.5099，为负数，说明该成绩低于平均分，向左偏离均值 0.5099 个标准差，并且较 72 分偏离均值更远。

四、应用实例

对"*住房状况调查.sav*"数据库中的"家庭收入""现住面积"进行描述统计，分析其均值、离散程度和分布状态的特征。

实验三 探索分析

一、实验目的和要求

探索分析主要用于分析数量型变量数量特征的初步分析，有助于我们后续进行数据分组、原因分析，或者不同组间的比较问题等。本部分的目的主要是：

1. 熟练掌握 SPSS 的探索性分析过程；
2. 对数据分析结果进行系统解读。

二、实验步骤

【**案例 2.3**】对"*住房状况调查.sav*"数据库中的"家庭收入"进行探索分析，考察其均值、分布状态等，并绘制茎叶图和直方图。

1. 第一步：在 SPSS 数据视窗中依次点击"分析—描述统计—探索"菜单项，打开"探索"对话框（见图 2-9）。

将左侧变量列表中的"家庭收入"选中，点击 ▶，使之进入"因变量列表"框中，这将是我们分析的目标（因变量）。如果我们想分析某因子（自变量）可能对目标变量的影响，需选择相应的变量引入"因子列表"框中。此处我们不做设置，仅考察单一因变量的数量特征。

2. 第二步：进行相关分析项目设置。设定好之后点击"继续"按钮将回到主对话框。

点击"统计量"按钮打开"探索：统计量"子对话框（见图 2-10）。默认的是进行"描述性"统计分析，即计算均值、中位数、方差等，还会对均值的置信区间进行估计，默认的置信度为95%，我们可以直接在文本框中输入相应数字调整置信度的大小。"M-估计量"用于输出4种不同权重下的最大似然估计值。"界外值"用于输出5个最大值和最小值。"百分位数"用于输出5%、10%、25%、50%、75%、90%及95%的百分位数。

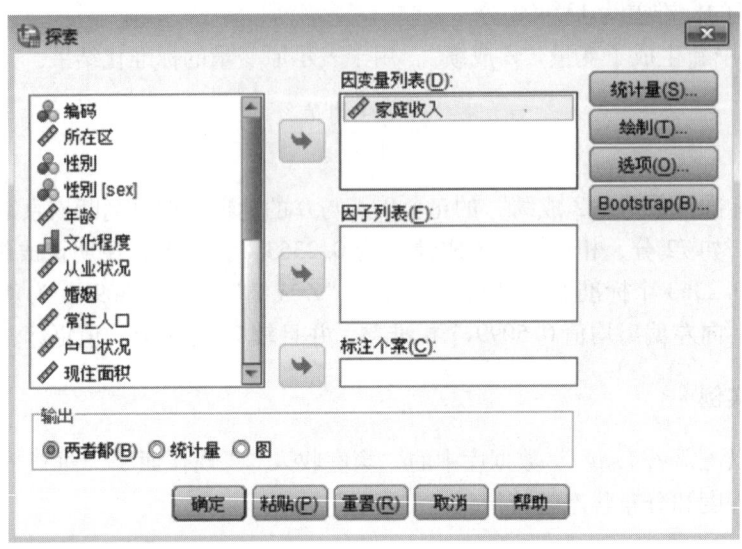

图2-9 探索分析对话框

点击"绘制"按钮打开"探索：图"子对话框（见图2-11）。(1) 在"箱图"选项中默认选择"按因子水平分组"，本例中未设置因子变量，故此选项无效。(2) 在"描述性"中选择"茎叶图""直方图"，并选择"带检验的正态图"，用于展示变量的分布与正态分布曲线的比较。

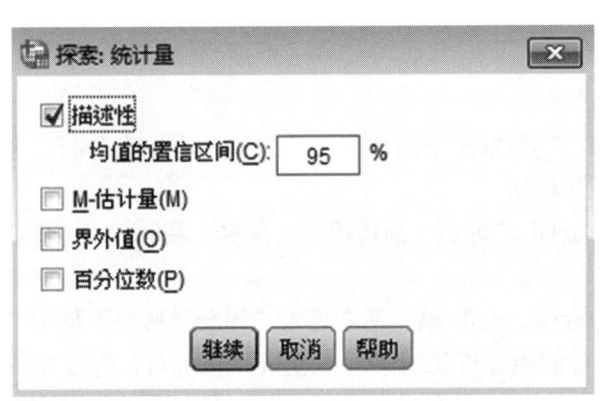

图2-10 探索：统计量对话框

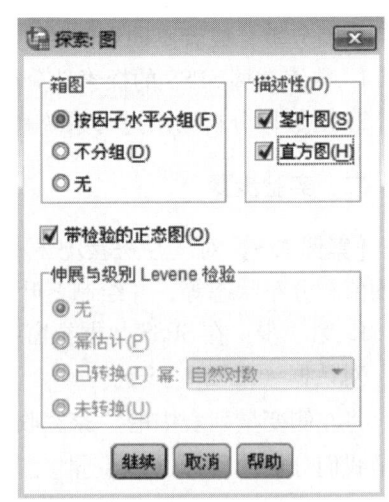

图2-11 探索：图对话框

3. 第三步：在主对话框中单击"确定"按钮输出相应结果。

三、实验结果及分析

1. 实验结果

根据以上设置所输出的图表结果见表2-8、表2-9、图2-12、图2-13和图2-14。

表2-8   描述统计结果

项	目		统计量	标准误
家庭收入	均值		17696.1567	279.64310
	均值的95%置信区间	下限	17147.8445	
		上限	18244.4689	
	5%修整均值		15992.5586	
	中值		15000.0000	
	方差		2.341E8	
	标准差		15298.80341	
	极小值		1200.00	
	极大值		250000.00	
	范围		248800.00	
	四分位距		10000.00	
	偏度		5.546	0.045
	峰度		55.425	0.089

表2-9   正态性检验结果

	Kolmogorov-Smirnov[a]			Shapiro-Wilk		
	统计量	df	Sig.	统计量	df	Sig.
家庭收入	0.204	2 993	0.000	0.630	2 993	0.000

a. Lilliefors 显著水平修正。

```
家庭收入 Stem-and-Leaf Plot

 Frequency    Stem & Leaf
     4.00        0 . 1
    79.00        0 . 2222222333333333
   154.00        0 . 4444444444455555555555555555555
   208.00        0 . 6666666666666666666666677777777777777777
   221.00        0 . 88888888888888888888888888888899999999999999
   463.00        1 . 000000000000000000000000000000000000000000000000000000000000011111
   305.00        1 . 22222222222222222222222222222222222222222222333333333
   280.00        1 . 44444444455555555555555555555555555555555555555555
    58.00        1 . 666666666777
    82.00        1 . 8888888888888889
   446.00        2 . 00000000000000000000000000000000000000000000000000000000000000111
    32.00        2 . 222233
   195.00        2 . 44444444444444444444445555555555555555555
    23.00        2 . 6667
    13.00        2 . 888
   177.00        3 . 0000000000000000000000000000000000&
    12.00        3 . 223
    25.00        3 . 45555
   216.00 Extremes    (>=36000)

 Stem width:  10000.00
 Each leaf:       5 case(s)
 & denotes fractional leaves.
```

图2-12   茎叶图

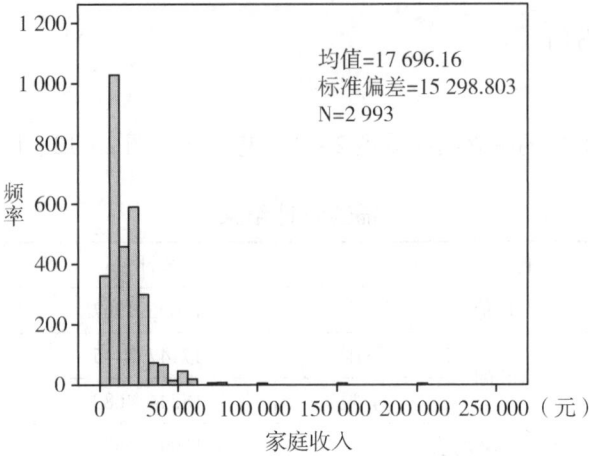

图 2-13（a） 直方图

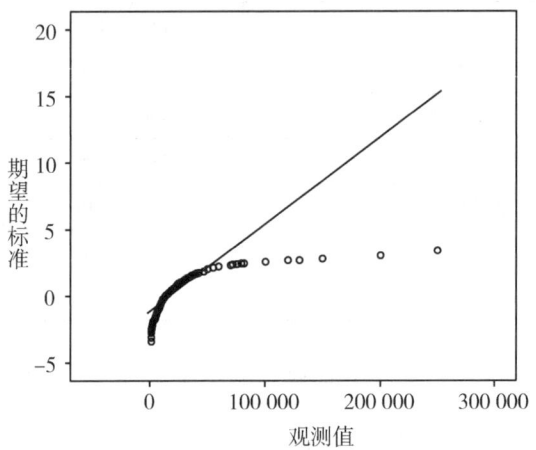

图 2-13（b） 正态性检验 Q-Q 图

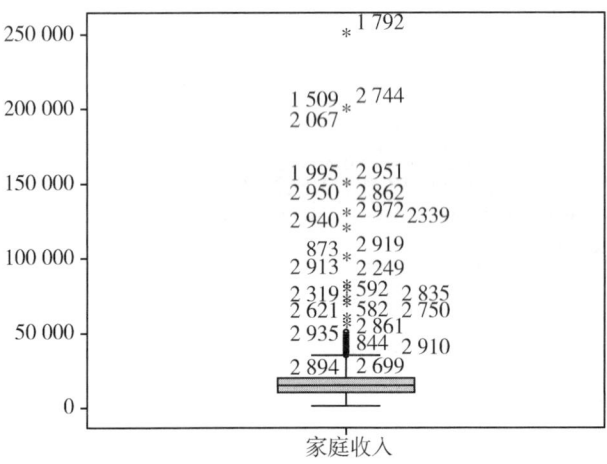

图 2-14 家庭收入的箱线图

2. 实验结果分析

通过分析可知，平均家庭收入水平约为 17 696.16 元，标准差为 15 298.80 元，表明家庭收入具有较大离散性。最低家庭收入仅有 1 200 元，最高家庭收入为 250 000 元，二者相差 200 多倍（见表 2 - 8）。家庭收入变量的偏度系数约为 5.55，大于 0 表明家庭收入具有明显的右偏性，即存在较高收入水平，使得收入的直方图具有长长的右尾（见图 2 - 13（a）和图 2 - 14）；峰度系数约为 55.43，表明收入的频数分布曲线顶端尖峭，从直方图中可以看出，在 10 000 ~ 20 000 区间存在较多的频数分布。从表 2 - 9 正态性检验结果和图 2 - 13（b）可知，该变量的分布不呈正态分布。

四、应用实例

对 "*住房状况调查.sav*" 数据库中的 "家庭收入" 进行探索分析，现在考察不同地区间的收入水平是否存在差异（见图 2 - 15），用均值、分布状态等指标进行描述。

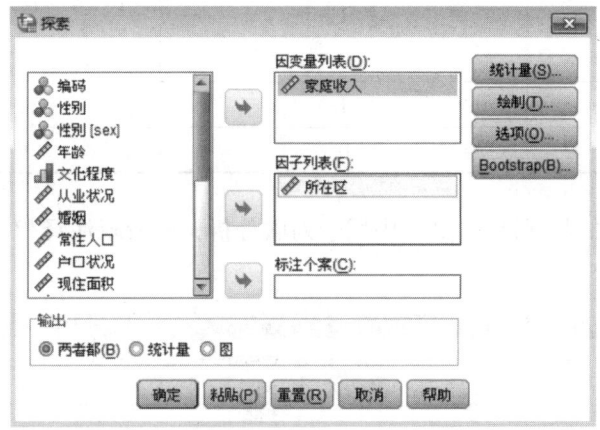

图 2 - 15 不同地区间家庭收入的探索分析

实验四　列联分析

一、实验目的和要求

列联分析又称交叉表分析技术，是将两个分类变量进行交叉频数汇总，分析不同类别间的频数分布是否存在差异。本实验的目的是：

1. 熟练掌握 SPSS 软件的列联分析过程；
2. 对列联分析的结果进行科学解读，理解卡方、风险的含义。

二、实验步骤

【案例 2.4】表 2 - 10 中给出了河北省的两所高中学校高三毕业生的升学情况。据此对两所学校的升学情况进行比较，研究二者之间的升学率是否存在显著差别。

表2-10　　　　　　　　　两所高中学生升学情况　　　　　　　　　单位：人

	升学人数	未升学人数	合计
甲中学	900	150	1 050
乙中学	1 400	580	1 980

1. 第一步：录入数据。如何将汇总表录入 SPSS 中，这是首要工作。设置分类变量"升学"和"学校"、数量型变量"计数"，其中"升学=1"表示升学事件，"升学=0"表示未升学事件；分类变量"学校=1"表示甲学校，"学校=0"表示乙学校。将表2-10转换成表2-11的表格形式。

表2-11　　　　　　　　　学校—升学的计数表

学校	升学	计数
1	1	900
1	0	150
0	1	1 400
0	0	580

我们将表2-11的数据录入 SPSS 中用于列联分析，要清晰注释相关变量值标签的含义（见图2-16）。

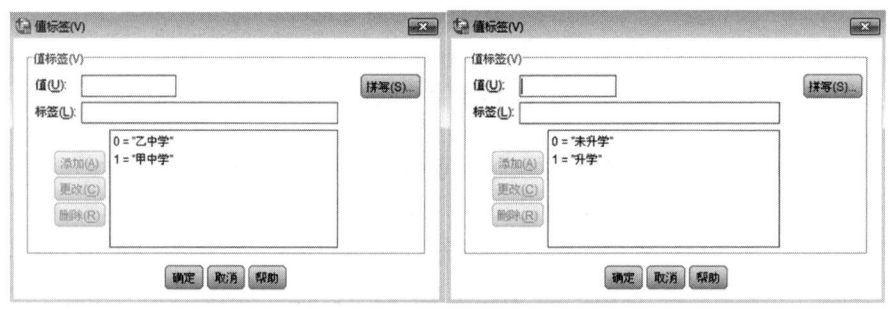

图2-16　设置学校与升学变量的值标签

2. 第二步：对数据进行预处理。点击"数据—加权个案"菜单项打开相应对话框[①]，以"计数"变量对升学、学校变量进行加权（见图2-17）。点击"确定"按钮完成设置。

3. 第三步：在 SPSS 数据视图界面下，点击"分析—描述统计—交叉表"菜单项，打开"交叉表"对话框。将"学校"引入"行"变量框，"升学"引入"列"变量框（见图2-18）。另外，"计数"已作为加权变量，在后续分析中将作为权重引入计算过程。

---

① 此案例中，加权步骤针对汇总表的交叉分析是必需的。当针对的是不需加权的结构式数据文件时，交叉分析可直接从第三步开始操作。

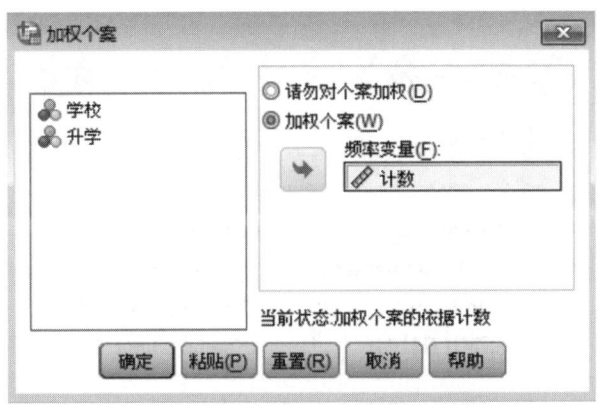

图 2-17 加权个案对话框

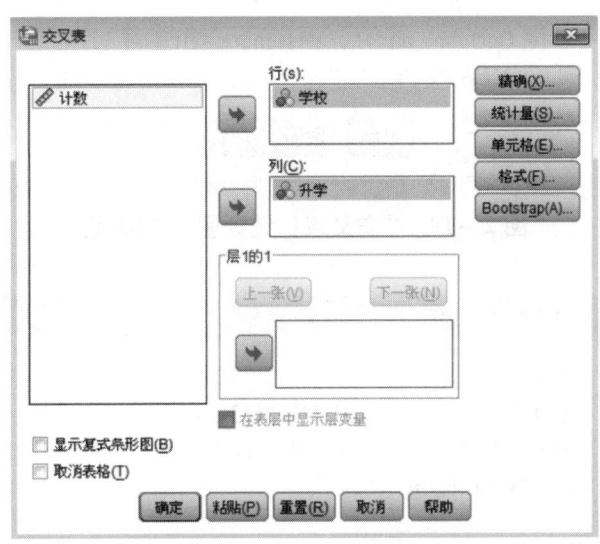

图 2-18 交叉表对话框

4. 第四步：根据需要设置其他参数。点击"统计量"按钮出现"交叉表—统计量"子对话框（见图2-19）。选择"卡方"，用于检验学校间的升学情况是否存在差异。选择"风险"用于比较不同学校间升学率的大小问题，此分析项目仅适用于2×2列联表的计算。选择"Cochran's and Mantel Haenszel 统计量"用于检验不同学校间升学率的差异问题是否具有统计显著性，其比较基础为1，还可以自己设定其他数值。

点击"单元格"按钮出现"交叉表—单元显示"子对话框（见图2-20），选择"观察值"、"期望值"等计数指标。选择"行"计算百分比，这主要出于已将可能的影响因素"学校"放置在行变量框所致。选择"未标准化"形式计算残差。

5. 第五步，输出结果。根据需要设置相应的选项，之后点击"继续"按钮返回"交叉表"主对话框，点击"确定"按钮输出分析结果。

图2-19 "交叉表:统计量"对话框

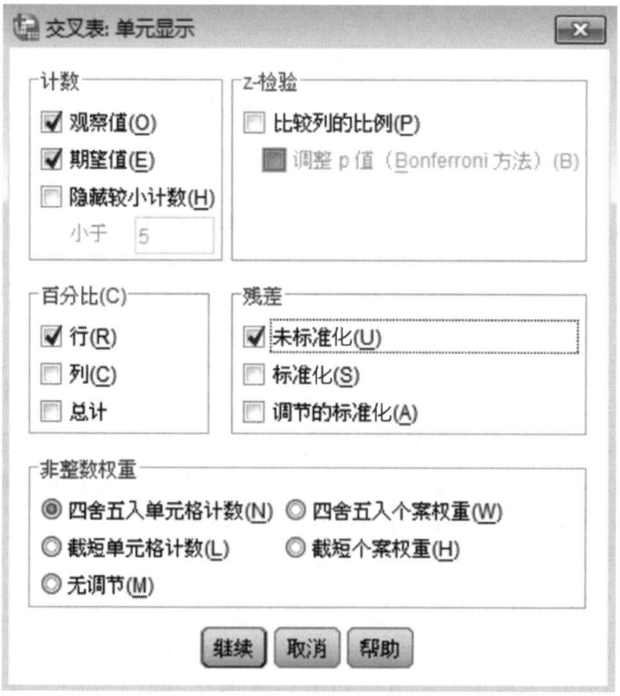

图2-20 "交叉表:单元显示"对话框

三、实验结果及分析

1. 实验结果

交叉表分析输出结果见表 2-12 至表 2-15。

表 2-12　　　　　学校 * 升学　交叉制表

项目			升学		合计
			未升学	升学	
学校	乙中学	计数	580	1 400	1 980
		期望的计数	477.0	1 503.0	1 980.0
		学校中的%	29.3%	70.7%	100.0%
		残差	103.0	-103.0	
	甲中学	计数	150	900	1 050
		期望的计数	253.0	797.0	1 050.0
		学校中的%	14.3%	85.7%	100.0%
		残差	-103.0	103.0	
合计		计数	730	2 300	3 030
		期望的计数	730.0	2 300.0	3 030.0
		学校中的%	24.1%	75.9%	100.0%

表 2-13　　　　　　　　　卡方检验

项目	值	df	渐进 Sig.（双侧）	精确 Sig.（双侧）	精确 Sig.（单侧）
Pearson 卡方	84.498[a]	1	0.000		
连续校正[b]	83.679	1	0.000		
似然比	89.916	1	0.000		
Fisher 的精确检验				0.000	0.000
线性和线性组合	84.470	1	0.000		
有效案例中的 N	3 030				

注：a. 0 单元格（0.0%）的期望计数少于 5。最小期望计数为 252.97。

b. 仅对 2×2 表计算。

表 2-14　　　　　　　　　风险估计

	值	95% 置信区间	
		下限	上限
学校（乙中学/甲中学）的概率比	2.486	2.039	3.030
用于 cohort 升学 = 未升学	2.051	1.742	2.414
用于 cohort 升学 = 升学	0.825	0.794	0.857
有效案例中的 N	3 030		

表 2-15　　　　　　　　Mantel-Haenszel 一般概率比估计

估计			2.486
ln（估计）			0.911
ln（估计）的标准误差			0.101
渐进 Sig.（双侧）			0.000
渐进 95% 置信区间	一般概率比	下限	2.039
		上限	3.030
	ln（一般概率比）	下限	0.712
		上限	1.109

注：Mantel-Haenszel 一般概率比估计在 1.000 假定的一般概率比下渐进地正态分布。因此是估计的自然对数。

2. 实验结果分析

从表 2-12 中可以看出参与分析的样本为 3030 个，没有缺失样本。甲学校升学的人数占本学校人数的比例为 85.7%，占两所学校总升学人数的 39.1%。乙学校升学的人数占本学校人数的 70.7%，占两所学校总升学人数的 60.9%。可以看出两所学校的升学率之间有差异。进一步观察表 2-13，可以看出 Sig. 小于 0.05，所以卡方检验结果非常显著，说明两个学校的升学率之间有着明显的差别。

针对 2×2 的交叉表分析，通过计算概率比来反映不同组在结果上的差异（见表 2-14）。本例中，不同学校间未升学的概率（乙中学未升学率除以甲中学未升学率）为 2.051，升学的概率（乙中学升学率除以甲中学升学率）为 0.825。二者的比值即为乙中学/甲中学的概率比，表明乙中学未升学的概率是甲中学未升学概率的 2.486 倍，即在乙中学不能升学的可能性大于在甲中学。在实际中，我们更想知道升学可能性问题，更好的描述应是：甲中学升学的概率是乙中学升学概率的 2.486 倍，所以，我们应该将甲中学作为首选目标。

四、应用实例

对"住房状况调查.sav"数据库中的"未来三年"的购房意愿进行分析，比较不同"区域"间购房意愿是否存在差异。

实验五　多重反应题目的分析

问卷调查中针对多重选择题，一般可采取多重二分法或多重多分类法[①]将相关选项代码录入数据库。因为这些变量（或选项）在同一问题的信息提供方面存在关联，单独分析某变量仅反映该选项情况，不能全面反映整个题目的情况，并且输出结果分散，不利于对分析

---

① 有关数据录入的方式、方法问题详见第一章。

结果的解读。所以,实际工作中必须将同一问题的多选变量进行整体的频数分析、交叉表分析等。

如市场调查中,围绕"购买面膜的信息来源"进行调查及数据录入,其问题及变量设置见表2-16,统计分析的目的是发现主要的信息来源是什么,这将有助于商家选择合适的广告渠道,制定更加高效的宣传策略。

表2-16　　　　"购买面膜的信息来源"问题及变量设置

您购买面膜产品的信息来源主要是?(复选)	变量名及标签		值标签及含义
	变量名	标签	
(1) 亲友转告	Qm1	亲友转告	1—是,0—否
(2) 电视广告	Qm2	电视广告	1—是,0—否
(3) 报纸广告	Qm3	报纸广告	1—是,0—否
(4) 杂志广告	Qm4	杂志广告	1—是,0—否
(5) 户外广告	Qm5	户外广告	1—是,0—否
(6) 网络广告	Qm6	网络广告	1—是,0—否
(7) 电台广告	Qm7	电台广告	1—是,0—否
(8) 传单	Qm8	传单	1—是,0—否
(9) 逛商场药店	Qm9	逛商场药店	1—是,0—否
(10) 询问使用面膜有效果的人	Qm10	询问使用面膜有效果的人	1—是,0—否
(11) 其他	Qm11	其他	1—是,0—否

在分析中,我们主要利用SPSS中"多重响应"功能,对此问题相应的变量进行汇总,汇总过程中仅对各变量中的代码"1"进行频数统计及百分数计算。在此我们应区别两个概念,(1) 应答人数(或个案,Case),即在样本中选择该项目的个体数。相应的,应答人数百分比(Percent of Cases)即选择该项目的个体数量占总调查规模的比例,用于反映该项目被选择的普遍程度。(2) 应答次数(或响应,Response),是调查规模及选项数量因素的综合体现,如某人选择两项,这将统计为两人次。应答次数百分比(Percent of Responses)表明选择该项的人次数占总人次数(总响应数)的比例,用于反映该项目在总响应数间的差异状况。

由于应答次数易受调查规模、选项数量的影响,使得应答次数百分比的波动较大,所以在实际工作中,常常使用应答人数百分比来反映调查项目的受欢迎程度,或普遍程度等。

一、实验目的和要求

1. 熟悉"多重响应"功能的操作;
2. 掌握如何解读百分比的含义。

二、实验步骤

【**案例2.5**】利用"面膜产品消费调查.sav"① 中的"购买面膜信息来源"变量"Qm1、Qm2、…、Qm10、Qm11"11个变量进行频数分析,确定信息主要来源渠道是什么。

1. 第一步,依次选择"分析(A)—多重响应(R)—定义变量集(D)"菜单项,打开"定义多重响应集"对话框(见图2–21)。

2. 第二步,设置多重响应集并命名。选中变量列表框中的 Qm1、Qm2、…、Qm10、Qm11 11个变量,单击右侧的方向按钮" ",将其引入"集合中的变量"文本框。

此多选题采用的是多选二分类的录入方式,所以在"将变量编码"选项中选择"二分法",并设置计数值为1,表明将仅对选中项目进行统计分析。

对多重响应集进行命名,其名称设为"购买信息来源",因变量集名称清楚,其变量标签不再注释。

图2–21 定义多重响应集

3. 第三步,点击"添加"按钮,将把"购买信息来源"变量集添加到右侧的"多响应集"文本框内。最后,点击"关闭"按钮,完成设置。

定义多重响应集的过程仅是后续相关多选题进行频数分析、交叉表分析的基础。如果对该多选题目进行频数分析,可通过"分析(A)—多重响应(R)—频率(F)"菜单项,打开"多响应频率"对话框,将多重响应集"[$购买信息来源]"引入右侧的"表格"文本框(见图2–22)。其他按照默认设置,最后点击"确定"按钮,将输出频数分析结果。

---

① 骆方,刘红云,黄崑.SPSS数据统计与分析[M].北京:清华大学出版社,2011.

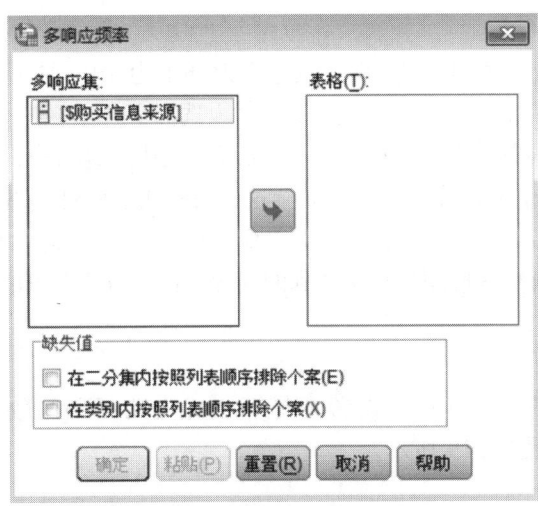

图 2-22 多重响应频率分析

三、实验结果及分析

1. 实验结果。

输出结果见表 2-17 至表 2-18。

表 2-17　　　　　　　　　　　　　个案摘要

项　目	个案					
	有效的		缺失		总计	
	N	占比（%）	N	占比（%）	N	占比（%）
$购买信息来源[a]	310	66.8	154	33.2	464	100.0

注：a. 值为 1 时制表的二分组。

表 2-18　　　　　　　　　　　　购买信息来源　频率

项　目		响应		个案占比（%）
		N	占比（%）	
$购买信息来源[a]	亲友转告	174	19.9	56.1
	电视广告	198	22.6	63.9
	报纸广告	115	13.1	37.1
	杂志广告	43	4.9	13.9
	户外广告	18	2.1	5.8
	网络广告	9	1.0	2.9
	电台广告	19	2.2	6.1
	传单	54	6.2	17.4
	逛商场药店	109	12.4	35.2
	询问使用面膜有效的人	137	15.6	44.2
总计		876	100.0	282.6

注：a. 值为 1 时制表的二分组。

2. 实验结果分析。

从表 2－17 中可见，样本规模为 464，其中有效样本为 310，占 66.8%。在 310 名被调查者中，围绕面膜"购买信息来源"的问题，有 198 人选择了"电视广告"，个案百分比最高达到 63.9%；其次是"亲友转告"，有 174 人，个案百分比达到 56.1%；再次是"询问使用面膜有效的人"，有 137 人，个案百分比为 44.2%。这三项构成了女性消费者购买面膜的信息来源主渠道，这就要求销售者做好广告宣传的同时，应注意现有客户群体的口碑，对现有顾客的评价、诉求应及时关注，解决其使用过程中遇到的问题，提高口碑营销的良好效果。

四、应用实例

在"顾客购买习惯"调查①中，设置了打算"优先购买哪些数码产品"的调查项目，其问题及变量名设置如表 2－19 所示。

表 2－19　　　　　　　　"优先购买数码产品"的变量设置

问题	变量名	变量标签	值代码	代码含义
您未来打算优先购买哪些数码产品	Q5a	购买数码产品一	1－8	1 笔记本电脑　2 台式电脑　3 数码相机　4 数码摄像机　5 手机　6 MP3/MP4　7 电纸书　8 其他
	Q5b	购买数码产品二	1－8	
	Q5c	购买数码产品三	1－8	

此问题采用多重多分类法进行数据录入，在统计分析时应整体考虑这三个变量 Q5a、Q5b、Q5c 的回答情况。首先，应设置包括 Q5a、Q5b、Q5c 在内的多重响应集，其对话框设置见图 2－23 所示。

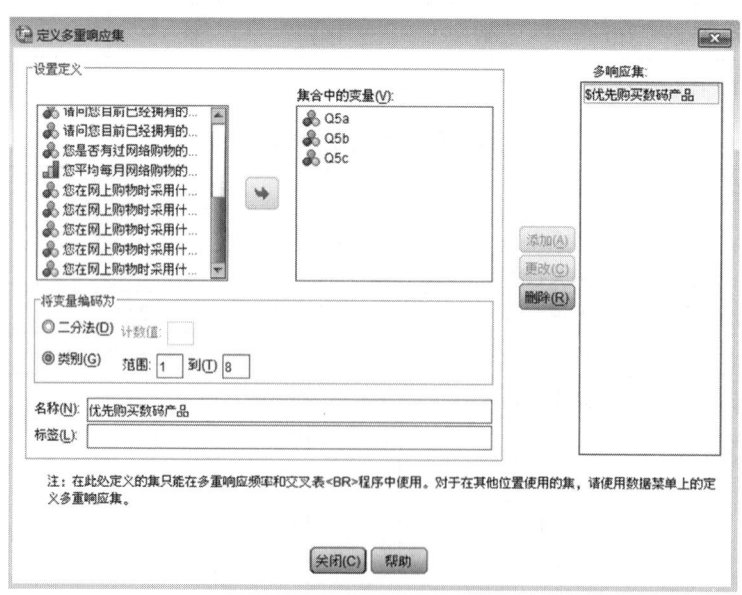

图 2－23　定义多重响应集

---

① 张文彤等. IBM SPSS 数据分析与挖掘实战案例精粹［M］. 北京：清华大学出版社，2013：57－59.

其次，考察性别之间在优先购买数码产品方面是否存在差别。通过依次选择"分析（A）—多重响应（R）—交叉表（C）"菜单项打开"多响应交叉表"对话框（见图2-24）。将多重响应集"$优先购买数码产品"引入"行"文本框；将"性别［gender］"引入"列"文本框，并"定义范围"，其最小值代码为1，最大值代码为2。

点击"选项"按钮，在"多响应交叉表：选项"子对话框中，以"列"形式计算单元格百分比，百分比基于"个案"，即在汇总表中显示的是"应答人数百分比"（见图2-25）。其他如默认设置，输出结果经整理后见表2-20，不同性别间的购买意愿基本一致。

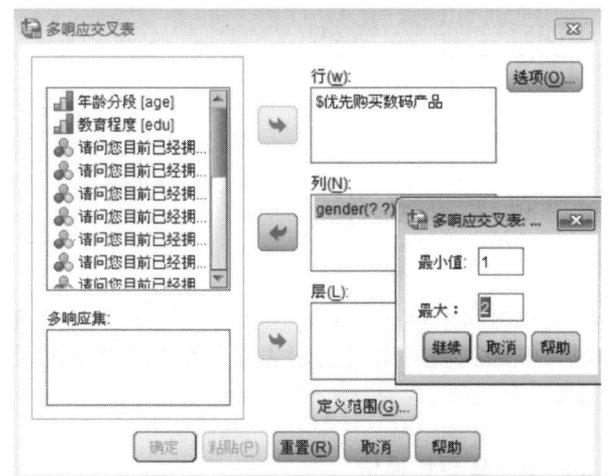

图2-24　多响应交叉表对话框　　　　图2-25　多响应交叉表"选项"子对话框

表2-20　　　　　　　　优先购买数码产品 * gender 交叉制表

$优先购买数码产品[a]		性别		总计
		男	女	
笔记本电脑	计数（人）	9 817	4 394	14 211
	按性别占比（%）	57.70	57.45	
台式电脑	计数（人）	6 281	2 788	9 069
	按性别占比（%）	36.91	36.45	
数码相机	计数（人）	2 610	1 154	3 764
	按性别占比（%）	15.34	15.09	
数码摄像机	计数（人）	5 504	2 492	7 996
	按性别占比（%）	32.35	32.58	
手机	计数（人）	4 182	1 842	6 024
	按性别占比（%）	24.58	24.08	
MP3/MP4	计数（人）	5 653	2 583	8 236
	按性别占比（%）	33.22	33.77	

续表

$优先购买数码产品[a]		性别		总计
		男	女	
电纸书	计数（人）	6 115	2 727	8 842
	按性别占比（%）	35.94	35.65	
其他	计数（人）	1 856	828	2 684
	按性别占比（%）	10.91	10.82	
总计	计数（人）	17 015	7 649	24 664

注：百分比和总计以响应者为基础。

实验六　设置表操作

在问卷调查中，会遇到以量表形式出现的调查项目（见表2-21），如果以单个变量的形式进行频数分析，势必带来较大工作量。如果我们采用"设定表格"的功能整体输出其频数分布表，可使我们得到一张简洁的表格。

表2-21　　　　　　　　　面膜产品的功能重要性评价

变量名	调查项目	量表态度				
Q2_2_1	美容效果好	1 很不重要	2 不重要	3 一般	4 重要	5 非常重要
Q2_2_2	安全无刺激	1 很不重要	2 不重要	3 一般	4 重要	5 非常重要
Q2_2_3	不反弹	1 很不重要	2 不重要	3 一般	4 重要	5 非常重要
Q2_2_4	方便使用	1 很不重要	2 不重要	3 一般	4 重要	5 非常重要
Q2_2_5	味道好	1 很不重要	2 不重要	3 一般	4 重要	5 非常重要
Q2_2_6	价格便宜	1 很不重要	2 不重要	3 一般	4 重要	5 非常重要
Q2_2_7	包装精美	1 很不重要	2 不重要	3 一般	4 重要	5 非常重要
Q2_2_8	购买方便	1 很不重要	2 不重要	3 一般	4 重要	5 非常重要
Q2_2_9	品牌	1 很不重要	2 不重要	3 一般	4 重要	5 非常重要
Q2_2_10	促销活动	1 很不重要	2 不重要	3 一般	4 重要	5 非常重要

一、实验目的和要求

1. 熟悉"设定表格"功能的操作步骤；
2. 理解结构相对数的含义。

二、实验步骤

【案例 2.6】 针对"面膜产品消费调查.sav"数据库,利用"设定表格"功能展示面膜产品的功能重要性评价结果,其变量为 Q2_2_1、Q2_2_2、…、Q2_2_10,其含义见表 2 – 21。

1. 第一步,依次点击"分析(A)—表(T)—设定表(C)"。首先显示出"设定表格"的信息提示框,提示我们为所分析的变量设置正确的测量尺度(测量级别),并定义值标签。如果已经做好,可点击"确定"按钮打开"设定表格"对话框(见图 2 – 26),并将以上变量名整体拖入到"行"标题位置。其他设置见图 2 – 26 中的提示框。

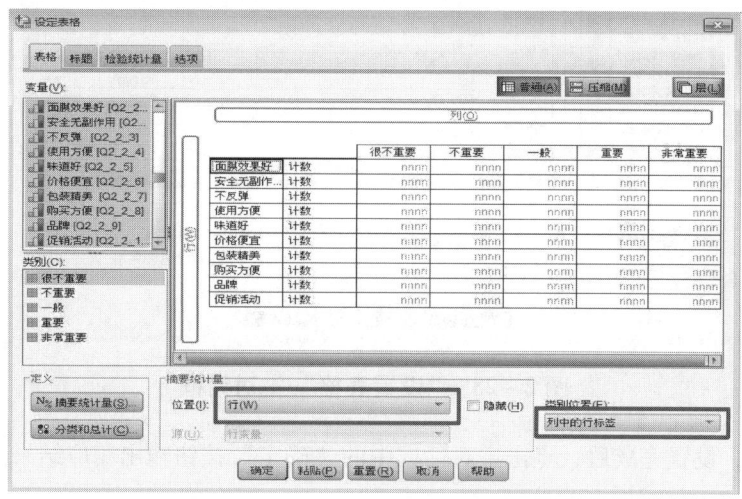

图 2 – 26 "设定表格"主对话框

2. 第二步,设置表格输出统计量。在点击主对话框中的"摘要统计量",打开"摘要统计"子对话框,其设置结果见图 2 – 27。

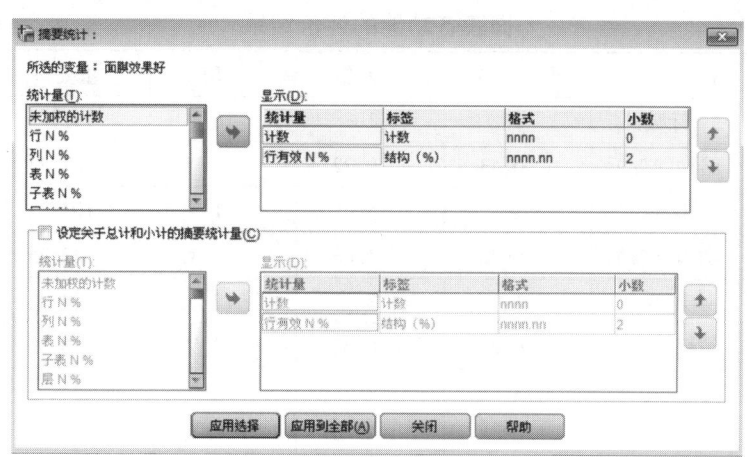

图 2 – 27 "摘要统计"子对话框

3. 第三步，为了使"态度"结果在不同的列展现，简化表格形式，需在"摘要统计量"中的"位置"下拉列表中选择"行（W）"，并在右侧的"类别位置"下拉列表中选择"列中的行标签"（见图 2-28）。

图 2-28 "设置表格"主对话框

4. 第四步，设置完成后，点击主对话框中的"确定"按钮输出相应结果。

三、实验结果及分析

1. 实验结果。

实验结果如表 2-22 所示。

表 2-22　　　　　　　　面膜各功能的评价结果

项 目		很不重要	不重要	一般	重要	非常重要
面膜效果好	计数	2	1	16	127	317
	结构（%）	0.43	0.22	3.46	27.43	68.47
安全无副作用	计数	1	5	11	103	343
	结构（%）	0.22	1.08	2.38	22.25	74.08
不反弹	计数	1	3	12	122	325
	结构（%）	0.22	0.65	2.59	26.35	70.19
使用方便	计数	3	40	127	164	126
	结构（%）	0.65	8.70	27.61	35.65	27.39
味道好	计数	8	73	159	120	100
	结构（%）	1.74	15.87	34.57	26.09	21.74

续表

项目		很不重要	不重要	一般	重要	非常重要
价格便宜	计数	6	45	154	140	116
	结构（%）	1.30	9.76	33.41	30.37	25.16
包装精美	计数	34	140	192	56	39
	结构（%）	7.38	30.37	41.65	12.15	8.46
购买方便	计数	11	74	171	146	58
	结构（%）	2.39	16.09	37.17	31.74	12.61
品牌	计数	18	96	135	142	65
	结构（%）	3.95	21.05	29.61	31.14	14.25
促销活动	计数	15	110	201	87	44
	结构（%）	3.28	24.07	43.98	19.04	9.63

2. 实验结果分析。

通过比较结构相对数发现，消费者认为"面膜效果好""安全无副作用""不反弹"等功能非常重要，其比例在七成左右。对其他方面，消费者认为重要性较低，尤其是"包装精美""促销活动"等对消费者的重要性最低。这将提示销售者应该在面膜的基本功能方面突出特色，用使用效果吸引消费者购买使用。

四、应用实例

利用"面膜产品消费调查.sav"数据，引入列变量"使用情况"，展示不同使用情况下对面膜功能的评价结果。其操作对话框见图2-29，其统计结果见表2-23。

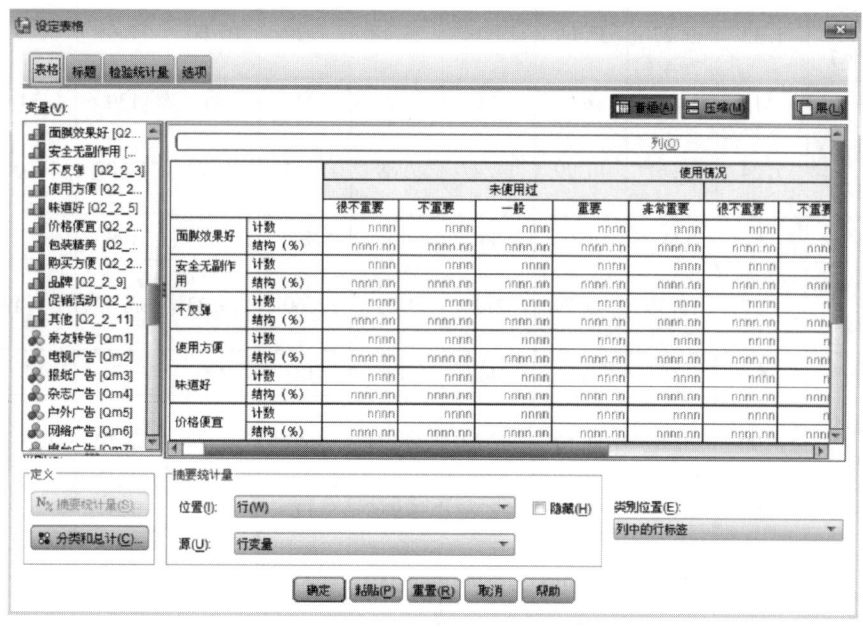

图2-29 "设定表格"对话框

表 2-23　　　　　　　　不同使用情况对面膜功能的评价结果

面膜功能项目		使用情况									
		未使用过					使用过				
		很不重要	不重要	一般	重要	非常重要	很不重要	不重要	一般	重要	非常重要
面膜效果好	计数	0	0	8	47	97	2	1	8	80	220
	结构(%)	0.00	0.00	5.26	30.92	63.82	0.64	0.32	2.57	25.72	70.74
安全无副作用	计数	0	1	5	38	108	1	4	6	65	235
	结构(%)	0.00	0.66	3.29	25.00	71.05	0.32	1.29	1.93	20.90	75.56
不反弹	计数	0	0	5	46	101	1	3	7	76	224
	结构(%)	0.00	0.00	3.29	30.26	66.45	0.32	0.96	2.25	24.44	72.03
使用方便	计数	0	12	43	54	42	3	28	84	110	84
	结构(%)	0.00	7.95	28.48	35.76	27.81	0.97	9.06	27.18	35.60	27.18
味道好	计数	2	21	52	43	34	6	52	107	77	66
	结构(%)	1.32	13.82	34.21	28.29	22.37	1.95	16.88	34.74	25.00	21.43
价格便宜	计数	2	14	56	44	35	4	31	98	96	81
	结构(%)	1.32	9.27	37.09	29.14	23.18	1.29	10.00	31.61	30.97	26.13
包装精美	计数	11	45	62	22	12	23	95	130	34	27
	结构(%)	7.24	29.61	40.79	14.47	7.89	7.44	30.74	42.07	11.00	8.74
购买方便	计数	3	24	62	49	14	8	50	109	97	44
	结构(%)	1.97	15.79	40.79	32.24	9.21	2.60	16.23	35.39	31.49	14.29
品牌	计数	6	31	52	44	17	12	65	83	98	48
	结构(%)	4.00	20.67	34.67	29.33	11.33	3.92	21.24	27.12	32.03	15.69
促销活动	计数	4	40	70	27	9	11	70	131	60	35
	结构(%)	2.67	26.67	46.67	18.00	6.00	3.58	22.80	42.67	19.54	11.40

第三章 数据库管理及转换

本章主要介绍有关数据管理方面的变量转换、数据库处理等操作。结合实际案例对各个实验操作进行详细讲解,对其统计结果进行分析,其间会涉及后续章节的相关内容,在应用过程中可参照具体实验环节。

实验一 计算生成新变量

一、实验目的和要求

在统计分析过程中,有些数据形式并不满足分析要求,需要对某些变量进行重新计算,形成新的变量。如调查过程中收集的有关被调查者的出生年月,在统计分析时,需转换为确切的年龄,从而分析其年龄结构以及分析不同年龄人群的行为差异等。本实验的目的:

1. 能用 SPSS 软件的相关功能来计算生成新变量。
2. 在计算新变量的过程中,注意"条件"的设定。
3. 熟悉 SPSS 中常用函数的使用。

二、实验步骤

【案例 3.1】 在数据库"2000 年人口调查. sav"中,有关年龄的调查项目为 v35(出生年份)、v36(出生月份),为了后续分析的方便,需对此变量重新计算,以便得到被调查者的周岁年龄。

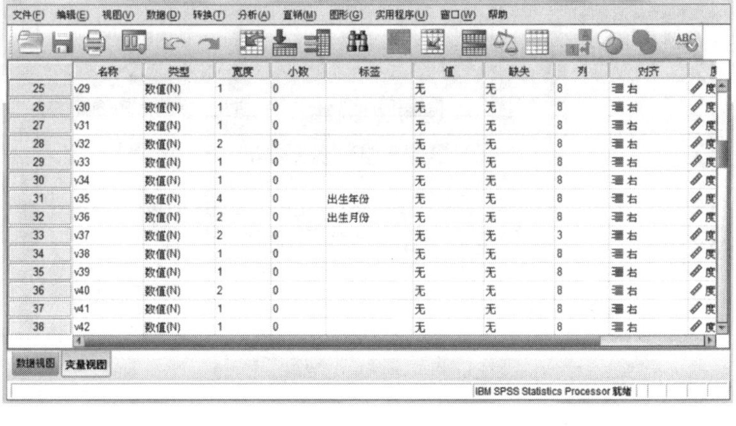

图 3-1 2000 年人口调查数据库的变量视图

1. 第一步：依次选择"转换（T）—计算变量（C）"菜单项，打开"计算变量"对话框（见图 3-2）。

> 提示：新生成的变量往往在数据库变量的最后端，使得新变量与原变量间隔太远，不利于数据管理。故先在原变量附近插入所要计算的新变量名（见图 3-2）。

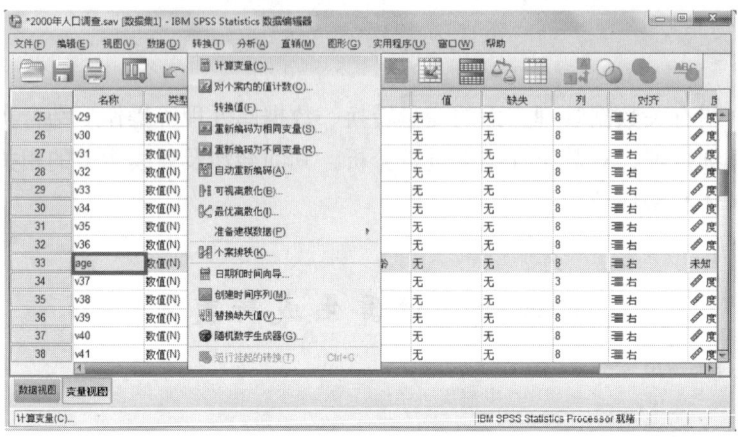

图 3-2　菜单选择过程

2. 第二步：打开"计算变量"对话框，在目标变量（T）文本框中输入新变量名"age"，并点击"类型与标签"按钮，相继打开"类型和年龄"二级对话框，在"标签"文本框中输入"被调查者年龄"作为新变量名的标签，这有助于对变量的理解。在此还可以选择"将表达式用作标签"的选项，可在变量标签中显示变量转换的过程（见图 3-3）。

图 3-3　新变量设置过程

3. 第三步：设置数学表达式。

在此次调查过程中，采用的是分别设置变量用于录入被调查者出生年月（V35、V36），此次调查的标准时间为 2000 年 11 月 1 日 0 时，计算年龄时需使用取整函数"Trunc（ ）"，函数表达式为：

$$\text{Trunc}(2000 - V35 + (10 - V36)/12) \tag{3-1}$$

首先，选取函数组列表中的"算术"，会在"函数和特殊变量"列表中显示所包含的各种函数形式。

其次，选择 Trunc（1）函数，单击 ↑ 按钮，将在"数字表达式"文本框中显示"Trunc（?）"。

其三，利用该对话框中类似计算器的软键盘结合候选变量列表中的 V35、V36，用 "2000 - V35 + (10 - V36)/12" 替换函数中的"?"（见图 3-3）。

其四，单击"确定"按钮即可生成新变量。因为我们已在数据库中先写明了变量 "age"，在此会有提示"是否更改现有变量?"，单击"确定"即可。

此表达式的含义可通过以下实例说明，如某人于 1999 年 11 月 1 日 9 时出生，相对于调查标准时间，在登记时该孩子未过 1 岁生日，计算表达式为：

$\text{Trunc}(2000 - 1999 + (10 - 11)/12) = \text{Trunc}(0.9) = 0$

故应作为 0 岁人口统计；

如某人于 1999 年 10 月 31 日 9 时出生，在登记时该孩子已过 1 岁生日，计算表达式为：

$\text{Trunc}(2000 - 1999 + (10 - 10)/12) = \text{Trunc}(1) = 1$

故应作为 1 岁人口。

三、实验结果及分析

1. 实验结果。

最终，在原数据库的相应位置新生成变量"age"（见图 3-4）。所生成的年龄是周岁年龄，可以通过某些案例数据检验计算结果是否准确。计算出年龄变量之后，我们可以对年龄进行频数分析、描述统计等（见表 3-1），详细分析会在其他章节介绍。

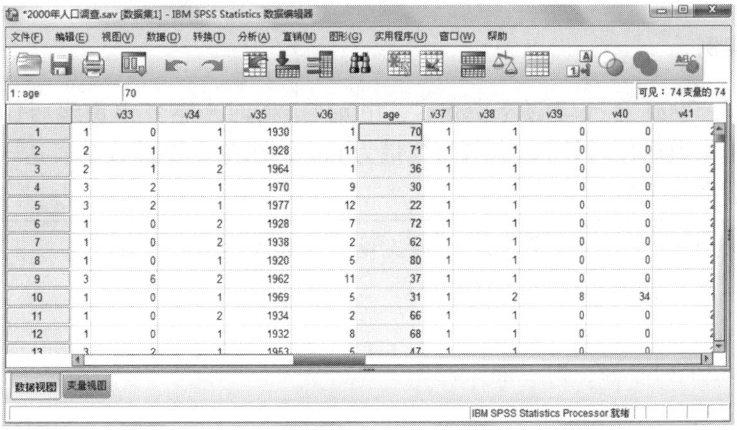

图 3-4　新变量"age"生成结果

表3-1　　　　　　　　被调查者年龄描述统计结果

项　　目	N	全距	极小值	极大值	均值	标准差
被调查者年龄	1 180	96	0	96	37.10	19.32
有效的 N（列表状态）	1 180	—	—	—	—	—

2. 分析。

在"计算变量"对话框中，还有一个"如果…"的条件按钮，这个功能按钮便于我们设置函数发挥效用的范围、条件等。若选择"如果个案满足条件则包括"单选项（见图3-5），并设置条件"V34=2"，即只对数据库中的女性计算年龄，而男性被调查者的年龄将以缺失值的形式存在。

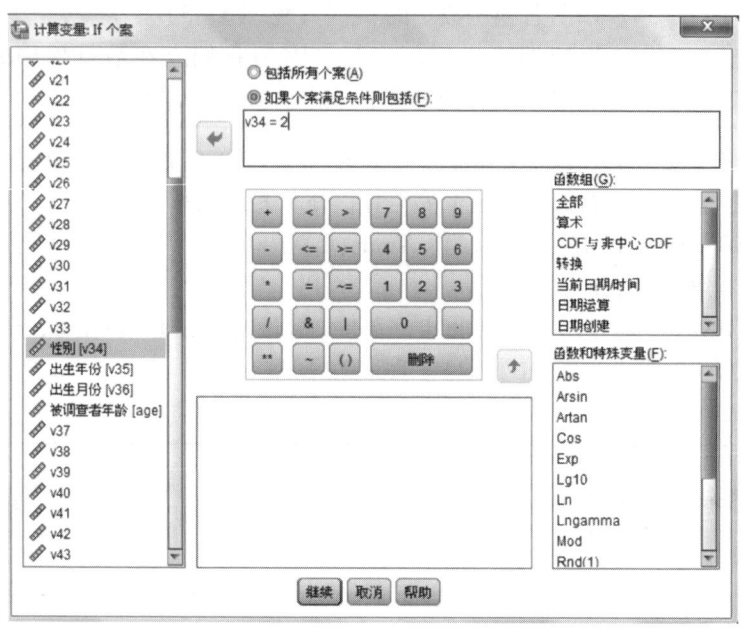

图3-5　条件设置过程

四、应用实例

利用数据库"2000年人口调查.sav"，由v44（何时来本乡镇街道居住）计算该被调查者"在本乡镇街道居住时长"，命名新变量为time，注意在设置数学表达式的过程中应使用"如果"设置条件选项。

> 设新变量为time，其转换条件及time变量的计算表达式设置如下：
> 如果 v44=1，则 time=age
> 如果 v44=2，则 time=5
> 如果 v44=3 | v44=4，则 time=4
> 如果 v44=5，则 time=3
> 如果 v44=6，则 time=2

> 如果 v44 = 7，则 time = 1
> 如果 v44 = 8，则 time = 0
> 在此，变量 time 的取值也是一种约数，非确切值。

实验二　数据分组——重新编码

有时候在数据分析过程中，某变量的取值形式过多，在分析时有些不便，此时有必要对原始变量进行重新编码，即把某些类似的变量值合并为新的类别，起到减少组别，归类分析的目的。另外，在数据分析中，某些数据形式并不能满足分析的要求，如分类变量性别（sex）的取值形式为"1"表示男性，"2"表示女性，要转换为虚拟变量 Male（男性），"1"表示男性，"0"表示女性，此类数据转换也可利用变量重新编码过程实现。

在 SPSS 软件中，重新编码有两种操作形式，一是重新编码为不同变量，相当于重新计算一个新变量；另一个是编码为相同变量，此操作在重新编码的过程中将替换原始变量值，重新编码过程不能撤销恢复，故在实际操作中禁止使用"重新编码为相同变量"的形式。

一、实验目的和要求

在数据分析过程中，变量取值（或水平）较多，在频数、交叉分析过程中会形成一个较大的表格，并不利于分析调查对象的数量特征，这时候就需对变量值进行重新分组，对某些相似的变量值合并。这种操作适用于连续型或多分类变量。本实验的目的：

1. 利用 SPSS 的重新编码进行分组；
2. 注意"旧值与新值"标签和"如果"标签的差异。

二、实验步骤

【案例3.2】继续利用上述"2000 年人口调查.sav"数据库，对新生成的年龄变量 age 进行分组，新变量为"年龄组"，组别分别为"1"，表示 0~14 岁；"2"，表示 15~64 岁；"3"，表示 65 岁及以上。

1. 第一步：依次选择"转换（T）—重新编码为不同变量（R）"菜单项，打开"重新编码为其他变量"对话框（见图 3-6）。

2. 第二步：在候选变量列表中选择 age，并点击 ➡ 按钮。

3. 第三步：在输出变量的名称处输入新变量"年龄组"，并点击"旧值和新值（O）"按钮，打开二级对话框（见图 3-7）。

在此对话框中，按照数字标号顺序操作即可：
（1）在旧值单选项目处选择"范围"，并分别输入 0、14 两个数字，用于表示对年龄阶段在 0~14 岁的人口进行重新编码，新编码值在"新值"处的相应位置选择；
（2）此例中选择"值"选项，并输入数字"1"，即用代码"1"表示 0~14 岁年龄组；
（3）点击"添加"按钮，将出现如图 3-8 所示。

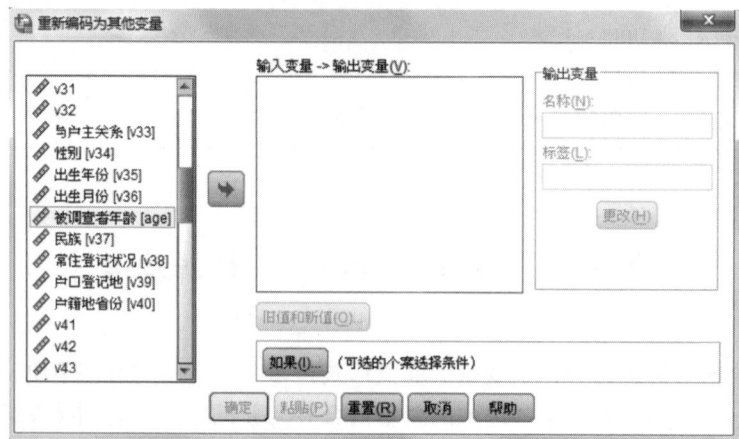

图3-6 重新编码对话框

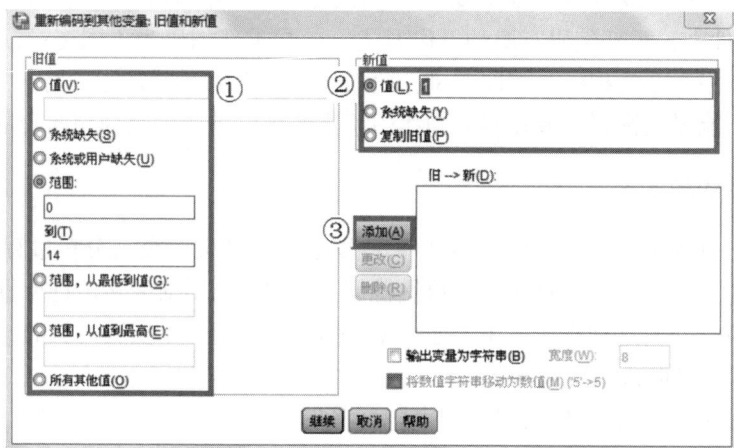

图3-7 旧值和新值对话框

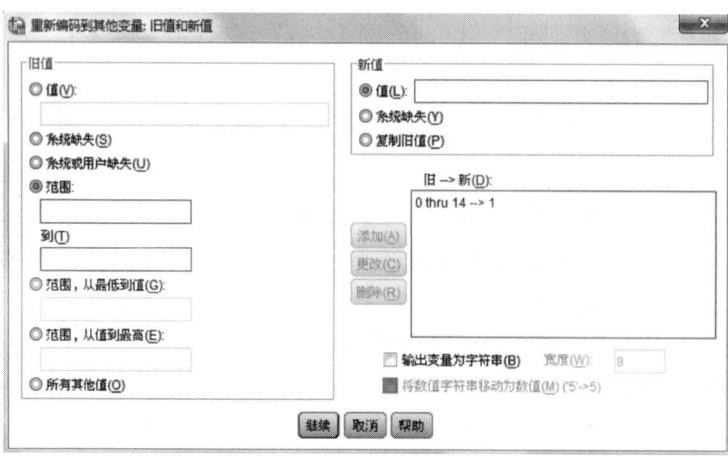

图3-8 旧值与新值转换过程

其他年龄设置如表3-2所示。

表3-2　　　　　　　　　　　　新值与旧值对应

旧值	新值	备注
范围：15，64	2	用代码"2"表示15~64岁年龄组
范围，从值到最高（E）：65	3	用代码"3"表示65岁及以上年龄组，是右开口组

设置完成后，对话框形式如图3-9所示。在旧值和新值编码操作过程中，应遵循互斥和穷尽原则，互斥即组别间不应存在交叉项，如旧值设置为0~14岁、14~64岁，如果新值依次为1、2，将使分组出现错误；穷尽即旧值项都对应各自新值编码，旧值不应存在遗漏。

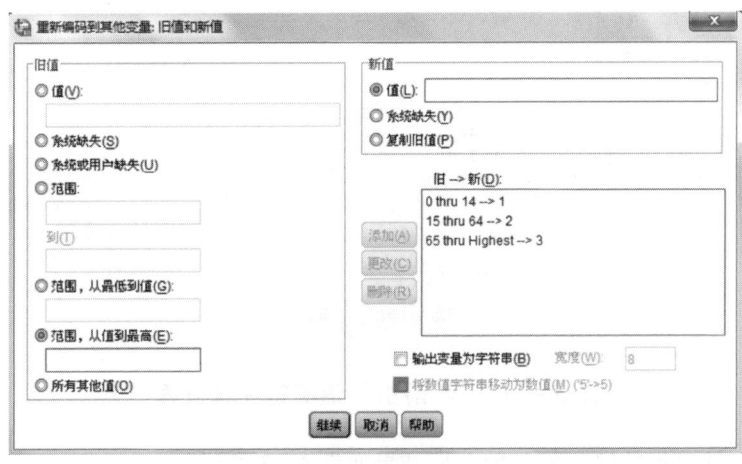

图3-9　旧值与新值对应结果

编码全部设置好之后，点击"继续"按钮，将回到主对话框。

4. 第四步：点击"更改（H）"按钮，将使"确定"按钮凸显（见图3-10）。最终点击"确定"将完成重新编码的过程。

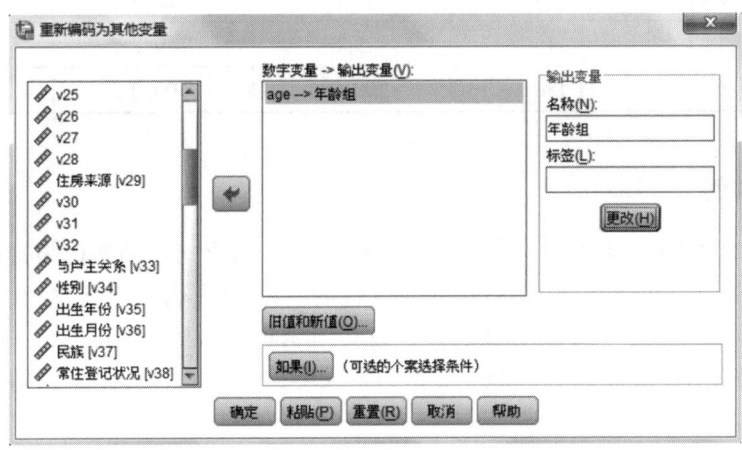

图3-10　完成重新编码设置过程

三、实验结果及分析

点击"确定"按钮后,将在数据库末尾处生成新变量"年龄组"。为了便于数据管理及应用,可把此变量移动到变量 v35、v36 和 age 处,并对"年龄组"的值标签进行注释(见图 3 – 11)。

同时在结果输出窗口中生成以下语句,如果我们对 SPSS 及数据库结构比较熟悉,可通过语法编辑的形式在语法窗口中直接操作相关变量的重新编码问题。

```
RECODE age (0 thru 14 = 1) (15 thru 64 = 2) (65 thru Highest = 3) INTO 年龄组.
EXECUTE.
```

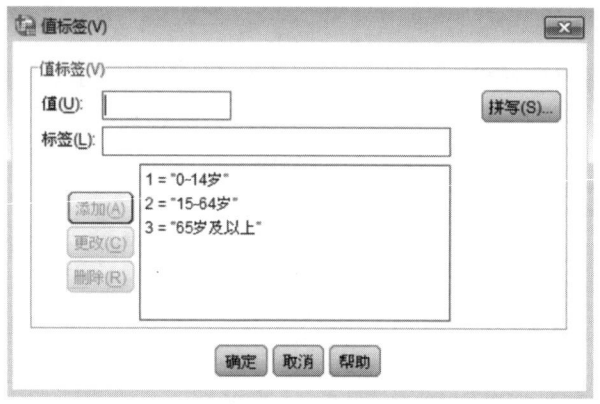

图 3 – 11 "年龄组"值标签注释过程

这样,对变量"年龄组"的频数分析结果如表 3 – 3 所示。

表 3 – 3　　　　　　　　　　　年龄组的频数分布结果

项目		频率(人)	占比(%)	有效占比(%)	累积占比(%)
有效	0 ~ 14 岁	170	14.4	14.4	14.4
	15 ~ 64 岁	894	75.8	75.8	90.2
	65 岁及以上	116	9.8	9.8	100.0
	合计	1 180	100.0	100.0	—

四、应用实例

利用数据库"2000 年人口调查.sav",由 V60(职业)重新编码该被调查者的职业类型,其新变量为"职业类型"。V60 的职业代码(三位代码)范围为 010 ~ 993,其中 010 表示"中国共产党中央委员会和地方各级党组织负责人";993 表示"简单体力劳动人员"。在编码过程中,重新归并职业类型为六大类,在编码过程中,旧值与新值的对应关系见表 3 – 4。

表 3-4　　　　　　　　　　　　　职业编码对应过程

V60 及旧值	"职业类型"及新值	备注
范围：10~50	0	表示"国家机关、党群组织、企业、事业单位负责人"
范围：111~290	1	表示"专业技术人员"
范围：311~390	3	表示"办事人员和有关人员"
范围：411~490	4	表示"商业、服务业人员"
范围：511~592	5	表示"农、林、牧、渔、水利业生产人员"
范围：611~993	6	表示"生产、运输设备操作人员及有关人员"

实验三　可视离散化分组

在实验二中，我们发现当对原变量的类型（或水平）不熟悉，并且水平较多时，将对重新编码为新变量的过程带来麻烦，需先对原变量进行频数分析，考察其分布结构。在重新编码为新变量之后，还需对新变量的值标签进行注释，否则，在后续分析中不知代码的含义将给我们带来更大的麻烦。那有没有一种直接编码并对值标签进行注释的过程呢。请看"可视离散化"过程。

一、实验目的和要求

连续型变量和顺序型变量类别较多情况下，"可视离散化"操作过程能够快速准确地对这两类变量进行分组并重新编码。利用本实验需掌握多变量值的可视离散化分组过程。

二、实验步骤

【案例3.3】继续利用上述"2000年人口调查.sav"数据库，对新生成的年龄变量age进行分组。

1. 第一步：依次选择"转换（T）—可视离散化（B）"菜单项，会打开"可视化封装"对话框（如图3-12）。在候选变量列表中选择age，并点击 ▸ 按钮，把age引入"要离散的变量（B）"文本框中。点击"继续"按钮，将打开"可视化封装"主对话框（见图3-13）。

在此对话框中，可以看到原变量"age"的最小值0、最大值96及直方图分布（见图3-13），以及离散后新变量的标签，"被调查者年龄（已离散化）"，还需重新命名为较清晰的内容。

2. 第二步：新变量命名及生成分割点。按照所标示的数字序号操作即可。

（1）对新变量命名。在"离散的变量"文本框中输入"age10"，并对新变量名的标签进行修改，修改为"被调查者年龄组（10岁组）"。

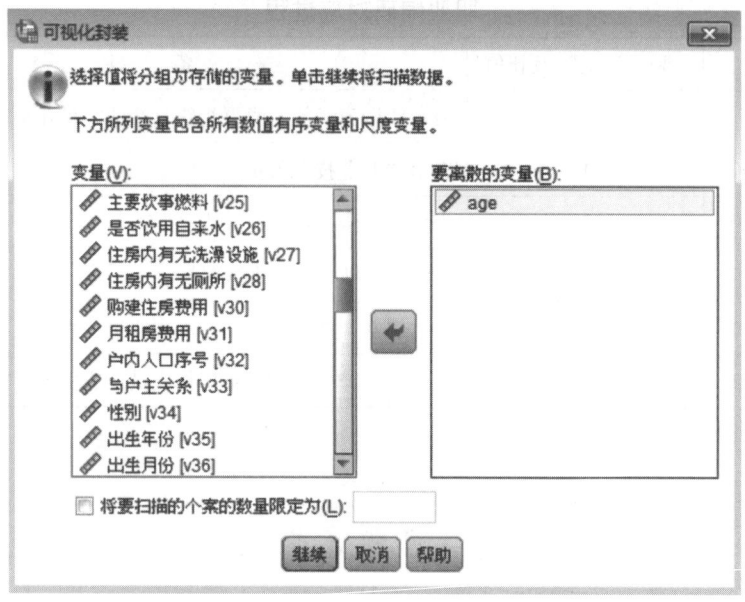

图 3-12 选择离散变量的过程

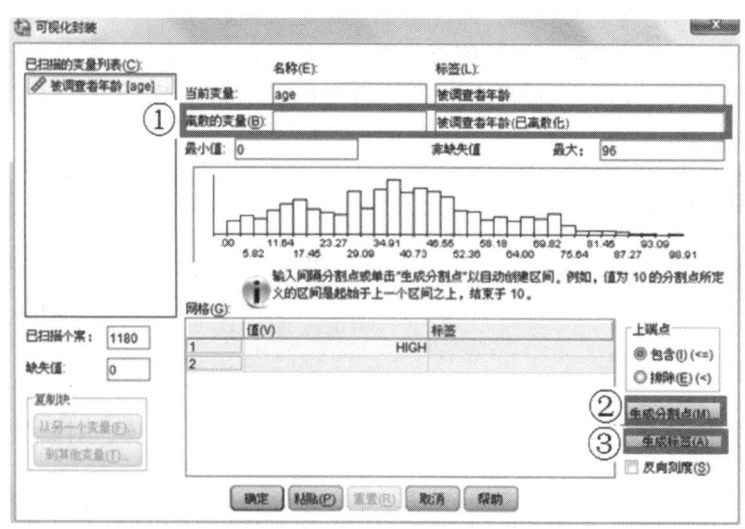

图 3-13 "可视化封装"主对话框设置过程

(2) 点击"生成分割点"按钮,打开"生成分割点"二级对话框(见图 3-14)。在此对话框中确定"第一个分割点的位置",此例设为"9";再确定"宽度(W)",即组距为 10,会自动生成"分割点数量",9 个分割点将把原始变量分割为 10 组。"宽度"和"分割点数量"只要确定其一即可。点击"应用"按钮回到主对话框(见图 3-15)。

在图 3-15 对话框中我们发现已生成的分割点及组别,共分为 10 组,并且"上端点"包含在各自组别中。即第一组,0~9 岁组中包含着 9 岁的人口;第二组仅包含 10~19 岁组的人口,依次类推。

图 3-14　生成变量分割组距及组数

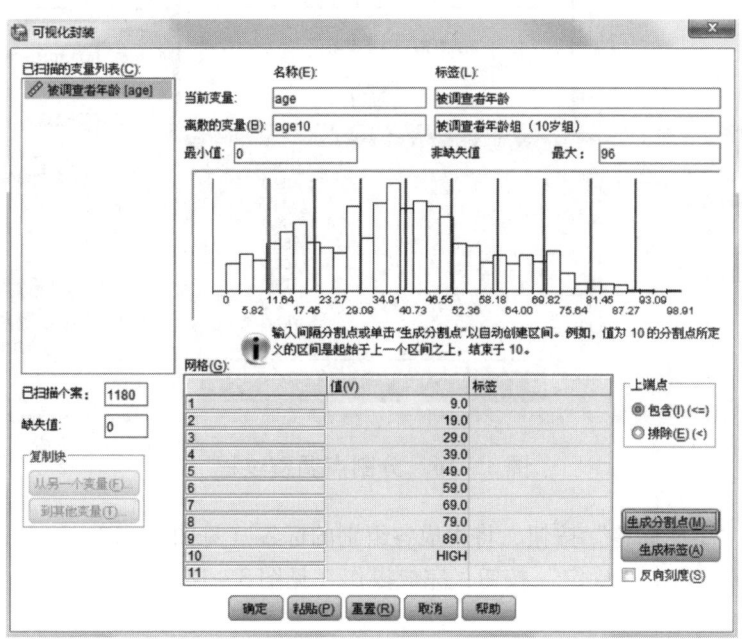

图 3-15　生成分割点及组别

在"可视化封装"主对话框中,我们发现直方图中显示9条竖线,表示由9个分割点将变量age进行分组。这些组别的分割点在下方的"网格(G)"中显示,如第一组的上限分割点为9,并且此上限值包含在该组别中;第二组的上限分割点为19,该上限值包含在该组别中;以此类推。最后一组,"HIGH"组,是一个右开口组,其下限值为90。我们在直方图中发现,90岁及以上年龄组的人数较少,所以可以将最高年龄组与第九组"80~89岁"组合并为"80岁及以上"年龄组。

操作方式是:

在直方图中点击选中"89"处的分割线,将会红色凸显,在该线上按着鼠标左键向左拖动至"79"处的分割线上,将会显示提示"所有的值必须各不相同",点击"确定"即可。其结果见图3-16。

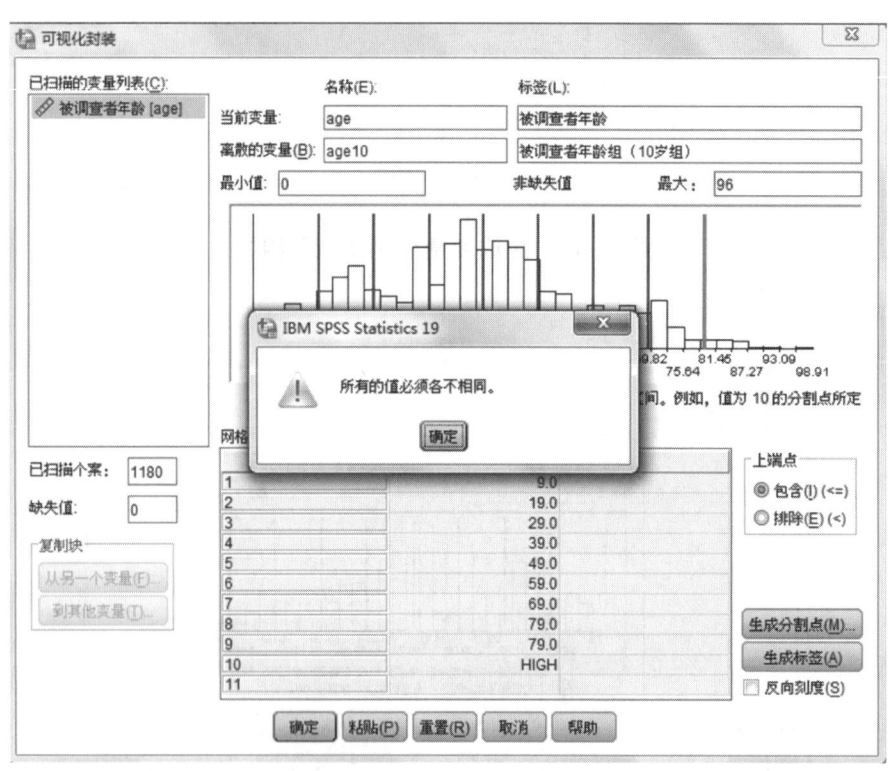

图3-16 分割点调整过程

(3)点击"生成标签"按钮,将生成各组别的标签(见图3-17)。

第三步:最后点击"确定"按钮,完成操作(见图3-18)。

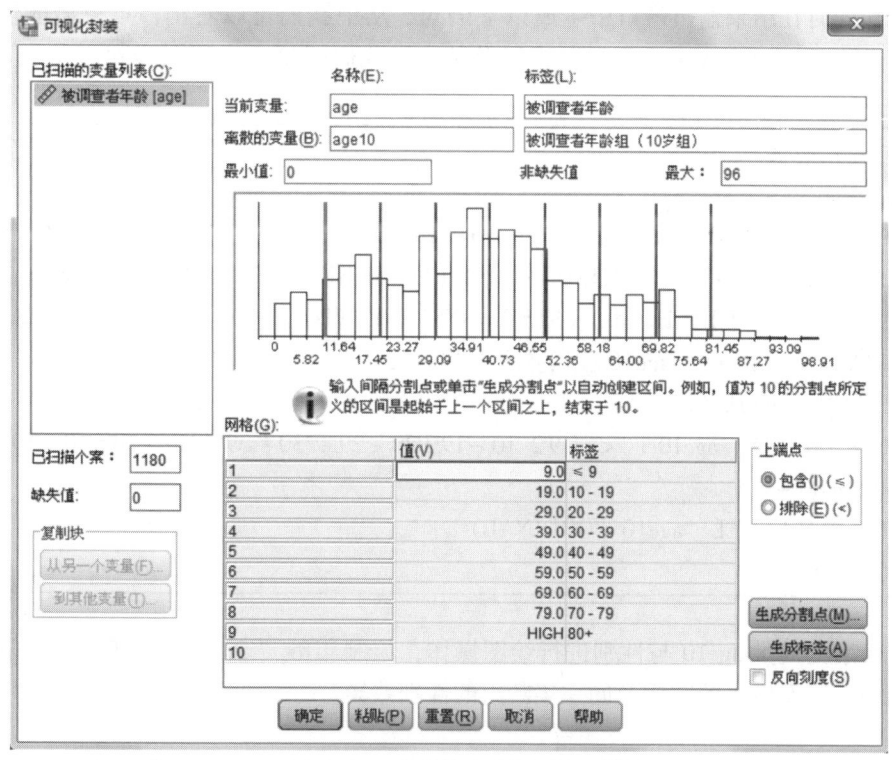

图 3-17 生成各组别标签过程

图 3-18 结果输出窗口

三、实验结果及分析

实验操作结果如图 3-18 所示，我们发现新生成的变量"age10"已生成，变量名标签为"被调查者年龄组（10 岁组）"，各组别的代码含义也已在值标签位置生成。

此操作同时在结果输出窗口中生成以下语句，从中我们可以看出，可视离散化（可视化封装）相当于同时完成了原变量分组以及新变量代码标签的注释两步骤，大大简化了工作流程。

```
* 可视化封装.
* age.
RECODE  age（MISSING = COPY）（LO THRU 9 = 1）（LO THRU 19 = 2）（LO THRU 29 = 3）（LO THRU 39 = 4）（LO THRU 49 = 5）（LO THRU 59 = 6）（LO THRU 69 = 7）（LO THRU 79 = 8）（LO THRU HI = 9）（ELSE = SYSMIS）INTO age10.
VARIABLE LABELS   age10'被调查者年龄组（10 岁组）'.
FORMATS  age10（F5.0）.
VALUE LABELS   age10 1 ' < = 9'2 '10 – 19'3'20 – 29'4 '30 – 39'5 '40 – 49'6'50 – 59'7'60 – 69'8'70 – 79'9'80 +'.
VARIABLE LEVEL   age10（ORDINAL）.
EXECUTE.
```

对分组后的变量 age10 与性别进行绘图操作，绘制年龄"金字塔"，其结果如图 3 – 19 所示，从中可以看出年龄结构及同一年龄组的性别差异。

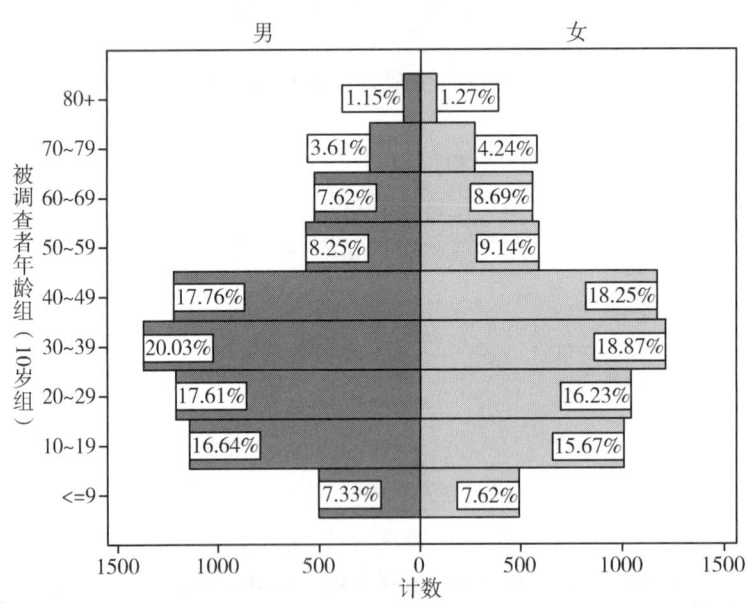

图 3 – 19 人口年龄"金字塔"

四、应用实例

利用数据库"*2000 年人口调查.sav*"，由 V59（行业）重新编码为行业类型，其新变量名为"Type"，变量名标签为"三次产业"。在"可视化封装"主对话框中的"网络（G）"位置，可在"值"和"标签"位置分别直接输入分割值及标签内容。在输入分割值和标签的过程中，直接在相应单元格中双击后即可录入相应内容（见图 3 – 20）。

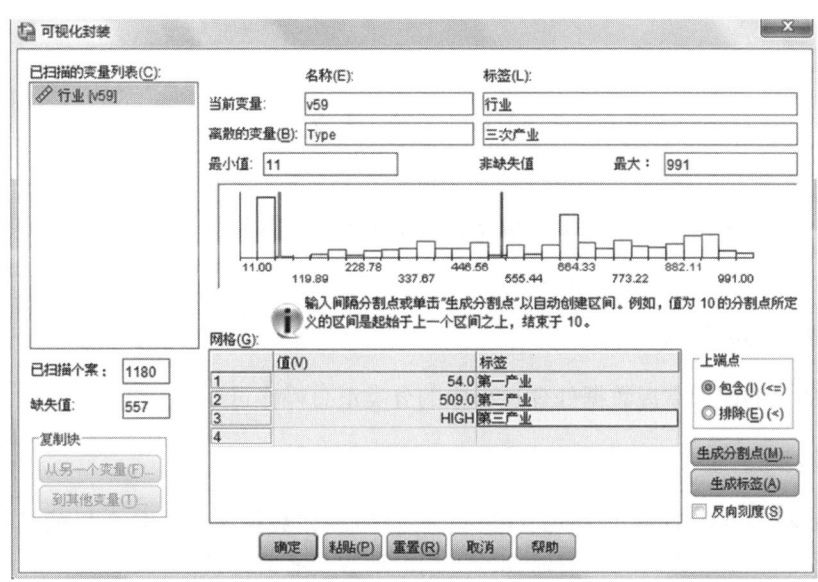

图 3-20 变量"Type"转换过程

点击"确定"即可生成新变量"Type"。同时生成以下语句命令。

```
* 可视化封装.
* v59.
RECODE v59 (MISSING = COPY) (LO THRU 54 = 1) (LO THRU 509 = 2) (LO THRU HI = 3) (ELSE = SYSMIS) INTO Type.
VARIABLE LABELS   Type '三次产业'.
FORMATS   Type (F5.0).
VALUE LABELS   Type 1 '第一产业' 2 '第二产业' 3 '第三产业'.
VARIABLE LEVEL   Type (ORDINAL).
EXECUTE.
```

对变量"Type"进行频数分析,其结果如表3-5所示。从中可以发现,该地区从事第一产业的劳动就业人口占17.3%,第二产业占25.0%,从事第三产业的人口最多,占57.6%。

表3-5　　　　　　　　　　　三次产业的就业结构

项　　目		频率(人)	百分比(%)	有效百分比(%)	累积百分比(%)
有效	第一产业	108	9.2	17.3	17.3
	第二产业	156	13.2	25.0	42.4
	第三产业	359	30.4	57.6	100.0
	合计	623	52.8	100.0	—
缺失	系统	557	47.2	—	—
合计		1 180	100.0	—	—

实验四 分类汇总

利用分类汇总可以按照某分类变量对数量型数据进行计算,可获得均值、中位数、标准差等指标。

一、实验目的和要求

本实验的目的即为掌握数据处理过程中的分类汇总操作过程。

二、实验步骤

【案例 3.4】利用"*custcall 呼叫.sav*"数据库,[①] 在该数据库中,各变量的具体含义见表 3-6。现在分析个案在高峰与低谷时期的平均电话数及通话时长。

表 3-6 客户通话情况变量说明

变量名称	变量标签	变量类型
Customer_ID	客户编号	分类型数据
Peak_calls	高峰时期通话数	连续型数值
Peak_mins	高峰时期通话时长	连续型数值
OffPeak_calls	低谷时期通话数	连续型数值
OffPeak_mins	低谷时期通话时长	连续型数值
Weekend_calls	周末时期通话数	连续型数值
Weekend_calls	周末时期通话时长	连续型数值
International_mins	国际通话时长	连续型数值
Nat_call_cost	国内电话话费	连续型数值
Mouth	月份	分类型数据

1. 第一步,依次选择菜单项"数据(D)—分类汇总(A)",打开"分类汇总"对话框(见图 3-21)。

2. 第二步,将"Customer_ID"作为分组变量,对 Peak_calls、Peak_mins 和 OffPeak_calls、OffPeak_mins 进行汇总分析,新生成变量。

在该对话框中可对汇总变量进行"函数"设置、"变量名与标签"的修改等。在"汇总函数"子对话框中可选择的汇总方式有均值、中位数、总和、极值、权重等设置(见图 3-22)。在此例中我们选择求汇总变量的均值。

[①] 张文彤,钟云飞编著. IBM SPSS 数据分析与挖掘实战案例精粹 [M]. 北京:清华大学出版社,2013. 实验六所利用的 Custinfo 客户信息. Sav 和 Cust 流失情况. Sav 数据库皆引自该著作,在此深表感谢。

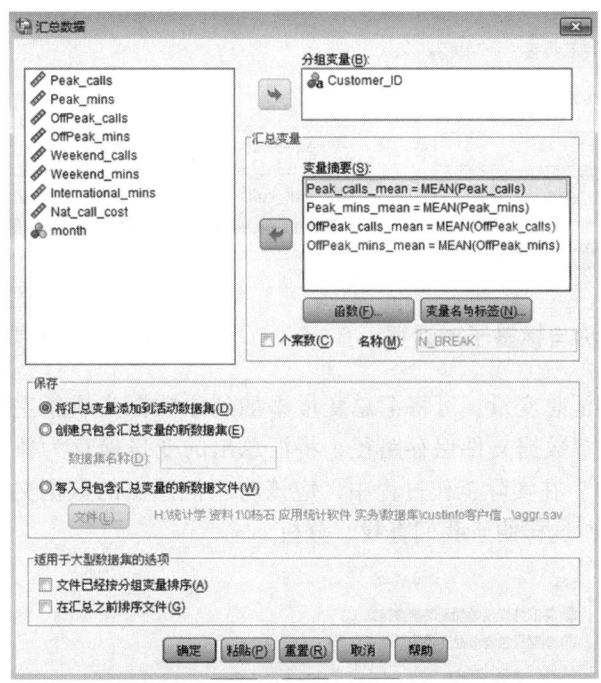

图 3-21 "分类汇总"对话框

图 3-22 汇总函数子对话框

点击"变量名与标签"按钮，会打开"变量名称和标签"子对话框。对新生成的变量名，我们采用默认的形式，但我们会注释上变量标签，如"Peak_calls_mean"的标签为"高峰时期通话数均值"，其他依次分别注释（见图 3-23）。在标签注释之后，主对话框的"变量摘要"文本框中会发生变化，见图 3-24 所示。

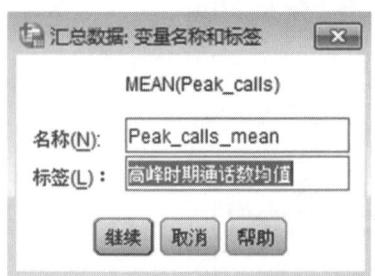 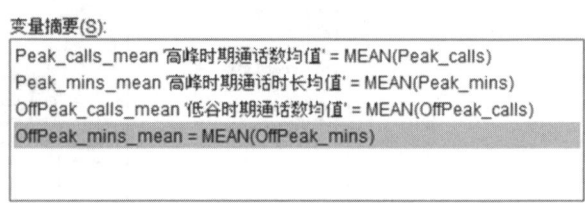

图 3-23　变量名称与标签子对话框　　　图 3-24　变量摘要显示内容

3. 第三步，保存汇总变量。可将汇总变量添加到原数据集或新生成数据集，本例选择通过"文件"按钮设置数据文件保存路径，将汇总出的变量保存为新的数据文件，以备后续分析（见图 3-25）。在实际工作过程中，应该将新汇总出的数据文件和原始数据文件保存在相同的文件夹内，这样便于我们查找、分析。

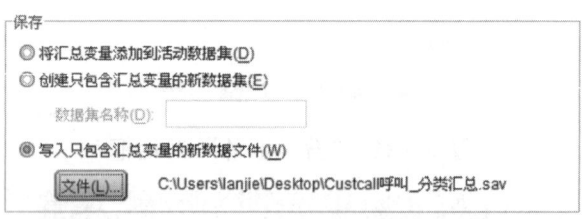

图 3-25　汇总变量保存过程

最终，在"分类汇总"主对话框中点击"确定"按钮，将会在相应路径位置新生成数据库。

三、实验结果及分析

汇总变量新生成的数据库，其数据结构见图 3-26 所示。通话数、通话时长的平均值在高峰与低谷时存在明显差别。

	Customer_ID	Peak_calls_mean	Peak_mins_mean	OffPeak_calls_mean	OffPeak_mins_mean
1	K100130	12.17	10.56	5.17	4.47
2	K100150	9.00	16.00	1.50	5.80
3	K100180	9.50	6.99	5.33	3.64
4	K100270	4.17	7.00	3.50	2.41
5	K100290	9.50	15.00	1.00	7.60
6	K100360	5.17	8.56	3.33	2.91
7	K100430	1.17	11.20	3.50	6.80
8	K100500	4.0	12.20	2.17	2.59
9	K100740	0.17	19.30	1.17	3.10
10	K101010	5.17	12.00	0.67	1.80

图 3-26　汇总变量的新生成数据文件

我们也可对此数据进行聚类分析，将不同客户分为差别明显的类别，有助于我们开发有针对性的促销方案。

四、应用实例

在多水平模型（或称"分层模型"）中，有时会利用个案信息的平均值作为层信息的代表。这时候，利用分类汇总可以很容易的获得层指标数值。

利用"imm23.sav"数据库，[①] 依据"schid"（学校类别）对"ses"（个体社会经济地位）分类汇总，计算"各校的平均社会经济地位"，其操作过程见图3-27。

图3-27 "学校社会经济状况"分类汇总操作过程

实验五 时间序列数据分析

一、实验目的和要求

时间序列分析在研究事物发展变化趋势的过程中具有重要应用，但在各类数据库中如何生成符合要求的时间序列，有时候是需要进行数据转换操作的。如"2003年北京非典数

---

① 数据引自：Kreft and de Leeuw. Introduction to Multilevel Modeling. http://www.ats.ucla.edu/stat/examples/imm/default.htm，2014.8.24.

据.sav"中,18个县市区自2003年4月27日逐日统计公布有关新增疑似病例数(new_dou)、新增确诊病例数(new_acp)以及累计疑似病例数(acu_dou)、累计确诊病例数(acu_acp)等信息。现在汇总整理出北京市自公布之日起全市的非典发展变化情况,并绘制全市的每日新增疑似病例和新增确诊病例等变量的时间序列变化图。

二、实验步骤

【案例3.5】2003年北京非典数据.sav 数据库,先利用"分类汇总"生成新的时间序列,再利用"创建时间序列"方法生成逐日增量数据。其操作步骤为:

1. 第一步,依次点击菜单项"数据(D)—分类汇总(A)"打开"汇总数据"对话框(如图3-28所示)。

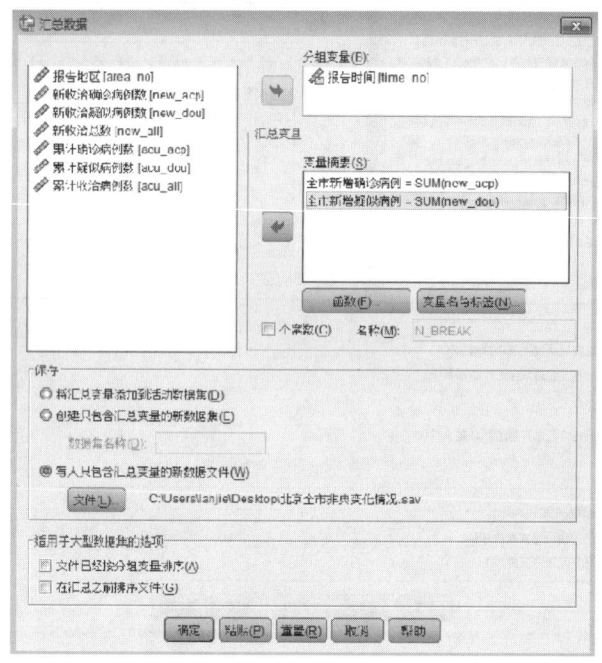

图3-28 分类汇总

2. 第二步,将"报告时间 [time_no]"作为分组变量。将"新收治确诊病例数 [new_acp]"作为汇总变量,引入"变量摘要"文本框,点击下方的"函数"按钮设置摘要统计量为"总和"(如图3-29),并通过"变量名与标签"设置新生成的变量名为"全市新增确诊病例"(见图3-30)。依此方式对"新收治疑似病例数 [new_dou]"继续生成"全市新增疑似病例"变量(见图3-28)。

3. 第三步,数据集保存。有三种保存方式,一是将汇总变量添加到活动数据集,即新汇总生成的变量作为新变量追加到原有数据库中。二是创建仅包含汇总变量的新数据集,并需命名数据集名称。三是生成仅包含汇总变量的新数据文件,并需设定文件保存路径。此例选择第三种保存方式,新文件名为"北京全市非典变化情况"(见图3-28)。

4. 第四步,在"汇总数据"对话框中点击"确定"按钮生成新文件"北京全市非典变化情况.sav"(如图3-31所示)。

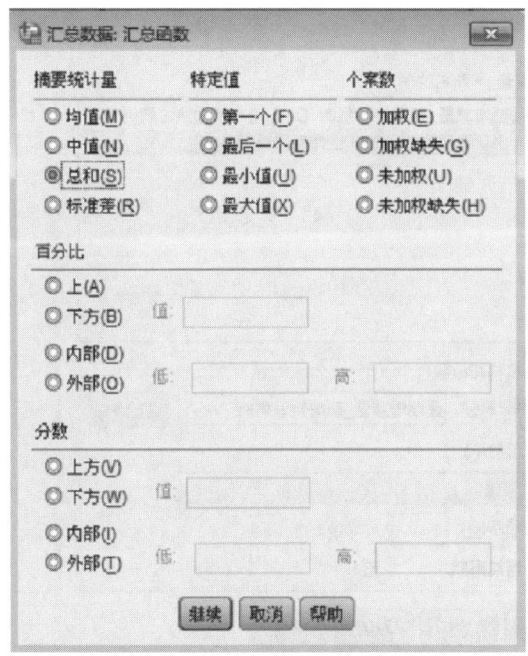

图 3-29 设置汇总函数　　　　图 3-30 设置变量名及标签

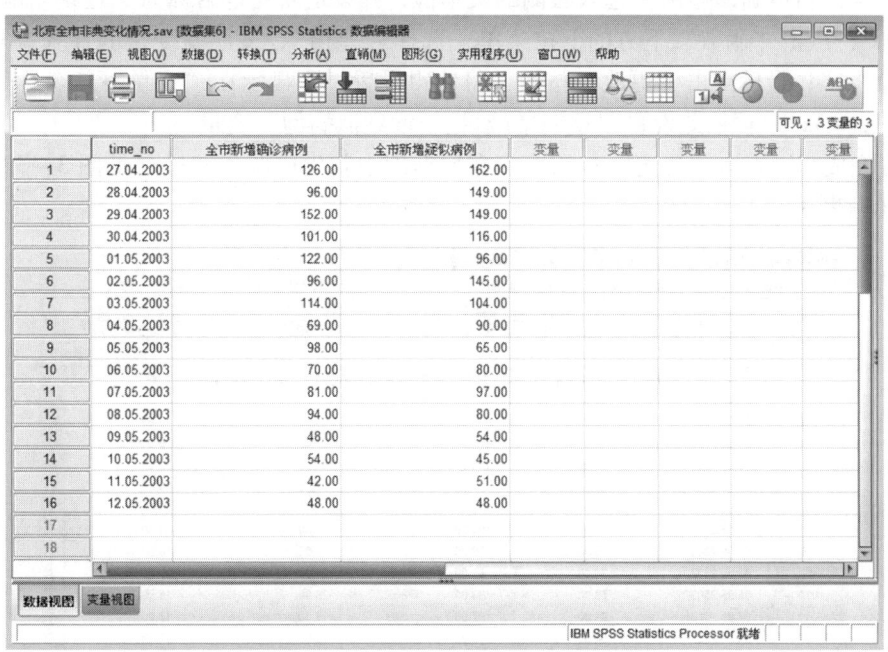

图 3-31 北京全市非典变化情况

5. 第五步，利用新生成的"北京全市非典变化情况.sav"计算"全市新增病例"和"全市新增疑似病例"的逐日增减量。其操作步骤为：

依次选择"转换（T）—创建时间序列（M）"打开"创建时间序列"对话框（如图 3-32 所示）。

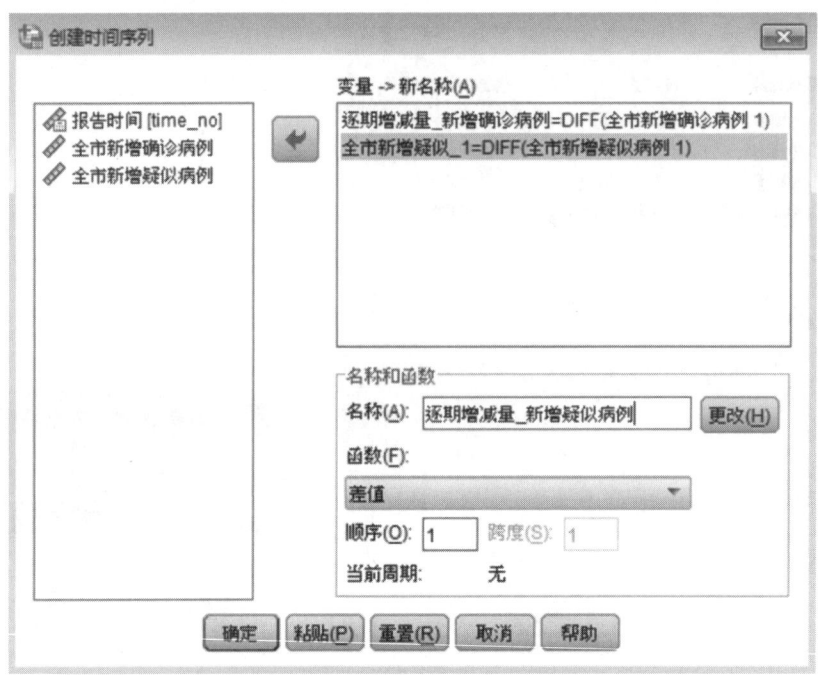

图 3-32 创建时间序列对话框

将"全市新增确诊病例"选入右侧的文本框,并设定新变量名称为"逐期增减量_新增确诊病例";点击"函数"下方的下拉菜单,选择"差值",表明新变量的计算方式,并设定顺序为"1";最后点击"更改"按钮,将使得设置过程显示在"变量→新名称"文本框中(见图 3-32)。再依此设置"逐期增减量_新增疑似病例"变量。

设置完成后,点击"确定"按钮,将在数据库中新生成两个变量(见图 3-33),并生成表格(见表 3-7)。

	time_no	全市新增确诊病例	全市新增疑似病例	逐期增减量_新增确诊病例	逐期增减量_新增疑似病例
1	27.04.2003	126.00	162.00		
2	28.04.2003	96.00	149.00	-30.00	-13.00
3	29.04.2003	152.00	149.00	56.00	0.00
4	30.04.2003	101.00	116.00	-51.00	-33.00
5	01.05.2003	122.00	96.00	21.00	-20.00
6	02.05.2003	96.00	145.00	-26.00	49.00
7	03.05.2003	114.00	104.00	18.00	-41.00
8	04.05.2003	69.00	90.00	-45.00	-14.00
9	05.05.2003	98.00	65.00	29.00	-25.00
10	06.05.2003	70.00	80.00	-28.00	15.00
11	07.05.2003	81.00	97.00	11.00	17.00
12	08.05.2003	94.00	80.00	13.00	-17.00
13	09.05.2003	48.00	54.00	-46.00	-26.00
14	10.05.2003	54.00	45.00	6.00	-9.00
15	11.05.2003	42.00	51.00	-12.00	6.00
16	12.05.2003	48.00	48.00	6.00	-3.00

图 3-33 变量生成结果

表 3-7　　　　　　　　　　　　　　创建序列

	序列名	非缺失值的个案数		有效个案数	创建函数
		第一个	最后一个		
1	逐期增减量_新增确诊病例	2	16	15	DIFF（全市新增确诊病例，1）
2	逐期增减量_新增疑似病例	2	16	15	DIFF（全市新增疑似病例，1）

三、实验结果及分析

从表 3-7 中我们知道，新生成的两个变量有效个案数为 15 个，新变量所采用的计算函数为"DIFF（原变量，阶数）"（差值函数），其参数包括两个，一是原变量名，如全市新增确诊病例；二是阶数，如阶数为"1"，表示时间序列中相邻数值间的差值，[①] 本例的"逐期增减量_新增确诊病例"中"28.04.2003"日相较于"27.04.2003"日减少了 30 例；如阶数为"2"，表示相邻数值间差值的差值，如图 3-34 所示，"逐期增减量_新增疑似病例 2"变量中的 13 即为"逐期增减量_新增疑似病例"中的"0"与"-13"的差值，依次类推。

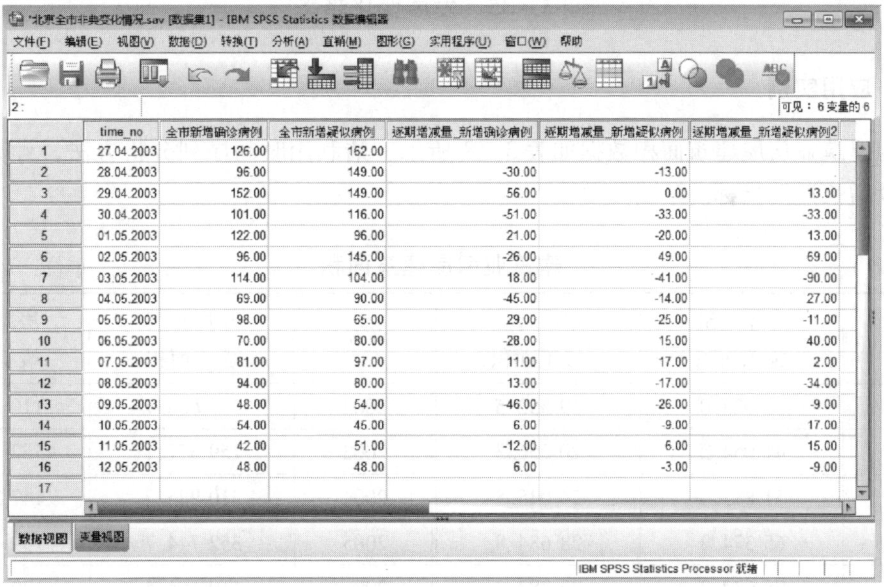

图 3-34　二阶差值变量

利用每日的"全市新增确诊病例"和"新增疑似病例"变量，以及"逐期增减量"变量，可以绘制时间序列图，描述该突发事件的发展变化情况（见图 3-35）。从图中可以发现，无论新增确诊病例还是新增疑似病例，由开始之初的每日新增 100 例以上下降到每日新增 50 例左右，表明北京市发病情况已由高发期逐渐回落，呈现下降趋势。

---

① 为了准确计算时间序列的相应变化量，变量必须按照时间先后顺序排列。

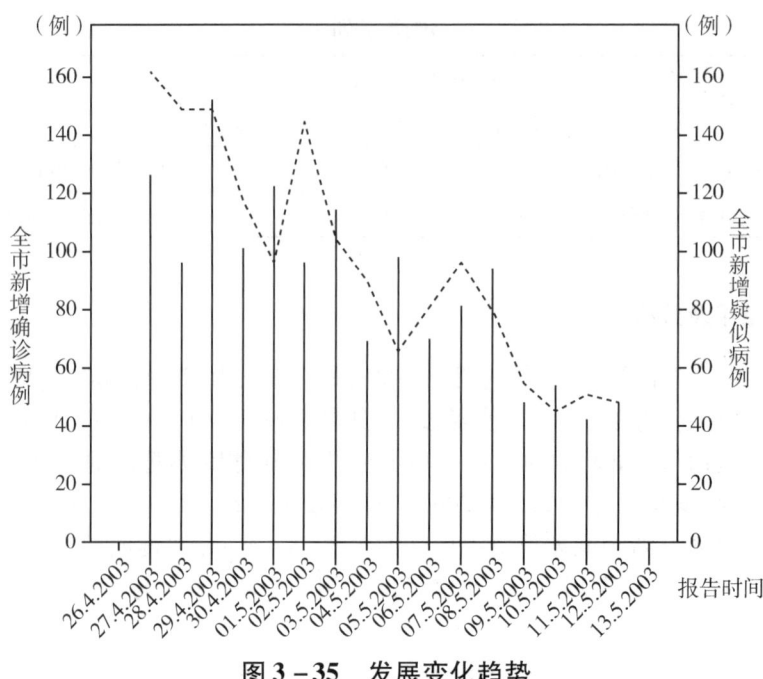

图 3-35 发展变化趋势

四、应用实例

全国建筑业房屋建筑面积数据如表 3-8 所示,请利用时间序列分析方法,计算逐期增减量以及增长速度指标。

表 3-8 建筑业房屋建筑面积 单位:万平方米

年份	房屋建筑施工面积	房屋建筑竣工面积	年份	房屋建筑施工面积	房屋建筑竣工面积
1990	37 923.0	19 552.5	2002	215 608.7	110 217.1
1991	41 054.2	20 256.3	2003	259 377.1	122 827.6
1992	51 885.4	24 045.5	2004	310 985.7	147 364.0
1993	65 374.2	28 684.8	2005	352 744.7	159 406.2
1994	78 032.2	32 383.3	2006	410 154.4	179 673.0
1995	89 862.8	35 666.3	2007	482 005.5	203 992.7
1996	129 087.0	60 047.9	2008	530 518.6	223 592.0
1997	128 680.3	62 244.0	2009	588 593.9	245 401.6
1998	137 593.6	65 682.6	2010	708 023.5	277 450.2
1999	147 262.5	73 924.9	2011	851 828.1	316 429.3
2000	160 141.1	80 714.9	2012	986 427.5	358 736.2
2001	188 328.7	97 699.0	—	—	—

资料来源:中华人民共和国国家统计局. 中国统计年鉴 2013. 中国统计出版社,2013.

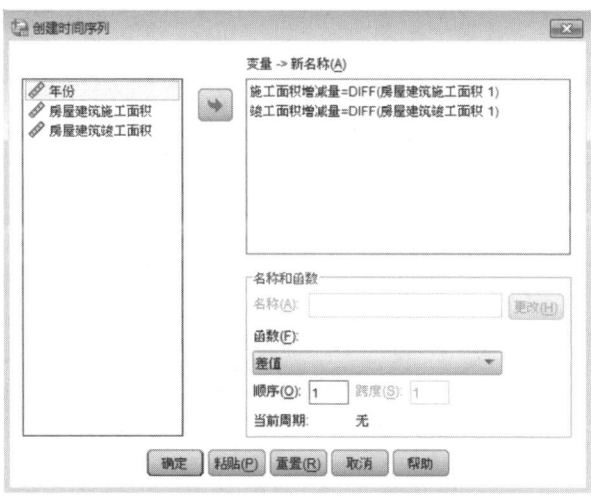

图 3-36 生成时间序列逐期增长量

然后采用"计算变量"方法获得有关施工面积增长率和竣工面积增长率指标,其计算语句如下表所示。

COMPUTE 施工面积增长率 = 100 × 施工面积增减量/LAG (房屋建筑施工面积, 1).
VARIABLE LABELS 施工面积增长率 '施工面积增长率 (%) '.
EXECUTE.
COMPUTE 竣工面积增长率 = 100 × 竣工面积增减量/LAG (房屋建筑竣工面积, 1).
VARIABLE LABELS 竣工面积增长率 '竣工面积增长率 (%) '.
EXECUTE.

绘制增长率变化曲线的操作过程如图 3-37 所示,其图形结果如图 3-38 所示。

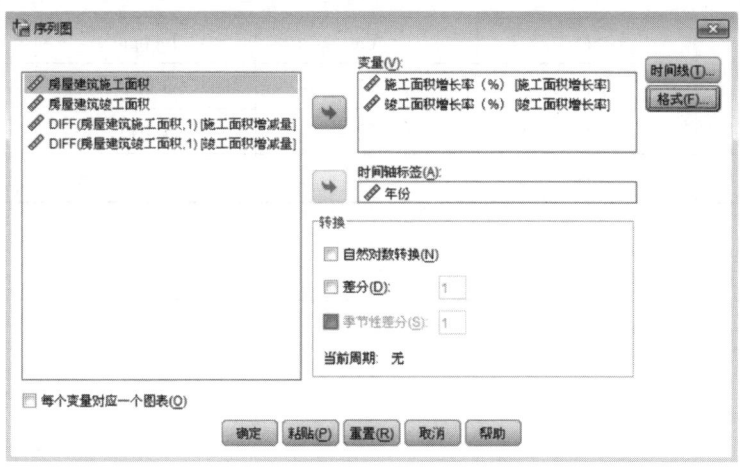

图 3-37 序列图绘制过程

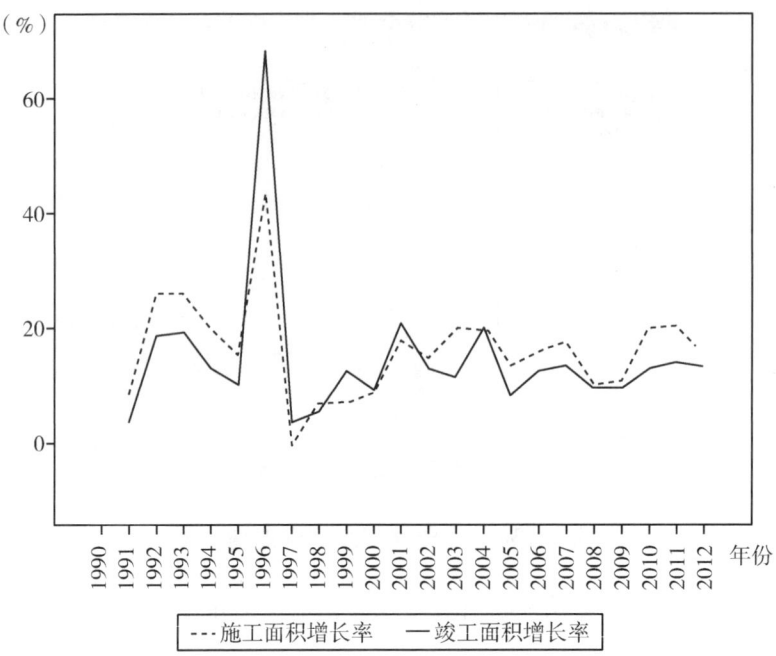

图 3-38 施工面积与竣工面积增长变化情况

实验六 合并文件

在数据库管理过程中,有时候我们是分别进行数据录入或管理的,但在数据分析过程中,需要把分割的数据库进行合并,合并有两种形式,一是在原有数据库中添加个案(Case)信息,即增加样本规模的过程。在合并过程中,要求两数据库之间存在相同的变量,即变量名、数据类型、度量标准等必须相同。如数据库 1 为:

Id	Sex	Age	Income	流失
1	1	34	3 000	0
2	1	52	4 100	1
…	…	…	…	…

数据库 2 为:

Id	Sex	Age	Income	流失
101	2	43	5 000	0
102	1	22	10 000	1
…	…	…	…	…

二者不能存在重复的个案信息，否则合并后的新数据库在分析时造成某些个案重复计算的问题。在这种数据库合并过程中，相同变量的数值对应追加，上例数据合并之后的结果为：

Id	Sex	Age	Income	流失
1	1	34	3 000	0
2	1	52	4 100	1
…	…	…	…	…
101	2	43	5 000	0
102	1	22	10 000	1
…	…	…	…	…

二是添加变量。在合并过程中，两数据库间必须存在一个关键变量，能够说明不同数据库中某个案信息是同一对象的信息，只有这样才能够把二者合并到一起，构成一个具有更多变量属性的个案。如数据库1为：

Id	Sex	Age	Income
1	1	34	3 000
2	1	52	4 100
…	…	…	…

数据库2为：

Id	流失
1	0
2	1
…	…

合并添加变量之后的新数据库为：

Id	Sex	Age	Income	流失
1	1	34	3 000	0
2	1	52	4 100	1
…	…	…	…	…

通过在原数据库中添加变量构成新数据库，我们可以深入分析不同属性的个体在客户流失方面的差异状况。

问题是，在实际工作中，有时候多行数据需与一行数据进行增加变量的合并，这时候需选择"非活动数据集为基于关键字的表（K）"，将非活动数据集按"关键变量"复制多次实现合并（见图3-42）。

一、实验目的和要求

本实验主要介绍添加变量的数据库合并过程，其要求是：在合并的两个数据库中必须具有同一的关键变量，作为合并数据库连接的依据。

二、实验步骤

【案例 3.6】 以数据库“*custinfo* 客户信息 . *sav*”和“*cust* 流失情况 . *sav*”为基础，其数据结构如图 3－39 和图 3－40 所示。

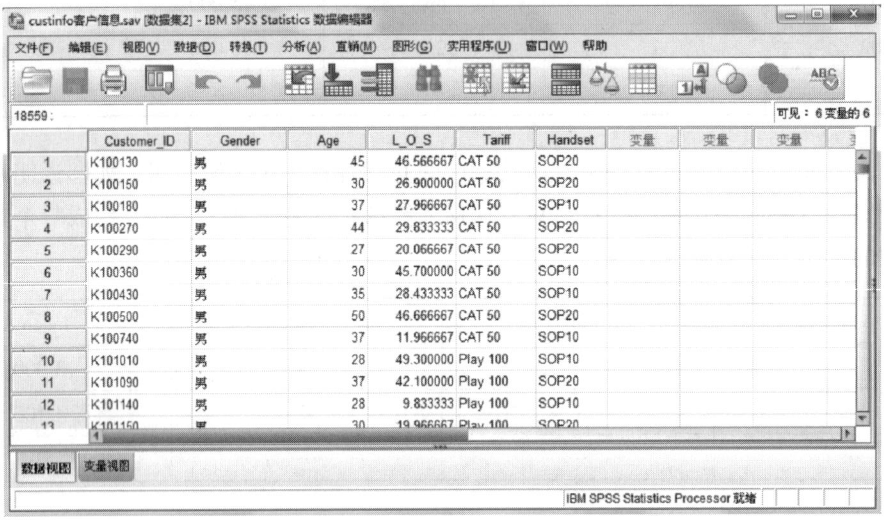

	Customer_ID	Gender	Age	L_O_S	Tariff	Handset
1	K100130	男	45	46.566667	CAT 50	SOP20
2	K100150	男	30	26.900000	CAT 50	SOP20
3	K100180	男	37	27.966667	CAT 50	SOP10
4	K100270	男	44	29.833333	CAT 50	SOP20
5	K100290	男	27	20.066667	CAT 50	SOP20
6	K100360	男	30	45.700000	CAT 50	SOP10
7	K100430	男	35	28.433333	CAT 50	SOP10
8	K100500	男	50	46.666667	CAT 50	SOP20
9	K100740	男	37	11.966667	CAT 50	SOP10
10	K101010	男	28	49.300000	Play 100	SOP10
11	K101090	男	37	42.100000	Play 100	SOP20
12	K101140	男	28	9.833333	Play 100	SOP10
13	K101150	男	30	19.966667	Play 100	SOP20

图 3－39　custinfo 客户信息数据库

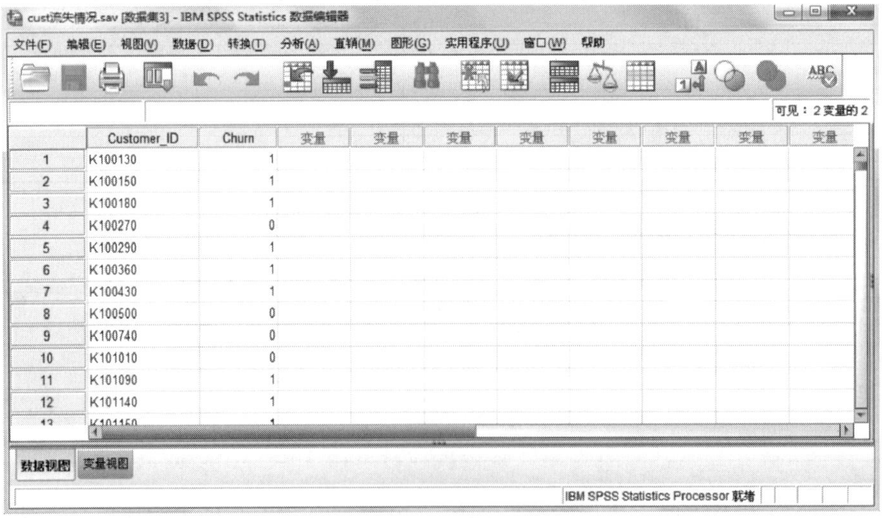

	Customer_ID	Churn
1	K100130	1
2	K100150	1
3	K100180	1
4	K100270	0
5	K100290	1
6	K100360	1
7	K100430	1
8	K100500	0
9	K100740	0
10	K101010	0
11	K101090	1
12	K101140	1
13	K101150	1

图 3－40　cust 流失情况数据库

我们想得到有关客户信息与流失与否的链接数据库，如图 3－45 所示。其操作步骤为：

1. 第一步，打开“ *custinfo* 客户信息 . *sav*”数据库。先打开的数据库将作为活动数据集，即追加变量的“平台”。

2. 第二步，依次选择"数据（D）—合并文件（G）—添加变量（V）"菜单项，会打开将变量添加到"*custinfo* 客户信息. *sav*"对话框（见图 3 – 41）。

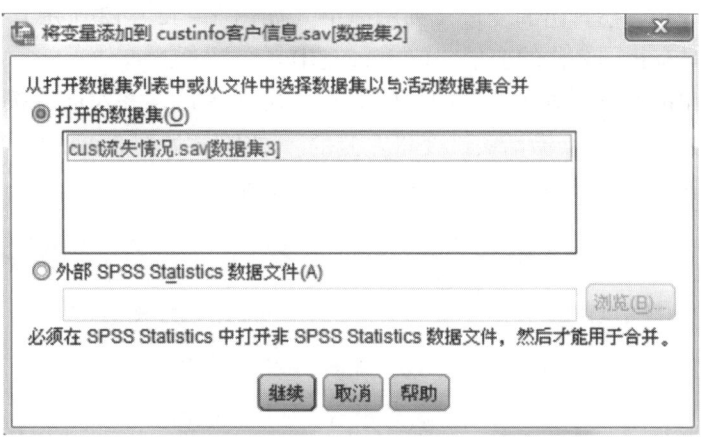

图 3 – 41　数据库变量添加过程

在图 3 – 41 中，我们发现与活动数据集合并追加变量有两种选择方式，一是把另一打开的数据集中的变量合并到活动数据集中，这要求选中相应的数据集名称（见图 3 – 41）。二是从外部 SPSS Statistics 数据文件中合并追加变量，这种方式需要通过本对话框中的"浏览"按钮找到相关 SPSS 数据库打开即可。本例是把打开的"*cust* 流失情况. *sav*"数据库信息合并到"*custinfo* 客户信息. *sav*"中，点击"继续"按钮，进入"添加变量从数据集"对话框（见图 3 – 42）。

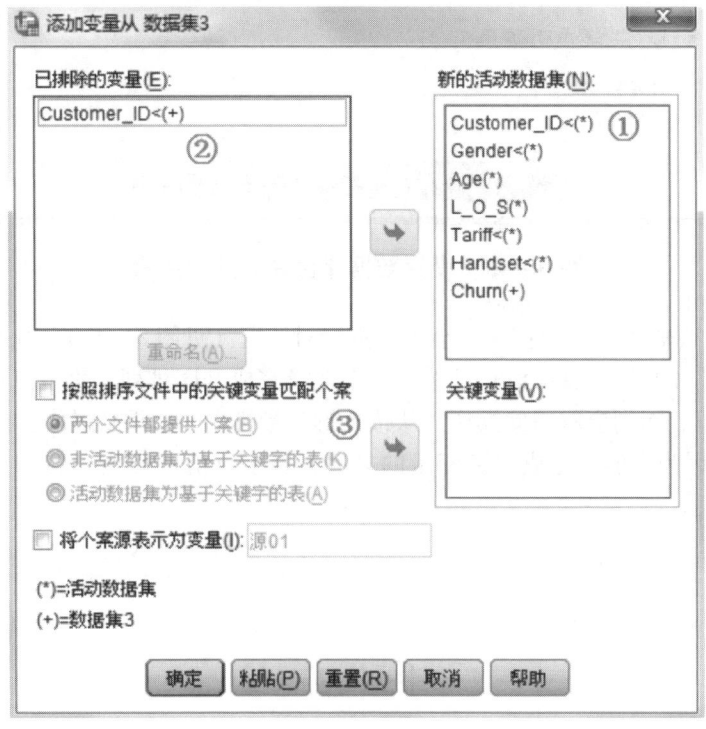

图 3 – 42　添加变量对话框

3. 第三步，在"添加变量从数据集"对话框中，新的活动数据集列示框中（如图 3-42 中①所示）已显示出相应变量，如变量"Churn（+）"已加入到新数据集中，此变量来源于非活动数据集。在"已排出的变量"列示框中（如图 3-42 中②所示）显示了来源于非活动数据集中的具有相同名称的变量"Customer_ID（+）"。

选中"已排出的变量"列示框下的"Customer_ID（+）"，并勾选"按照顺序文件中的关键变量匹配个案"，此时会激活关键变量左侧的 按钮（如图 3-42 中③所示）。按照默认形式，点击 按钮，该对话框将显示为如图 3-43 所示。

图 3-43　设置数据库合并的关键变量

4. 第四步，点击"确定"按钮，会出现提示对话框（见图 3-44）。如果在原数据库中（包括活动数据集和非活动数据集）已按照关键变量完成升序排列，直接点击此对话框中的"确定"按钮即可，否则应取消此操作，从按关键变量排序开始重新操作。

在此例中，因为先前已完成关键变量的排序，直接点击"确定"按钮，合并后的数据库如图 3-45 所示。

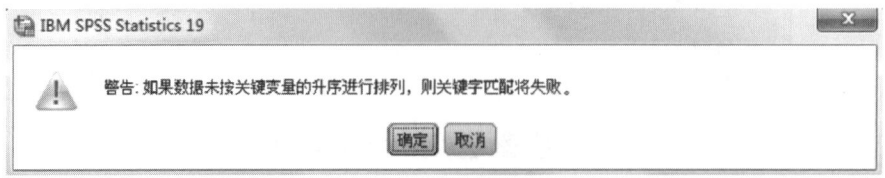

图 3-44　数据库合并过程中的信息提示

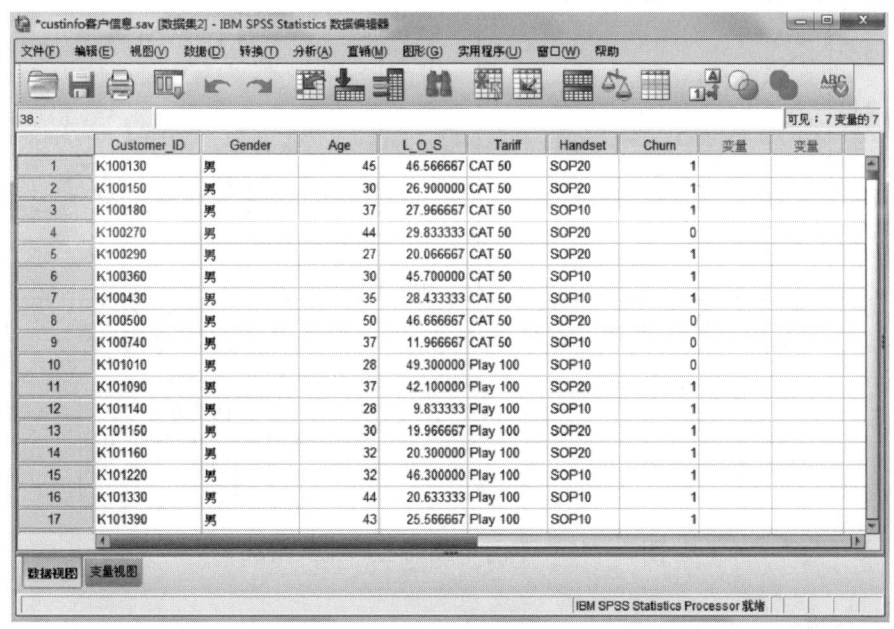

图 3-45　数据库添加变量的合并结果

三、实验结果及分析

通过数据库合并，在客户个人信息数据库中增添了有关流失的变量 Churn，针对新数据库我们可以分析不同性别、年龄、客户流失情况。男性客户的流失率为 8.5%，比女性客户流失率高 0.8 个百分点（见表 3-9）。分年龄来看，发现随着年龄的提高，流失率基本呈下降趋势，不同话费方案的客户流失率之间存在细微差别（见图 3-46）。

表 3-9　　　　　　　　　不同性别的电信客户流失情况

项	目	流失		合计
		非流失	流失	
Gender	男	计数	8 183	761	8 944
		Gender 中的 %	91.5%	8.5%	100.0%
	女	计数	8 873	743	9 616
		Gender 中的 %	92.3%	7.7%	100.0%
合计		计数	17 056	1 504	18 560
		Gender 中的 %	91.9%	8.1%	100.0%

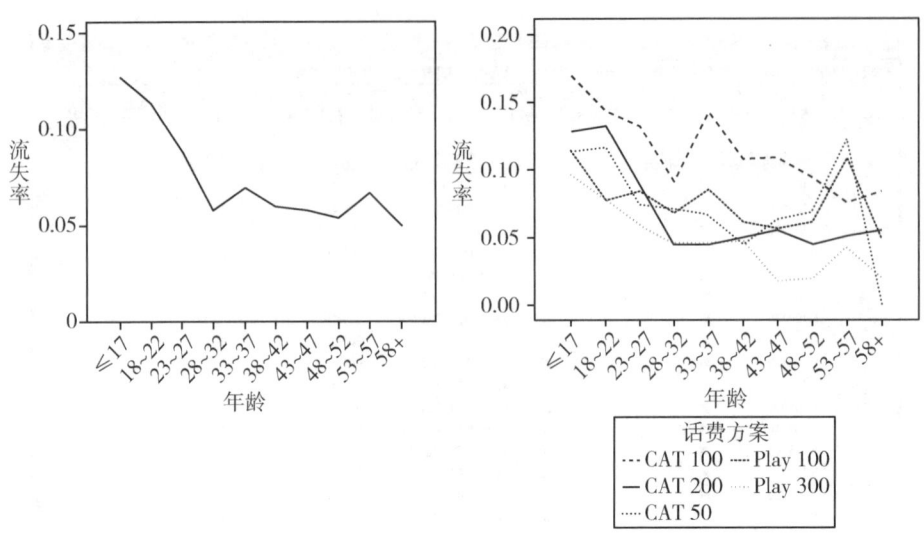

图 3-46 不同年龄的客户流失情况

四、应用实例

利用"*custcall* 呼叫 .*sav*"与"*cust* 流失情况 .*sav*"两个数据库,依据关键变量"Customer_ID"(客户编码)进行添加变量的数据库合并。但需注意,在 *custcall* 呼叫 .*sav* 数据库中,数据呈长型格式的排列,应先进行长、宽型格式的转换,再进行添加变量的合并。

实验七 数据重组——数据库长宽型格式转换

数据重组主要是对数据库长宽型格式进行转换。其与数据库的转置不同,数据库转置相当于矩阵转置,是一种数据库行列的变换。而数据重组是将多行数据整合成一行(即长型数据格式转换为宽型格式),或将一行数据分解为多行(即宽型转换为长型格式)。我们利用具体数据展示长宽型数据格式的转换过程。

在数据库中长型格式的数据结构如表 3-10 所示,针对某调查对象会根据测量次序生成多行信息记录,如 K100130 测量了 6 个月的通话情况,在数据库中占用 6 行结构。

表 3-10 长型格式数据

Customer_ID	Peak_calls	Peak_mins	month
K100130	10	9.10947	1
K100130	11	9.50732	2
K100130	12	10.53096	3
K100130	12	10.58747	4
K100130	14	12.08643	5
K100130	14	11.53008	6

续表

Customer_ID	Peak_calls	Peak_mins	month
K100150	10	17.66707	1
K100150	10	18.18509	2
K100150	8	14.29997	3
K100150	11	19.05216	4
K100150	7	13.19664	5
K100150	8	13.59907	6

如果经过数据转换，将长型格式转换为宽型格式的数据（见表3-11），针对某一被调查对象，测量的6个月的通话情况将以6组变量的形式（如Peak_calls1、Peak_mins1、…、Peak_calls6、Peak_mins6）存在于数据库中。利用此宽格式数据可以进行电信客户的聚类分析。

表3-11　　　　　　　　　　　　宽型格式数据

Customer_ID	Peak_calls1	Peak_mins1	……	Peak_calls6	Peak_mins6
K100130	10	9.10947	……	14	11.53008
K100150	10	17.66707	……	8	13.59907

反之，我们还可以将宽型格式数据库转换为长型格式的数据库。这些数据结构的转换主要还是出于数据分析的要求，有时候某些统计分析方法要求数据满足一定结构，为了达到此目的，需要对数据结构进行重组，如后续介绍的重复测量的方差分析就是这样的，请参考相关实验部分。

一、实验目的和要求

掌握数据长宽型格式的转换步骤，为细分市场的聚类分析准备符合要求的数据结构。

二、实验步骤

【案例3.7】利用数据库 *custcall* 呼叫.*sav* 进行数据库长宽型格式的转换。其步骤为：

1. 第一步，依次选择"数据（D）—重组（R）"，打开"重组数据向导"对话框。

在此对话框中有三种设置，并有相应的图示，一是将选定变量重组为个案，即将宽型格式的数据库转换为长型格式；二是将选定个案重组为变量，即将长型格式的数据库转换为宽型格式；三是转置数据，即将数据库的行（个案）列（变量）进行互换，相当于矩阵转置。在此例中，将把个案重组为变量，使得有如表3-10中的某调查对象的多行数据转换为表3-11中的数据结构，故选择"设置二"（见图3-47），并点击"下一步"按钮进入第二步操作过程。

2. 第二步，设置标识变量和索引变量。我们以 Customer_ID 为标识变量，表明被重复测量个体的代码；以 mouth 为索引变量，表明个体被重复测量的先后次序。其他变量，如 Peak_calls、Peak_mins 等变量将继续保持在文件中（见图3-48）。点击"下一步"进入第三步操作。

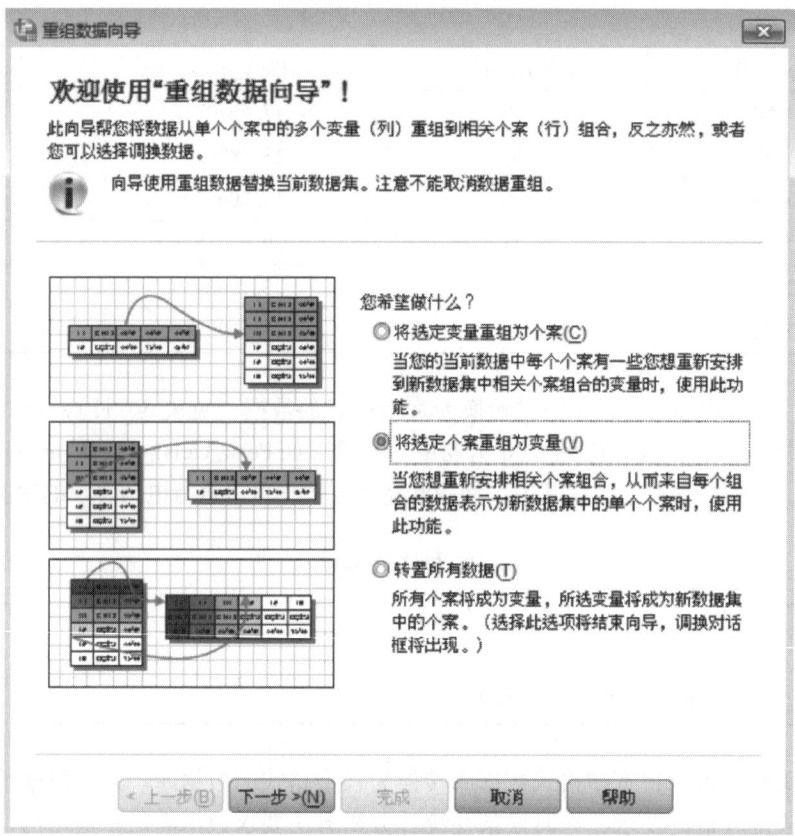

图 3-47　数据重组向导 1

图 3-48　数据重组向导 2

3. 第三步，按照"标识变量"和"索引变量"对数据进行排序。此步骤是处理原数据库排序不一致的问题，如果不确认数据库是否按照标识变量和索引变量进行排序的情况下，可按照默认设置，选择"是"，并进入"下一步"操作（见图3－49）。

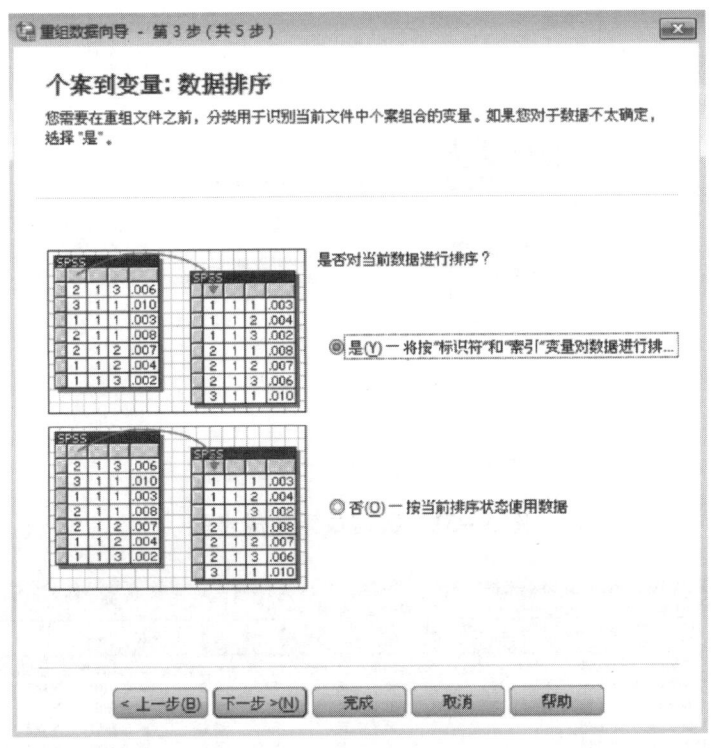

图3－49 数据重组向导3

4. 第四步，设置新变量的排列顺序。可按照默认形式设置（见图3－50）。

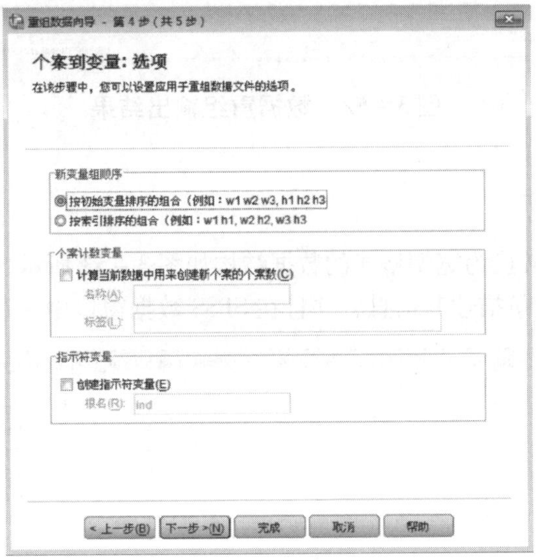

图3－50 数据重组向导4

5. 第五步，重组数据。选择“立即重组数据”点击“完成”按钮（见图 3-51）。输出的结果见图 3-52，对输出结果必须另存为新的文件名保存，避免与原文件混淆。

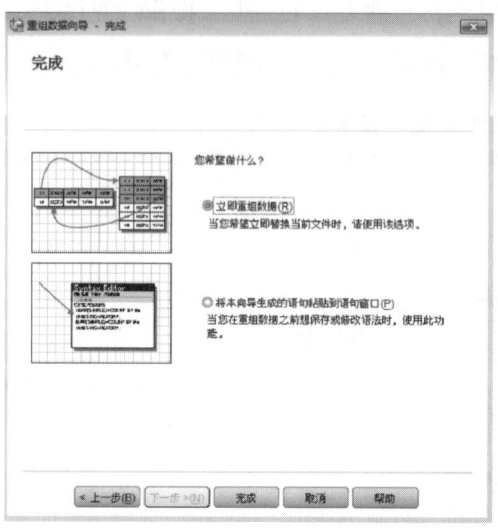

图 3-51　数据重组完成步骤

	名称	类型	宽度	小数	标签	值	缺失	列	对齐	度量标准	角色
1	Customer_ID	字符串	7	0		无	无	10	左	名义(N)	输入
2	Peak_calls.1	数值(N)	2	0		无	无	8	右	度量(S)	输入
3	Peak_calls.2	数值(N)	2	0		无	无	8	右	度量(S)	输入
4	Peak_calls.3	数值(N)	2	0		无	无	8	右	度量(S)	输入
5	Peak_calls.4	数值(N)	2	0		无	无	8	右	度量(S)	输入
6	Peak_calls.5	数值(N)	2	0		无	无	8	右	度量(S)	输入
7	Peak_calls.6	数值(N)	2	0		无	无	8	右	度量(S)	输入
8	Peak_mins.1	数值(N)	10	6		无	无	9	右	度量(S)	输入
9	Peak_mins.2	数值(N)	10	6		无	无	9	右	度量(S)	输入
10	Peak_mins.3	数值(N)	10	6		无	无	9	右	度量(S)	输入

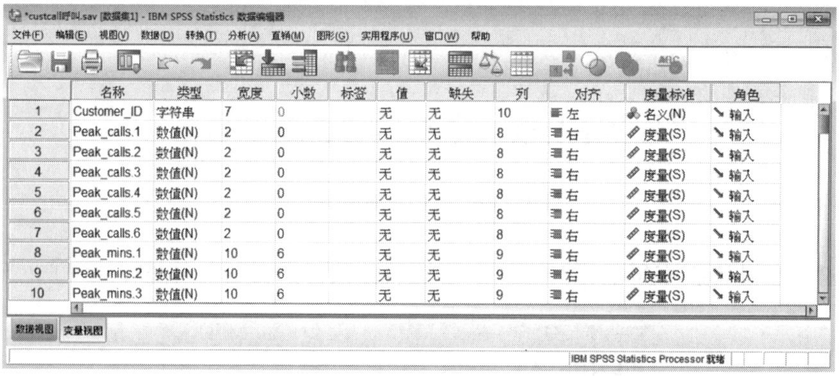

图 3-52　数据重组输出结果

三、实验结果及分析

由长型格式的数据转换为宽型格式的数据结构如图 3-53 所示，从中我们可以看到每一个被调查对象由 48 个变量描述其信息，并且在 SPSS 数据窗口中一行记录中展示。

	Customer_ID	Peak_calls.1	Peak_calls.2	Peak_calls.3	Peak_calls.4	Peak_calls.5	Peak_calls.6	Peak_mins.1	Peak_mins.2	Peak
1	K100130	10	11	12	12	14	14	9.109470	9.507319	1
2	K100150	10	10	8	11	7	8	17.667072	18.185088	14
3	K100180	8	9	11	8	9	12	5.692613	6.874101	8
4	K100270	4	3	3	4	4	7	7.106119	5.860328	5
5	K100290	11	10	10	8	11	7	17.549910	16.292700	15
6	K100360	4	4	4	5	6	8	6.780084	7.236536	7
7	K100430	1	1	1	1	1	2	8.664970	11.148480	12
8	K100500	4	4	3	4	4	5	13.469273	13.643061	1
9	K100740	0	0	0	0	0	1	0.000000	0.000000	

图 3-53　宽型格式的数据

利用此宽型格式的数据,结合"cust 流失情况. sav"进行数据库合并,将看到被调查对象监测月份的通话情况及其是否发生流失,其操作过程见实验六。

四、应用实例

对通话情况（custcall 呼叫. sav）与客户流失数据（cust 流失. sav）合并后的新数据库进行重组,将宽型格式转换为长型格式的数据库。

实验八　拆分文件

拆分文件与选择个案、加权个案等操作类似,是其他操作的先期基础。如果设置了此类操作,后续统计分析需要在数据库拆分、条件筛选、个案加权等操作的基础上完成。如本实验将要完成的描述统计分析,其目的是对比不同地区、不同来源住房的建筑面积,形成类似表 3 – 12 的统计结果,将利用到拆分文件的操作过程。

一、实验目的和要求

为了完成拆分文件,首先需要对数据进行重复个案标识、个案选择等操作,在不存在信息重复的情况下再进行文件拆分及后续描述统计。

二、实验步骤

【案例3.8】利用"2000 年人口调查. sav"数据,对各户的房屋建筑面积进行统计分析,考察不同来源住房的建筑面积是否存在差异。

1. 标识重复个案

在此操作过程中,因为家庭户的住房信息在家庭成员间是重复的,为了有效分析不同家庭户间住房建筑面积的差异,需要标注重复个案,从中分析单独的每一户的住房信息。标识重复个案的操作过程如下：

首先生成区户代码（huid）,其转换格式为"10000 ∗ v2 + v3"；

其次,以"huid"为标识重复个案的依据,其设置如图 3 – 54 所示,将生成变量"第一个基本个案",此变量用 0 – 1 值区别是否是重复个案,其中 1 表示"主个案"；0 表示"重复个案"（见图 3 – 55）。

2. 筛选个案

当生成"第一个基本个案"变量后,将以此变量作为选择个案的依据,对每个家庭户的住房建筑面积进行筛选。

依次点击"数据（D）—选择个案",打开"选择个案"对话框,我们将根据筛选条件选择个案（见图 3 – 56）。点击"如果…"打开"选择个案：If"子对话框,设定筛选条件为"第一个基本个案 = 1"（见图 3 – 57）,表明将利用此条件对数据库进行筛选。其输出结果采用"过滤掉未选定的个案"形式（见图 3 – 56）。

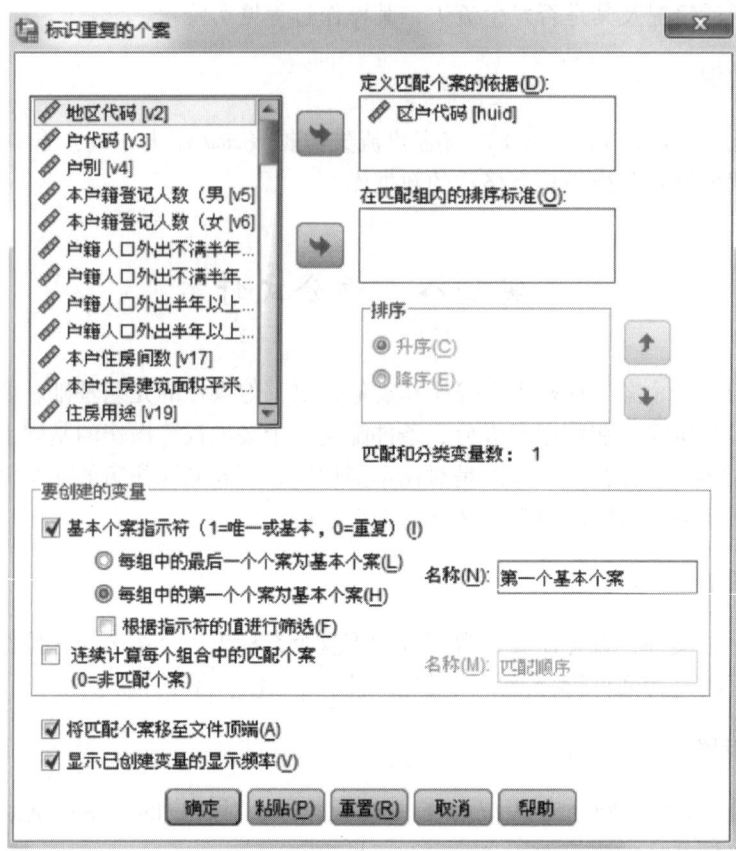

图 3-54　标识重复个案过程

图 3-55　数据标识结果

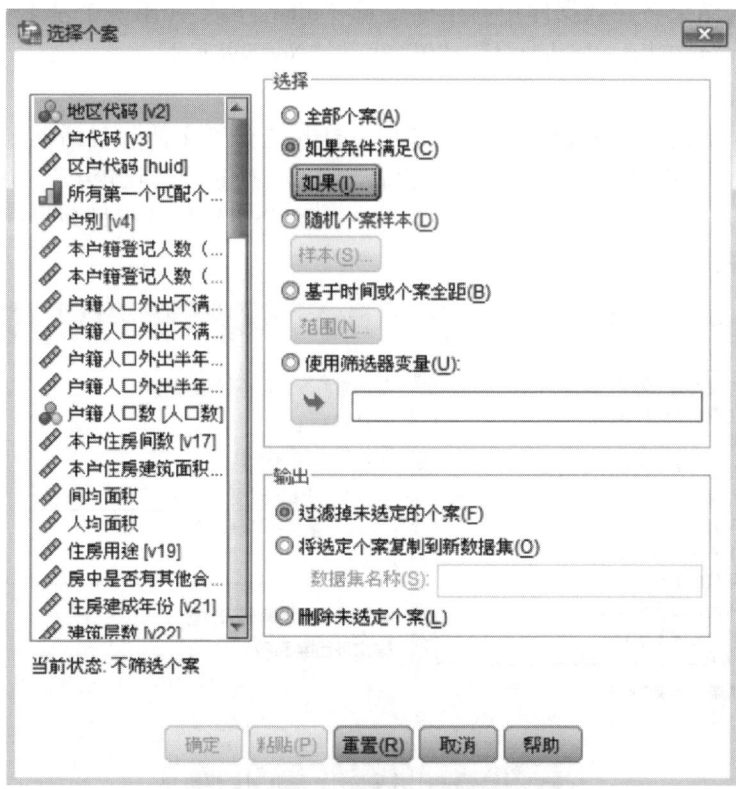

图 3-56　选择个案对话框

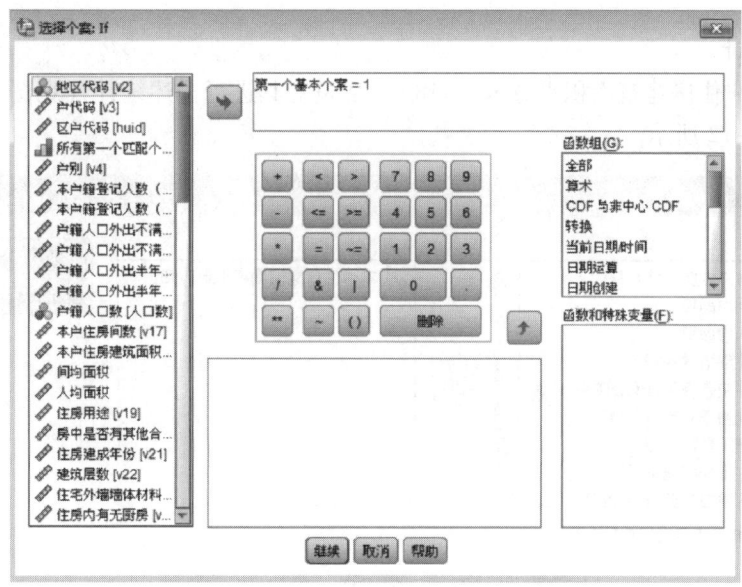

图 3-57　选择条件对话框

此步操作的结果将在数据库中新生成变量"filter_$"（第一个基本个案＝1（FILTER）），其中,"1"表示"Selected","0"表示"Not Selected"。

3. 拆分个案

依次选择"数据（D）—拆分个案"选项,打开"分割文件"对话框,其默认选项是"分析所有个案,不创建组"。对于此例,我们选择第二个选项"比较组",并设置分组方式为"住房来源[v29]",即依据"住房来源"对后续分析结果进行排列。点击"确定"按钮完成设置（见图3－58）。

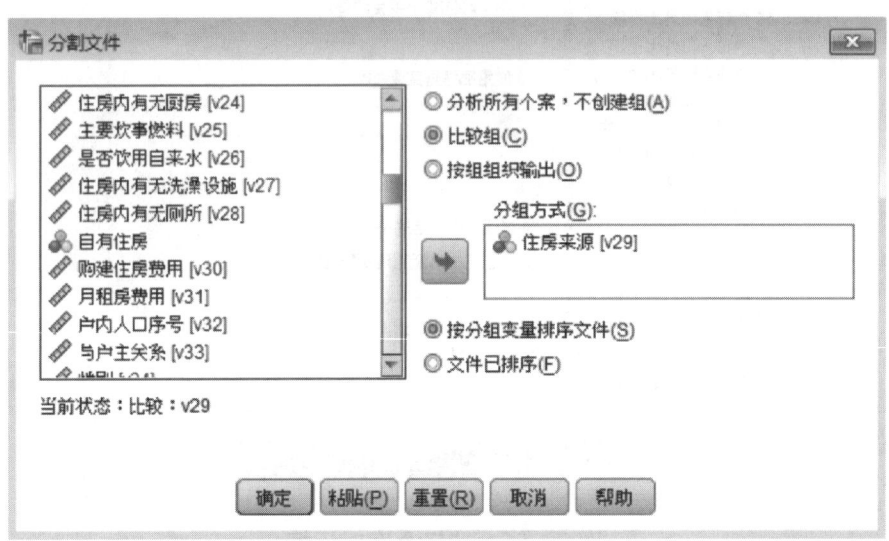

图3－58　拆分文件对话框

4. 描述统计

选择"本户住房建筑面积平方米[v18]"变量对其进行描述统计（见图3－59），其输出结果如表3－12所示。

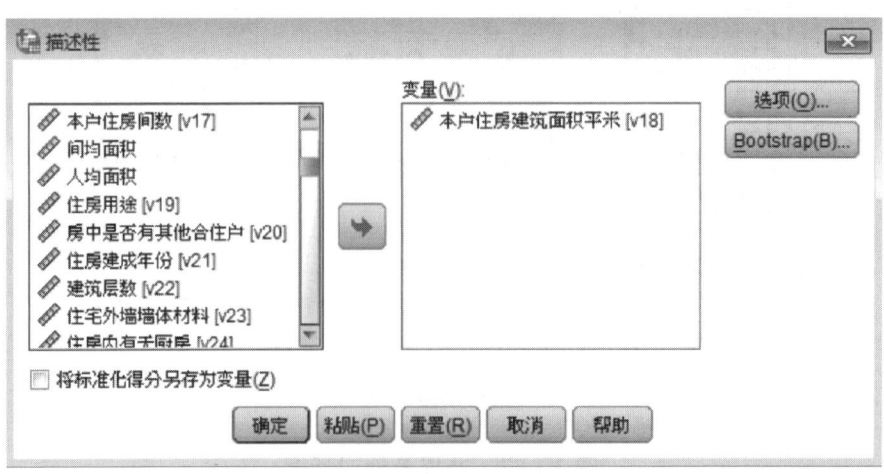

图3－59　描述统计对话框

表 3-12　　　　　　　　　住房建筑面积的描述统计分析

住房来源		N	极小值	极大值	均值	标准差
自建住房	本户住房建筑面积（平方米）	1 279	8	340	83.90	46.566
	有效的 N（列表状态）	1 279				
购买商品房	本户住房建筑面积（平方米）	144	23	204	84.23	25.272
	有效的 N（列表状态）	144				
购买经济适用房	本户住房建筑面积（平方米）	73	40	162	75.04	21.056
	有效的 N（列表状态）	73				
购买原公有住房	本户住房建筑面积（平方米）	1 152	15	240	66.48	21.122
	有效的 N（列表状态）	1 152				
租用公有住房	本户住房建筑面积（平方米）	1 011	7	270	42.85	26.399
	有效的 N（列表状态）	1 011				
租用商品房	本户住房建筑面积（平方米）	246	5	90	23.00	18.334
	有效的 N（列表状态）	246				
其他	本户住房建筑面积（平方米）	110	6	180	35.10	29.508
	有效的 N（列表状态）	110				

三、实验结果及分析

从实践操作过程中可以看出，"拆分文件"与"选择个案"，以及下面要介绍的"加权个案"等过程一样，仅是数据分析过程中的一项中间环节，必须与其他操作过程结合，才能体现出该功能的价值。

四、应用实例

继续利用此示例数据，在拆分文件之后，进行线性回归，自变量是"户籍人口数"，因变量是"本户住房建筑面积平方米"，回归结果如表 3-13 所示。从这个结果中发现，不同的住房来源，自变量对因变量的作用大小是存在差异的，如果是"自建住房"，户籍人口增加 1 人，将使"住房建筑面积"平均增加 10.3 平方米，远高于其他住房来源的情况。

表 3-13　　　　　　　　　回归分析结果[a]

住房来源	模型		非标准化系数		标准系数	t	Sig.
			B	标准误差			
自建住房	1	（常量）	48.289	3.341		14.452	0.000
		户籍人口数	10.303	0.898	0.306	11.478	0.000
购买商品房	1	（常量）	74.706	7.032		10.624	0.000
		户籍人口数	3.281	2.312	0.118	1.419	0.158

续表

住房来源	模型		非标准化系数		标准系数	t	Sig.
			B	标准误差			
购买经济适用房	1	（常量）	67.360	7.679		8.772	0.000
		户籍人口数	2.584	2.447	0.124	1.056	0.294
购买原公有住房	1	（常量）	59.856	1.563		38.290	0.000
		户籍人口数	2.128	0.461	0.135	4.613	0.000
租用公有住房	1	（常量）	38.171	1.958		19.499	0.000
		户籍人口数	1.623	0.615	0.083	2.637	0.009
租用商品房	1	（常量）	15.514	2.869		5.409	0.000
		户籍人口数	3.180	1.116	0.179	2.850	0.005
其他	1	（常量）	15.046	6.202		2.426	0.017
		户籍人口数	8.356	2.332	0.326	3.583	0.001

注：a. 因变量：本户住房建筑面积平方米。

实验九　加权个案

在数据分析过程中，有时候我们要对他人汇总的数据进行分析，如比较不同公司间对整改方案的态度是否存在差异（见表3-14），我们将利用列联分析，或称交叉表分析技术。

表3-14　　　　　某公司关于整改方案的调查结果　　　　　单位：人

项　　目	甲公司	乙公司	丙公司	丁公司	合计
同意整改方案	78	75	67	89	309
反对整改方案	42	55	43	31	171
合计	120	130	110	120	480

但如何把这种汇总表的数据录入SPSS系统呢？我们可以设计"意见"和"公司"两个分类变量，其中变量"意见"的取值为"1"（同意整改方案）、"2"（反对整改方案）；变量"公司"的取值为"1"（代表甲公司）、"2"（代表乙公司）、"3"（代表丙公司）、"4"（代表丁公司）。而汇总表中的人数将成为数值型变量——"数量"，表明各公司对整改方案的意见分布情况。数据转换之后在SPSS系统中的结构为：

表3-15　　　　　　　　　数据结构

公司	意见	数量
1	1	78
1	2	42
2	1	75

第三章 数据库管理及转换

续表

公司	意见	数量
2	2	55
3	1	67
3	2	43
4	1	89
4	2	31

我们将此表格数据录入到 SPSS 系统中，并注明各取值的实际含义，其结果如图 3-60 所示。

图 3-60　变量属性设置

一、实验目的和要求

熟悉统计分析过程中的变量加权过程，并理解其含义。

二、实验步骤

【案例 3.9】利用刚刚建立的数据库进行加权处理，并分析其整改意见的差异状况。

1. 第一步，加权个案。依次点击"数据—加权个案"，打开"加权个案"对话框。将"数量"引入"频率变量"文本框，点击"确定"完成加权过程的设置（见图 3-61）。此步骤将为统计分析程序设定加权变量。

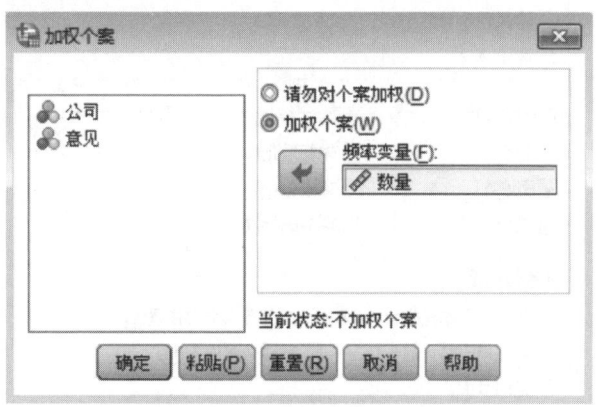

图 3-61　加权个案对话框

2. 第二步，交叉表分析。依次点击"分析—描述统计—交叉表"选项，打开"交叉表"对话框。将"公司"选入"列"文本框，将"意见"选入"行"文本框（见图 3-62）。并点击"单元格"按钮,打开"单元显示"子对话框,在"百分比"框中选择"列"项目(见图 3 - 63)。最终在"交叉表"主对话框中点击"确定"按钮输出结果(见表 3 - 16)。

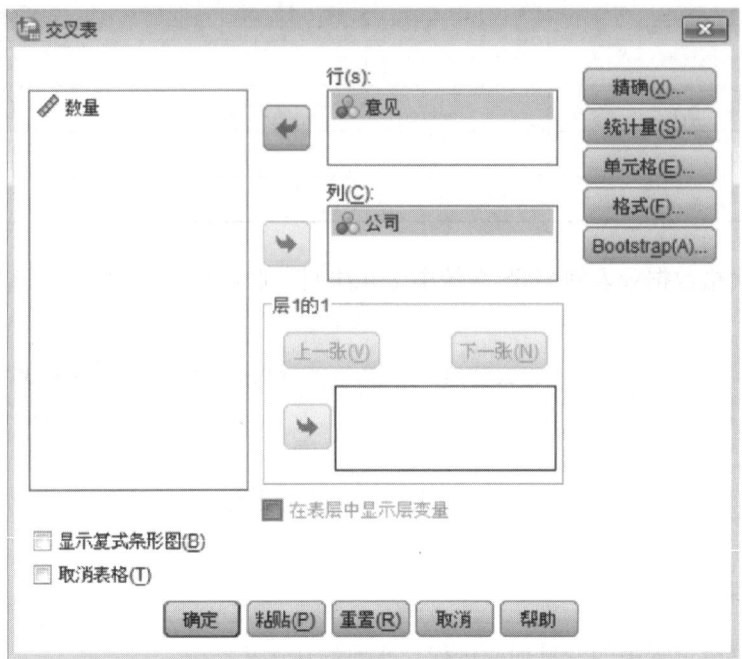

图 3 - 62　交叉表分析

图 3 - 63　设置百分比输出格式

表 3-16　　　　　　　　　　　各公司意见交叉表

项	目		公司				合计
			甲公司	乙公司	丙公司	丁公司	
意见	同意	计数	78	75	67	89	309
		占比（%）	65.0	57.7	60.9	74.2	64.4
	反对	计数	42	55	43	31	171
		占比（%）	35.0	42.3	39.1	25.8	35.6
合计		计数	120	130	110	120	480
		占比（%）	100.0	100.0	100.0	100.0	100.0

三、实验结果及分析

从表 3-16 中，我们发现各公司对整改方案的意见是存在差异的，其中丁公司对方案的支持比重最大，达到 74.2%，而乙公司对方案的支持比例最小，仅有 57.7%。如果对各公司支持比例间的差异状况进行卡方检验，Pearson 卡方统计量为 8.145，伴随概率（Sig.）为 0.043，略低于给定的 0.05 显著性水平，表明各公司之间的差异具有统计显著性。

还可利用图形进行展示，其操作设置见图 3-64，输出结果见图 3-65。

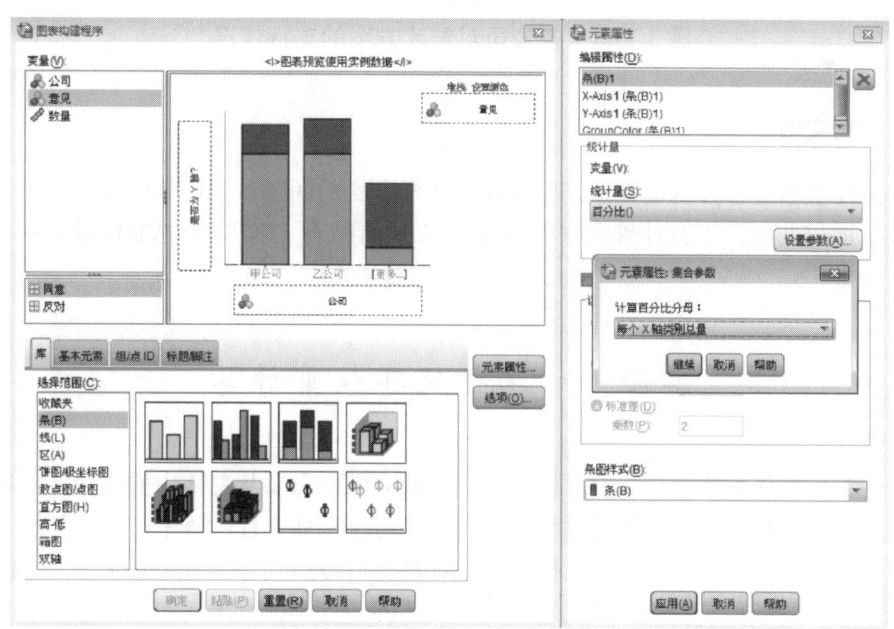

图 3-64　条图形设置对话框

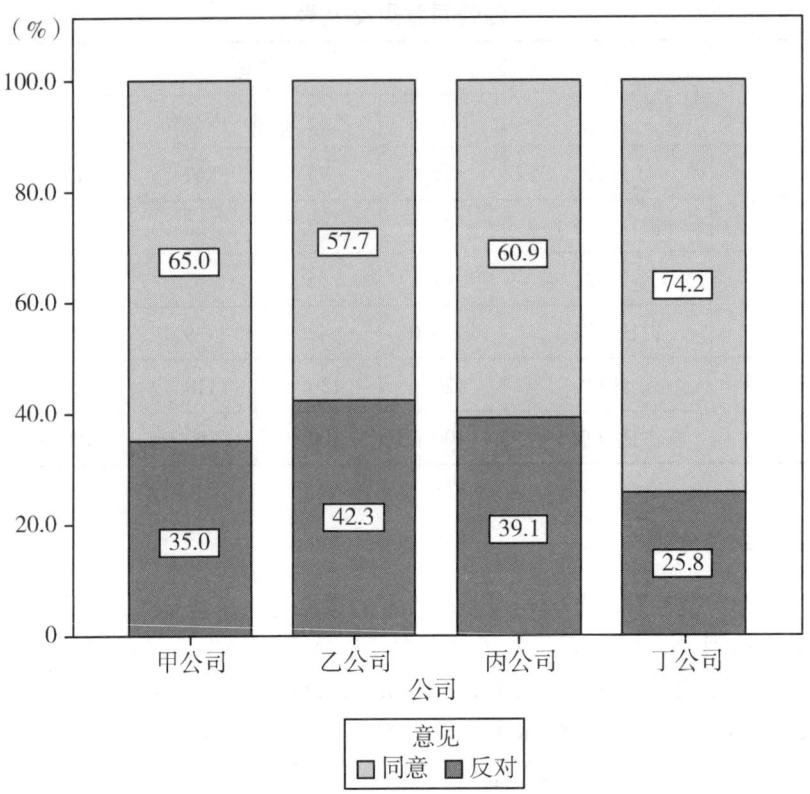

图3-65 各公司对整改方案的支持情况

四、应用实例

在对抽样数据进行分析过程中,有时候因抽样方法的问题,使得抽样权重存在差异,此时也需进行加权处理,才能对数据进行科学分析。请结合"实验十的抽样及其权重计算"熟悉此部分操作。

实验十 抽样及其权重计算

研究对象的全体称为总体,有时候为了提高研究效率需要从总体中抽取部分单位进行分析,这个过程称为抽样。如果抽样过程中,总体中每个个体入样的概率已知且随机,这种抽样称为概率抽样。一般包括简单随机抽样、系统抽样、分层抽样、PPS抽样等。抽样方法不同,所获样本中的各单位对总体的代表性是不一致的,这主要是由不同抽样方法的入样概率不同决定的。所以,在实际工作中需要我们根据研究精度、抽样方式和方法设计全面的抽样设计方案,并根据该方案进行抽样、估计和统计分析等。

本实验即结合实际问题讲解抽样及其权重计算,并根据抽样设计方案进行估计。

一、实验目的和要求

利用已知的总体抽样框进行随机抽样,掌握如何利用 SPSS 创建抽样设计方案;在"应用实例"部分又介绍了分层随机抽样过程。这是一个验证性实验,因为我们已知各乡镇街道的常住人口规模,希望通过这两个操作能够让大家对抽样及其方案设计过程有一个了解。

二、实验步骤

【案例 3.10】以保定市 343 个乡镇街道名录为抽样框,从中抽取 50 个作为样本,调查研究其常住人口规模。对各乡镇街道进行编码,构建"保定地区乡镇街道人口.sav"数据库,现利用 SPSS 对其进行简单随机抽样并进行统计分析。

(一)抽取样本

1. 依次点击"分析—复杂抽样—选择样本"菜单项,打开"抽样向导"对话框(见图 3-66)。本示例需要建立一个抽样设计方案选择样本,故在"抽样向导"对话框中选择"设计样本"项,并通过单击"浏览(R)"按钮逐级选择存放路径和定义文件名。此示例抽样设计方案命名为"乡镇街道抽样方案",文件类型为"*.csplan"(见图 3-67),单击"保存"按钮回到主对话框。

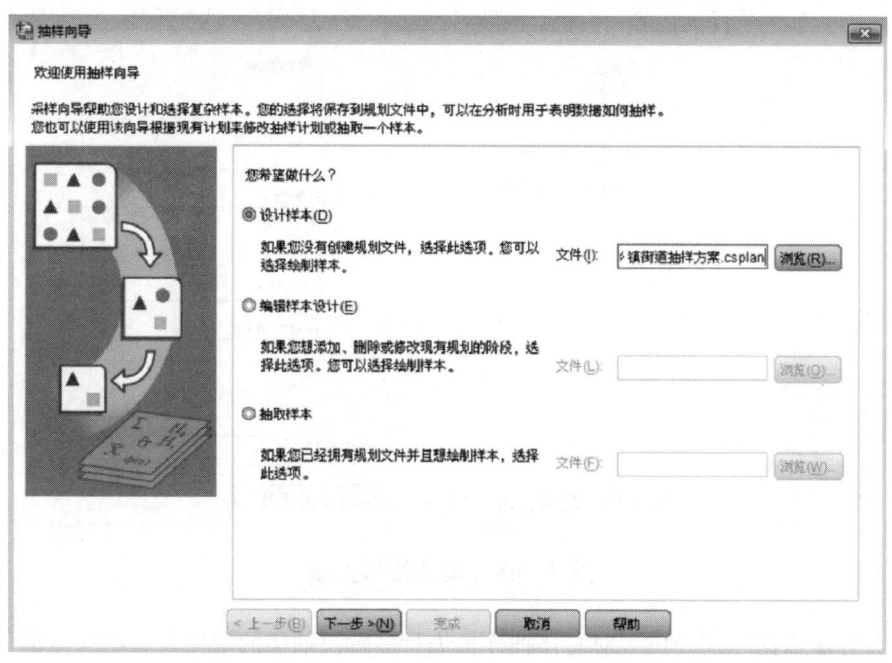

图 3-66 抽样向导对话框

在主对话框中单击"下一步"进入抽样向导第一阶段的设置过程。

2. 设计变量。在"阶段 1:设计变量"对话框中(见图 3-68),最左侧矩形框列出了抽样设计中各步骤要点的树状目录,由"红色方向键"表明当前用于设定的相应选项。中间"变量"矩形框列出了当前数据文件中的全部变量名。最右侧是需要对抽样方案进行详细设置的内容,其中:

· 105 ·

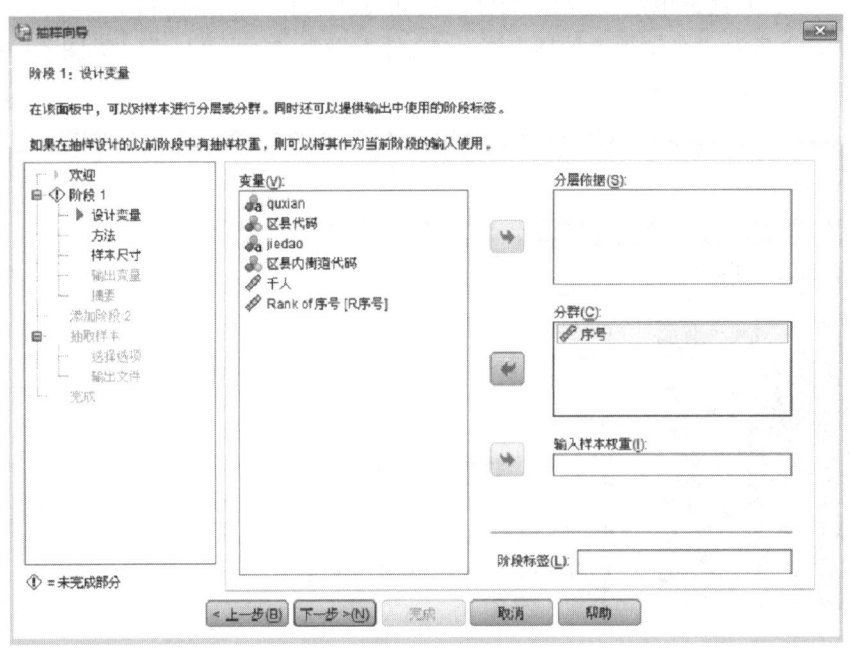

图 3-67 抽样设计方案保存过程

图 3-68 设置抽样变量

（1）"分层依据"用于设置对总体抽样框进行多阶段抽样的层变量，层变量的设置应注意"层内的单元尽可能同类，层间的差异较大"。

（2）"分群"用于设置抽样过程中最小的抽样单元变量（不能再分层的变量）。此示例中，仅依据乡镇街道编码"序号"进行一阶段的简单随机抽样，需把"序号"引入"分群"变量。

（3）"样本权重"用于设置单元入样概率的问题。如果当前的抽样设计是大型抽样设计中的一部分，需从前一阶段抽样中引入权重，对当前设计进行补充。抽样权重是单元入样概率的倒数。此示例中不需引入权重变量。

设置完成后（见图 3-68），单击"下一步"进入定义"抽样方法"阶段。

3. 设置抽样方法。SPSS 系统中包含 9 种抽样方法，本示例中我们仅使用"简单随机抽样"，选择"不放回"（Without Replacement）抽样方式（见图 3 – 69）。

其他抽样方法有简单系统抽样、简单序列抽样、PPS 抽样等，详细内容参看帮助手册。

图 3 – 69　设置抽样方法

4. 设置样本规模。本示例的样本量定为 50 个。在抽样方案设置中，正确的方法是根据抽样精度和置信度确定样本规模，本例仅是出于展示抽样过程操作的目的，故直接指定为 50（见图 3 – 70）。

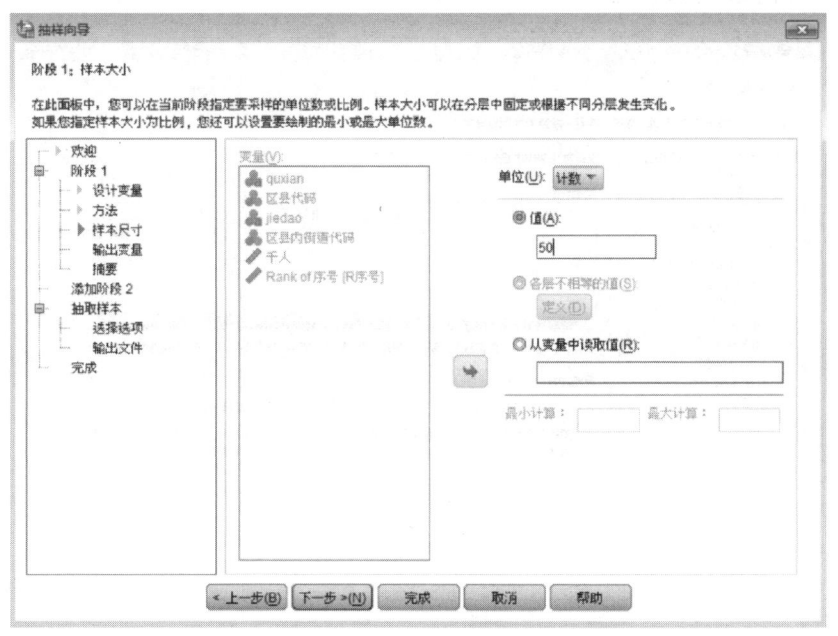

图 3 – 70　设置样本规模

5. 输出结果。选择在抽样设计方案及样本数据库中需保存的变量（见图3-71）。其中，群体大小是指总体的规模；样本大小是指样本规模；样本比例是指抽样比，是样本规模占总体规模的比例；样本权重是指入样概率的倒数，因为本例是简单随机抽样，所以样本权重即为抽样比的倒数。

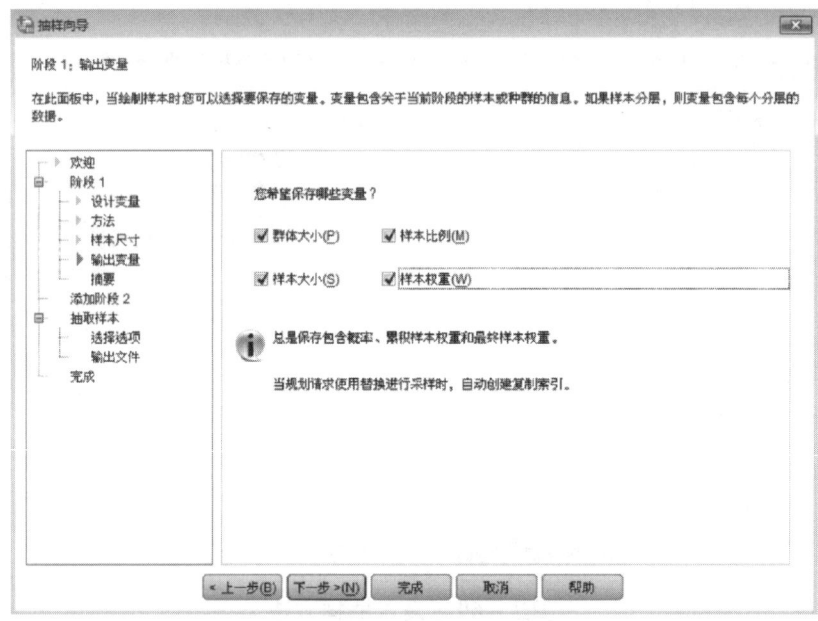

图3-71　设置输出变量

到此步骤，如果不再添加另一阶段的抽样设计，就可以点击"完成"按钮，输出抽样结果。如果进行多阶段抽样，那么在此步骤后还需添加另一阶段抽样设计（见图3-72），请自行完成多阶段抽样设计过程。

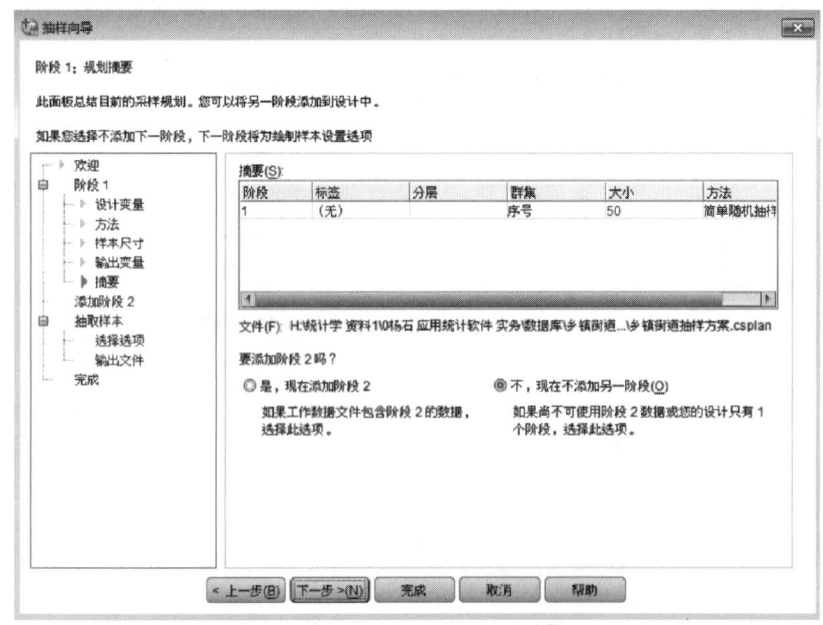

图3-72　抽样设计规划摘要

6. 抽取样本及保存。我们将抽取出的样本另存为"*乡镇街道样本50.sav*"文件（见图3-74），并保存在相应文件夹中（见图3-75）。同时，输出抽样设计摘要（见表3-17）。

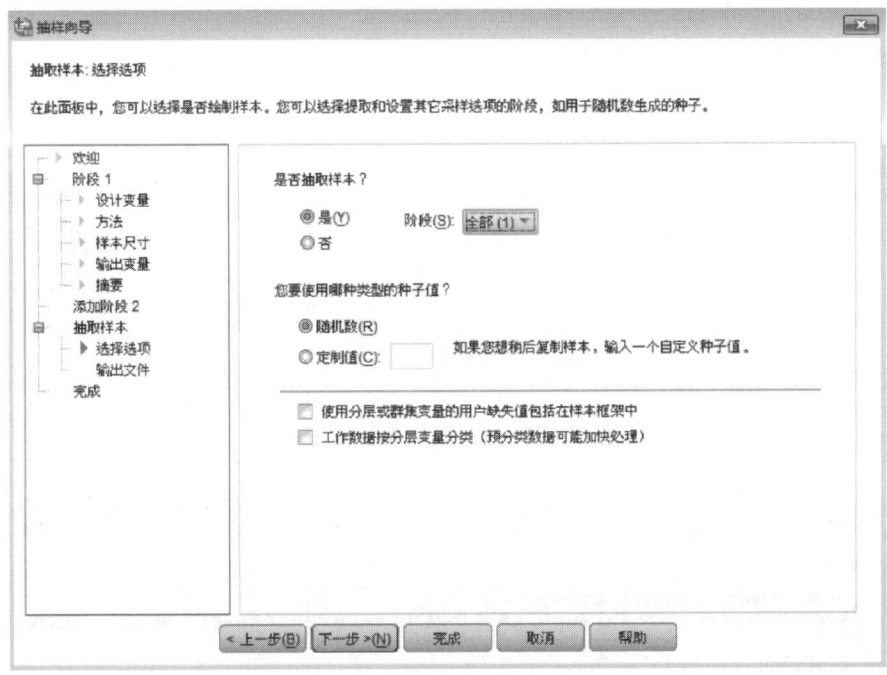

图3-73　抽样选项设置

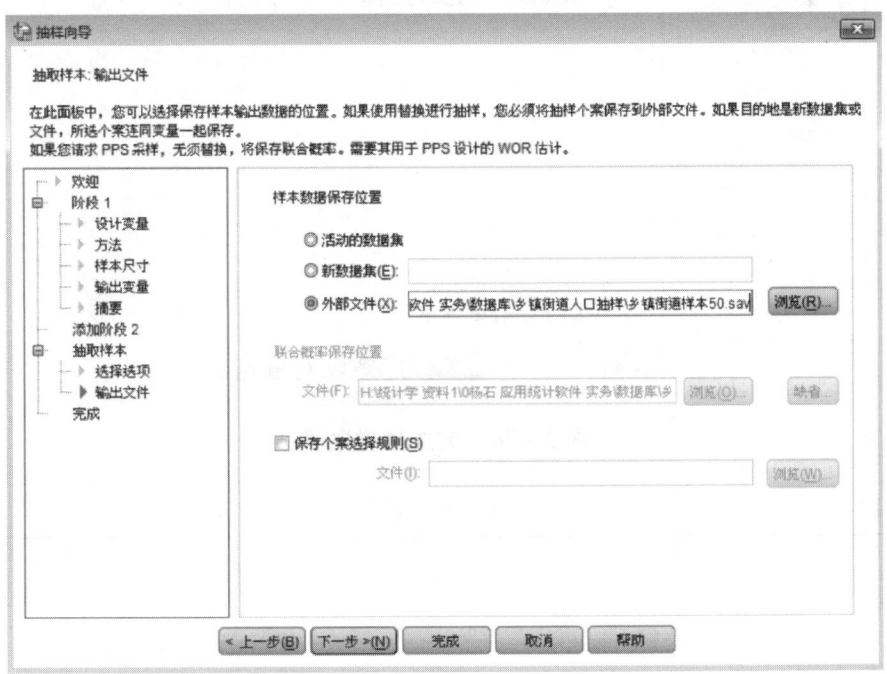

图3-74　输出文件保存设置

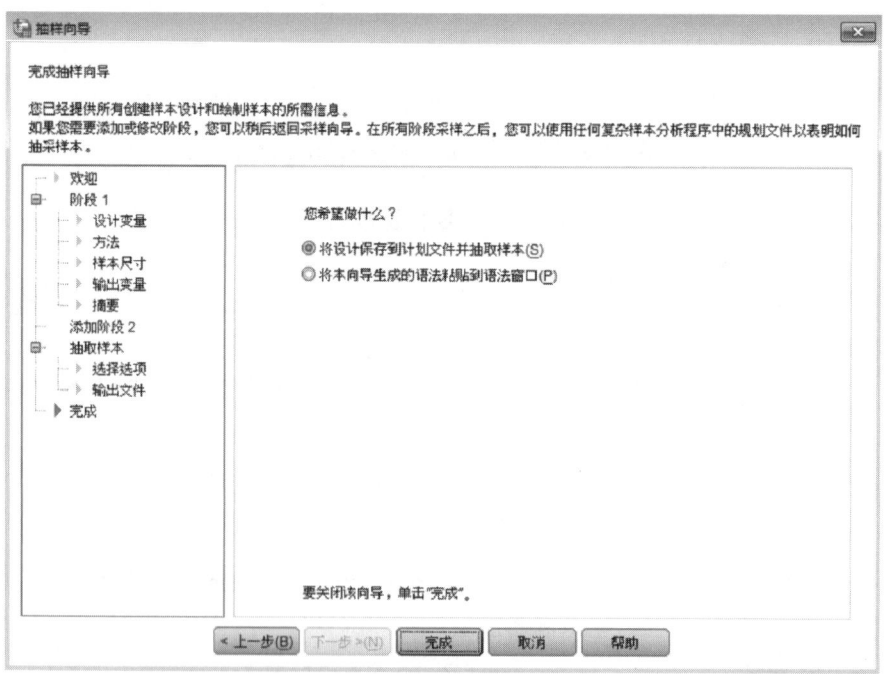

图 3-75 输出文件保存路径

图 3-76 完成抽样向导

表 3-17   抽样设计摘要

项 目			阶段 1
设计变量	群集	1	序号
样本信息	选择方法		简单无替换随机抽样
	已采样单位数量		50

续表

项	目		阶段 1
设计变量	群集	1	序号
样本信息	创建或修改的变量	分阶段包含（选择）概率	InclusionProbability_1_
		分阶段累积样本权重	SampleWeightCumulative_1_
		分阶段种群大小	PopulationSize_1_
		分阶段样本大小	SampleSize_1_
		分阶段抽样概率	SamplingRate_1_
		分阶段样本权重	SampleWeight_1_
分析信息		估计量假设	无替换等概率抽样
		包含概率	从变量 InclusionProbability_1_ 获得

规划文件：H:\ 统计学 资料 \ 应用统计软件 实务 \ 数据库 \ 乡镇街道人口抽样 \ 乡镇街道抽样方案.csplan

权重变量：SampleWeight_Final_

在文件夹中会新生成两个文件，一是"乡镇街道样本50.sav"数据库，用于存储获得的抽样单位。二是"乡镇街道抽样方案.csplan"，用于记录获取抽样的方案过程。打开"乡镇街道样本50.sav"后，会看到从总体中抽取到的样本序号以及抽样过程中生成的入样概率、累积样本权重和抽样比率、最终的样本权重等变量（见图3-77）。

图 3-77 抽样结果数据库

（二）描述统计

因为采用简单随机抽样，各单位的入样概率相同，即每一样本单位所代表的抽样权重是一样的。我们可以对简单随机抽样获得的样本进行描述统计，这 50 个样本的均值为 35.02

千人，标准差为 27.806 千人。因为样本的随机性，样本统计量与总体均值（32.63 千人）间存在一定差异（见表 3-18）。

表 3-18　　　　　　　　　　　样本描述统计量

项　　目	N	极小值	极大值	均值	标准差
千人	50	4	141	35.02	27.806
有效的 N（列表状态）	50				

三、实验结果及分析

我们对样本数据库进行分析，发现 50 个样本单位仅随机落在了保定市的部分县市区，另一些县市区不存在样本单位，并且各县市区的抽样比率存在较大差异，最大的抽样比率达到 30%以上（见表 3-19）。为了改善这种抽样结果的不足，想达到各县市区都有样本，便于分析本区域内情况的目的，我们采用分层抽样的方法，每个县市区都选 2 个样本单位，详细操作见"应用实例"部分。

表 3-19　　　　　　　　　　　抽样单位分布情况

县市区	数量	抽样数	抽样比率（%）	县市区	数量	抽样数	抽样比率（%）
安国市	11	1	9.09	南市区	9	1	11.11
安新县	12	3	25.00	清苑县	18	3	16.67
北市区	8	2	25.00	曲阳县	18	1	5.56
博野县	7	2	28.57	容城县	8	2	25.00
定兴县	16	0	0.00	顺平县	10	0	0.00
定州市	25	4	16.00	唐县	20	4	20.00
阜平县	13	3	23.08	望都县	8	0	0.00
高碑店市	15	4	26.67	新市区	12	1	8.33
高阳县	9	0	0.00	雄县	9	0	0.00
涞水县	16	5	31.25	徐水县	14	3	21.43
涞源县	17	3	17.65	易县	27	2	7.41
蠡县	13	0	0.00	涿州市	15	4	26.67
满城县	13	2	15.38	合计	343	50	14.58

四、应用实例

为了在每个县市区都能够抽中样本，现采取分层抽样的方法，以"区县"为层变量，每个层内都抽取 2 个单位，这样的话，乡镇街道个数多的县市区（层）有较低的抽样比率，即各层内单位的入样概率不一致，在统计分析时应注意抽样权重调整问题。

打开"保定地区乡镇街道人口.sav"数据库进行分层抽样，样本容量仍为 50 个乡镇街道，在每个县市区抽取 2 个乡镇街道。其操作过程如下：

1. 第一步，选择"分析—复杂抽样—选择样本"菜单项，打开抽样向导对话框。选择"设计样本"选项，并通过单击"浏览"按钮设定抽样方案的存储位置和命名，命名为"乡镇街道分层抽样.csplan"（见图 3-78）。单击"下一步"按钮进入"阶段 1：设计变量"过程。

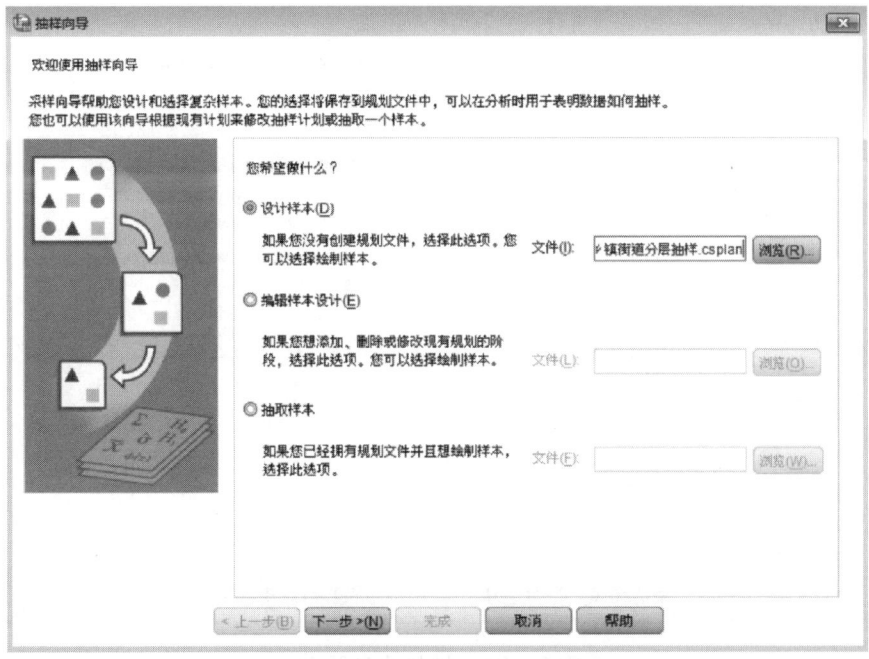

图 3-78　分层抽样设计向导

2. 第二步，设计变量。以"quxian"为层变量，这样会划分出 25 个层，以每个层为抽样子总体，以"区县内街道代码"为群变量在层内进行随机抽样。设置如图 3-79 所示，设置好后，单击"下一步"按钮进入"采样方法"环节（见图 3-80）。

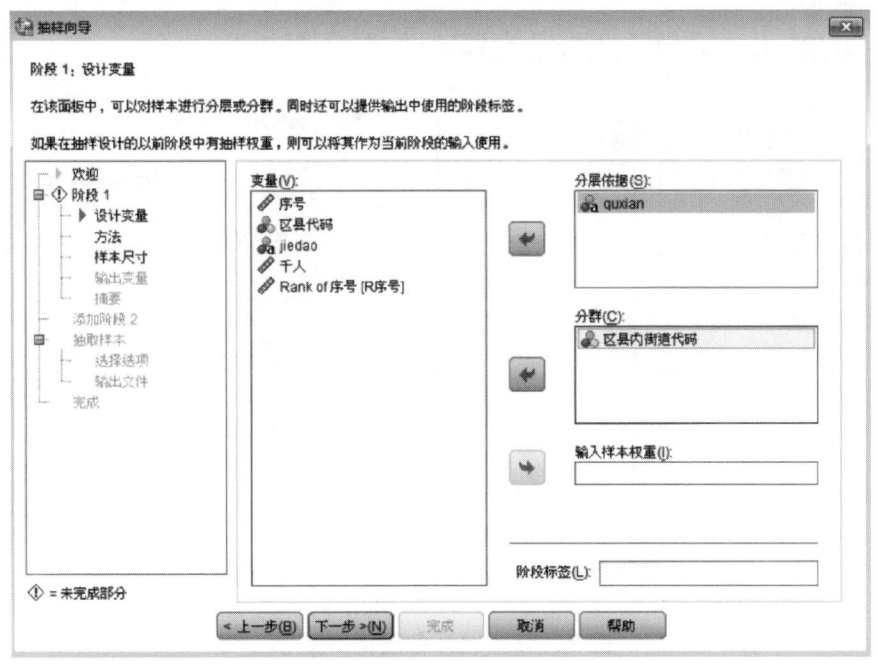

图 3-79　设计变量

图 3-80　抽样方法设计

3. 第三步，设计各层样本规模。即在 25 个层中，每个层抽取 2 个样本单位（见图 3-81）。其他环节与前述过程基本一致，在此不再赘述。

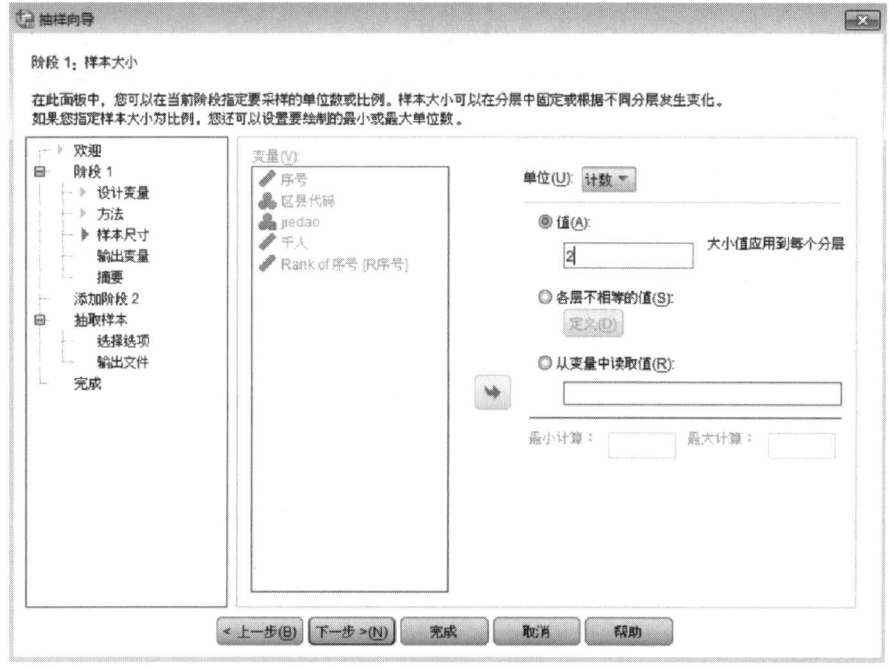

图 3-81　设计各层样本规模

4. 最后，单击"完成"输出抽样结果（见表3-20），在样本数据库中会看到各层的入样概率存在差异（见表3-21、图3-82）。

表3-20　　　　　　　　　　　　抽样设计摘要

项　　目			阶段1
设计变量	分层	1	quxian
	群集	1	区县内街道代码
样本信息	选择方法		简单无替换随机抽样
	已采样单位数量		2
	创建或修改的变量	分阶段包含（选择）概率	InclusionProbability_1_
		分阶段累积样本权重	SampleWeightCumulative_1_
		分阶段种群大小	PopulationSize_1_
		分阶段样本大小	SampleSize_1_
		分阶段抽样概率	SamplingRate_1_
		分阶段样本权重	SampleWeight_1_
分析信息	估计量假设		无替换等概率抽样
	包含概率		从变量 InclusionProbability_1_ 获得

规划文件：H:\ 统计学 资料\ 应用统计软件 实务\ 数据库\ 乡镇街道人口抽样\ 乡镇街道分层抽样.csplan

权重变量：SampleWeight_Final_

表3-21　　　　　　　　　　　　阶段1摘要

项　　目		已采样单位数量（个）		已采样单位百分比（%）	
		必需	实际	必需	实际
quxian =	安国市	2	2	18.2	18.2
	安新县	2	2	16.7	16.7
	北市区	2	2	25.0	25.0
	博野县	2	2	28.6	28.6
	定兴县	2	2	12.5	12.5
	定州市	2	2	8.0	8.0
	阜平县	2	2	15.4	15.4
	高碑店市	2	2	13.3	13.3
	高阳县	2	2	22.2	22.2
	涞水县	2	2	12.5	12.5
	涞源县	2	2	11.8	11.8
	蠡县	2	2	15.4	15.4
	满城县	2	2	15.4	15.4

续表

项　　目		已采样单位数量（个）		已采样单位百分比（%）	
		必需	实际	必需	实际
quxian =	南市区	2	2	22. 2	22. 2
	清苑县	2	2	11. 1	11. 1
	曲阳县	2	2	11. 1	11. 1
	容城县	2	2	25. 0	25. 0
	顺平县	2	2	20. 0	20. 0
	唐县	2	2	10. 0	10. 0
	望都县	2	2	25. 0	25. 0
	新市区	2	2	16. 7	16. 7
	雄县	2	2	22. 2	22. 2
	徐水县	2	2	14. 3	14. 3
	易县	2	2	7. 4	7. 4
	涿州市	2	2	13. 3	13. 3

规划文件：H:\ 统计学 资料 \ 应用统计软件 实务 \ 数据库 \ 乡镇街道人口抽样 \ 乡镇街道分层抽样 . csplan

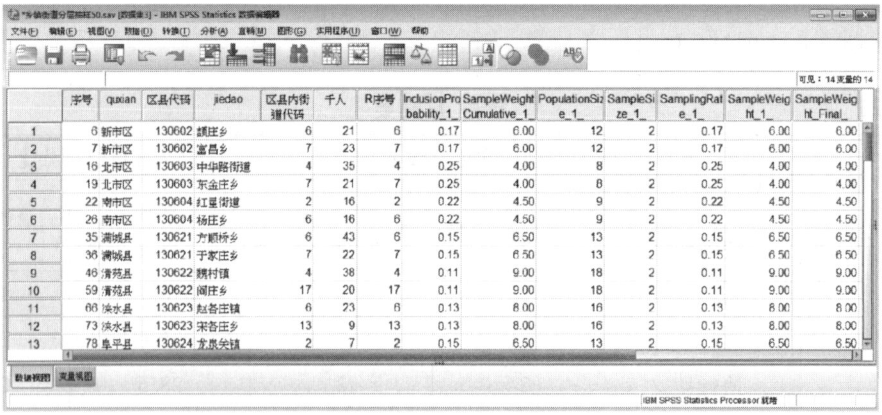

	序号	quxian	区县代码	jiedao	区县内街道代码	千人	R序号	InclusionProbability_1_	SampleWeightCumulative_1_	PopulationSize_1_	SampleSize_1_	SamplingRate_1_	SampleWeight_1_	SampleWeight_Final_
1	6	新市区	130602	颉庄乡	6	21	6	0.17	6.00	12	2	0.17	6.00	6.00
2	7	新市区	130602	富昌乡	7	23	7	0.17	6.00	12	2	0.17	6.00	6.00
3	16	北市区	130603	中华路街道	4	35	4	0.25	4.00	8	2	0.25	4.00	4.00
4	19	北市区	130603	东金庄乡	7	21	7	0.25	4.00	8	2	0.25	4.00	4.00
5	22	南市区	130604	红星街道	2	16	2	0.22	4.50	9	2	0.22	4.50	4.50
6	26	南市区	130604	杨庄乡	6	16	6	0.22	4.50	9	2	0.22	4.50	4.50
7	35	满城县	130621	方顺桥乡	6	43	6	0.15	6.50	13	2	0.15	6.50	6.50
8	36	满城县	130621	于家庄乡	7	22	7	0.15	6.50	13	2	0.15	6.50	6.50
9	46	清苑县	130622	魏村镇	4	38	4	0.11	9.00	18	2	0.11	9.00	9.00
10	59	清苑县	130622	阎庄乡	17	20	17	0.11	9.00	18	2	0.11	9.00	9.00
11	66	涞水县	130623	赵各庄镇	6	23	6	0.13	8.00	16	2	0.13	8.00	8.00
12	73	涞水县	130623	宋各庄乡	13	9	13	0.13	8.00	16	2	0.13	8.00	8.00
13	78	阜平县	130624	龙泉关镇	2	7	2	0.15	6.50	13	2	0.15	6.50	6.50

图 3 -82　抽样结果

对其进行描述统计，但需注意，在分层抽样过程中，每个县市区乡镇街道数不一致，在抽样过程中，层内各乡镇街道的入样概率不一致，故在样本分析时，需利用权重进行调整。操作步骤见图 3 -83 所示。

加权个案之后，再进行描述统计分析，可知乡镇街道平均常住人口的样本统计量为 28. 04 千人，标准差仅有 18. 493 千人（见表 3 -22）。

如果直接采用复杂抽样方式下的描述统计，操作步骤参见图 3 -84 和图 3 -85，可得结果包括总体平均值的点估计、置信区间和设计效果等指标（见表 3 -23）。

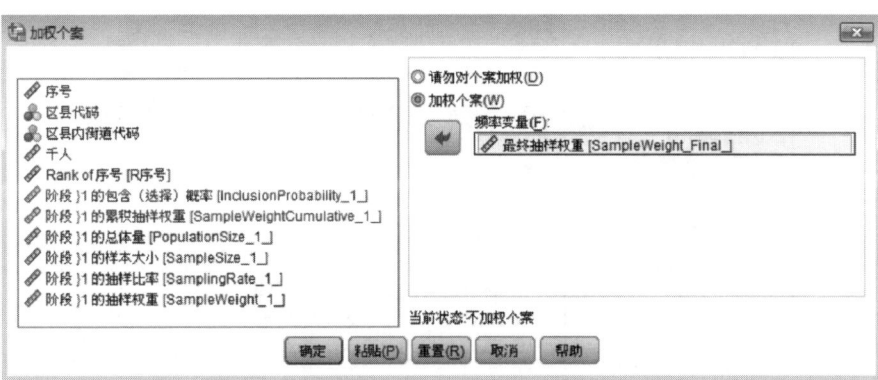

图 3-83 加权过程

表 3-22　　　　　　　　　　描述统计量

项　　目	N	极小值	极大值	均值	标准差
千人	343	7	124	28.04	18.493
有效的 N（列表状态）	343				

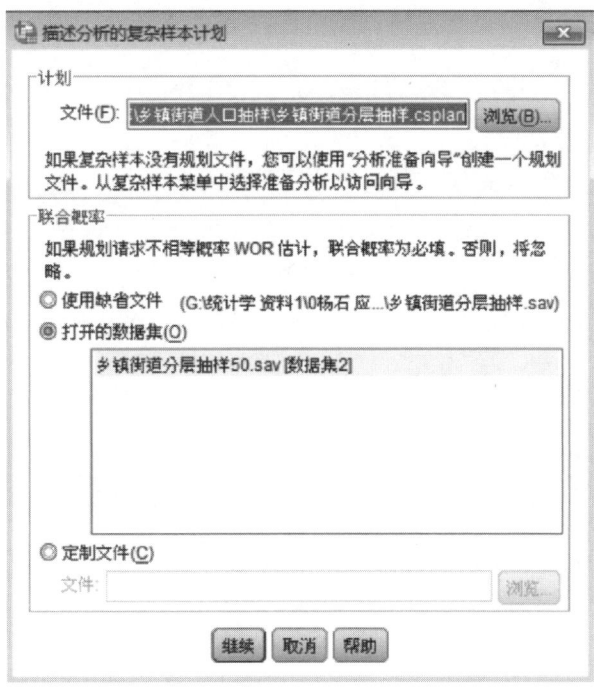

图 3-84　依据抽样设计方案对样本数据进行分析

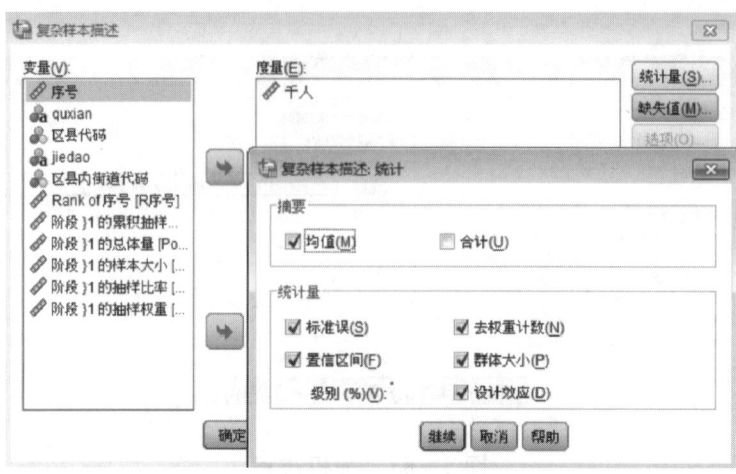

图 3-85　复杂样本描述统计过程

表 3-23　　　　　　　　　　单变统计量

项　　目	估计	标准误差	95% 置信区间		设计效果	种群大小	未加权计数
			下限	下限			
均值（千人）	28.04	2.130	23.65	32.43	0.763	343	50

第四章 均值比较

针对数值型变量，检验某样本的取值是否与总体一致，或者两个样本所代表的总体是否是一致的，即检验其均值是否相等，这都属于均值比较的问题，一般可采用 T 检验和方差分析的方法。本章主要讲解均值比较的 T 检验方法，方差分析的方法在第五章讲解。

实验一 单个样本的 T 检验

从某总体中按照随机原则获得一组样本，其均值为 $\bar{x}$，我们的目的是研究该样本所在总体是否与已知总体一致，用均值表示就是该总体的均值是否等于已知总体的均值。待检验总体的均值 μ 作为我们要检验的参数，看是否与我们感兴趣或已知的数值一致。在检验过程中，可给出两种假设：

原假设 $H_0: \mu = \mu_0$，在此种情况下，如果样本均值与已知总体均值存在差异，是由抽样误差造成的。

备择假设 $H_1: \mu \neq \mu_0$，样本均值与已知总体均值的差异除了抽样误差之外，还包括实际的总体均数与已知总体均数的差异。

我们的目的就是利用样本的信息，检验两种假设的存在性。

一、实验目的和要求

熟悉单个样本的 T 检验原理和操作过程；能够科学解释分析结果。该检验主要利用 t 分布，将 t 作为检验的统计量。其公式为：

$$\text{统计量} t = \frac{\bar{X} - \mu_0}{\dfrac{s}{\sqrt{n}}} \qquad (4-1)$$

$$\text{自由度 } df = n - 1 \qquad (4-2)$$

二、实验步骤

【案例 4.1】利用"保定地区乡镇街道人口.sav"数据库的 10% 抽样调查数据，考察此样本是否与总体均值一致？此例中我们现已获得总体均值为 32.63 千人。

1. 第一步，依次选择"分析（A）—比较均值（M）—单样本 T 检验"菜单项，打开"单样本 T 检验"对话框（见图 4-1）。

在此对话框中，左侧为变量列示框，右侧为检验变量以及检验值文本框。

2. 第二步，在左侧的变量列示框中选择变量"千人"，点击➡按钮使变量进入"检验变量"文本框。在检验值文本框中输入待检验数值 32.63，表明待检验总体均值是否等于 32.63。

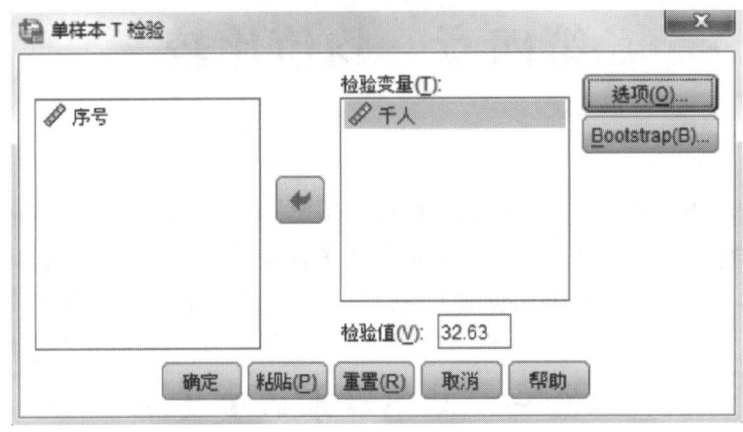

图 4-1 单样本 T 检验对话框

通过点击"选项"按钮，可以打开"选项"对话框设置置信区间，在此我们采用默认的置信度为 95%，不再改变。

3. 第三步，在主对话框中点击"确定"按钮，输出运行结果。

表 4-1 单个样本统计量

项 目	N	均值	标准差	均值的标准误
千人	34	38.00	24.000	4.116

表 4-2 单个样本检验

项 目	检验值 = 32.63					
	t	df	Sig.（双侧）	均值差值	差分的 95% 置信区间	
					下限	上限
千人	1.305	33	0.201	5.370	-3.00	13.74

三、实验结果及分析

从输出结果中我们发现，样本的均值 $\bar{x}$ 为 38.00 千人，与总体均值间确实存在一定差异，多 5.37 千人。但这种差异是否达到统计显著性，这还与数据的离散程度有关。正如本例所示，样本均值为 38.00，标准差为 24.00，无论均值还是标准差都高于总体情况（总体的标准差为 21.02）。

对这种差异情况进行检验，T 统计量为 1.305，其计算表达式为：

$$t = \frac{\bar{X} - \mu_0}{\frac{s}{\sqrt{n}}} = \frac{38.00 - 32.63}{4.116} = 1.305$$

，自由度为 df = n - 1 = 34 - 1 = 33。

T统计量的伴随概率 P 值（Sig.（双侧））为 0.201，大于给定的 0.05 的显著性水平。因此，不能拒绝原假设 H_0，不能认为样本所在总体的均值与假设的总体均值不同。

在检验结果中还给出了均值差值以及相应差值的 95% 置信区间。该置信区间能够告知我们待检验总体均值的范围。本例中，$\bar{x} - \mu = 38.00 - \mu$，即 $-3.00 \leqslant 38.00 - \mu \leqslant 13.74$，在 95% 的置信水平下，待检验总体的均值范围为 [24.26，41.00]。

四、应用实例

在电信客户流失数据库中，被调查对象的年龄阶段为 12~82 岁，这个年龄段的男性占 50.85%（2010 年第六次全国人口普查数据），现对该样本数据库的性别结构进行假设检验，判断是否与全国的性别结构一致。利用 custinfo 客户信息.sav 数据库，但在进行假设检验之前须对 Gender（性别）进行转换，使之转换为 male（男性）变量，值标签为 1 - 男性，0 - 女性。其语法命令为：

```
IF    (Gender = '男') male = 1.
VARIABLE LABELS   male '男性'.
EXECUTE.
IF    (Gender = '女') male = 0.
VARIABLE LABELS   male '男性'.
EXECUTE.
```

假设检验的过程如图 4-2 所示：

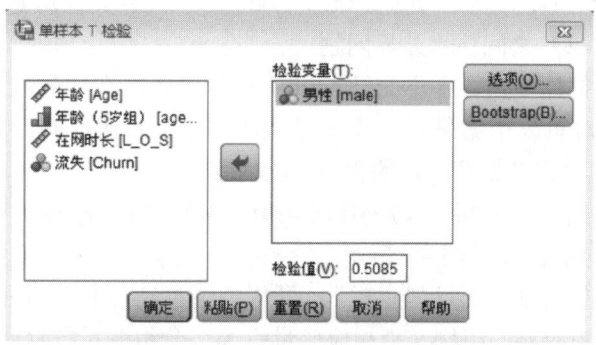

图 4-2　单样本 T 检验对话框

单个样本检验的参数值为 0.5085，样本的男性比例为 0.4819，比总体参数值低 0.0266，相应的 T 统计量为 -7.25，伴随概率远小于 0.05，说明样本中的男性比例与总体参数值之间存在显著差异，可能存在男性样本不足的问题。

实验二　独立样本均值比较的 T 检验

本实验将解决两个总体均值的比较问题，即两个样本分别来自两个正态分布的总体：

样本 1，其规模为 n_1，来自总体 $X_1 \sim N(\mu_1, \sigma_1^2)$

样本 2，其规模为 n_2，来自总体 $X_2 \sim N(\mu_2, \sigma_2^2)$

所以此方法也可称为成组设计两样本均值比较。在利用 T 检验进行两样本均值比较的过程中，数据需满足以下 3 个条件：

(1) 独立性，要求各观测值之间是相互独立的，不能相互影响。

(2) 正态性，各个样本均来自正态分布的总体。

(3) 方差齐性，各个样本所在总体的方差相等，即 $\sigma_1^2 = \sigma_2^2$。

在各种条件中方差齐性对结论影响最大，在进行均值比较过程中，必须对方差齐性进行检验。在独立样本的 T 检验过程中，同时给出了有关 Levene 检验的 F 统计量信息。其检验过程的假设为：

原假设 H_0：$\sigma_1^2 = \sigma_2^2$，两总体方差相等

备择假设 H_1：$\sigma_1^2 \neq \sigma_2^2$，两总体方差不等

统计量 $F = \dfrac{s_1^2}{s_2^2}$，自由度 $v_1 = n_1 - 1$，$v_2 = n_2 - 1$。分子为方差较大的数值。

一、实验目的和要求

1. 掌握独立样本均值比较的 T 检验原理；
2. 理解输出结果的统计含义，并对显著性进行判断。

二、实验步骤

【案例 4.2】 在数据库"2000 年人口调查.sav"中，有关住房建筑面积（V18）的信息，现在研究城乡（V2）之间住房差异问题。

1. 第一步，在数据库中，存在户变量 huid 的重复问题，在比较城乡住房建筑面积均值的差异过程中，需先对重复个案进行标识（见图 4-3），并筛选非重复个案进行均值比较（见图 4-4）。此操作过程参见第 3 章的相关实验内容。

2. 第二步，依次选择"分析（A）—比较均值（M）—独立样本 T 检验"菜单项，打开"独立样本 T 检验"对话框（见图 4-5）。

在该对话框中，左侧为"变量列示框"，可从中选择待分析变量引入右侧的"检验变量"文本框中，并考虑对比的组别，把相应变量引入"分组变量"文本框。

本例是通过点击"检验变量（T）"文本框左侧的 按钮，把变量 V18 引入该文本框。再把变量 V2（地区代码）引入"分组变量"文本框（见图 4-5）。该对话框中"选项"按钮与上一实验的内容一致，在此不再介绍。

3. 第三步，设置分组变量的组别。变量 V2 的相应代码含义为，"1"表示城镇地区，"2"表示乡村地区。点击"分组变量"下方的"定义组（D）…"按钮，打开"定义组"对话框（见图 4-6）。在组 1 和组 2 的文本框中分别输入 1、2，用于表示城镇和乡村比较组。点击"继续"按钮回到主对话框（见图 4-7）。

在"定义组"对话框中还可通过设置"割点"的形式分组，这主要针对连续型数值变量或顺序变量作为分组变量，比较不同组的均值差异情况。

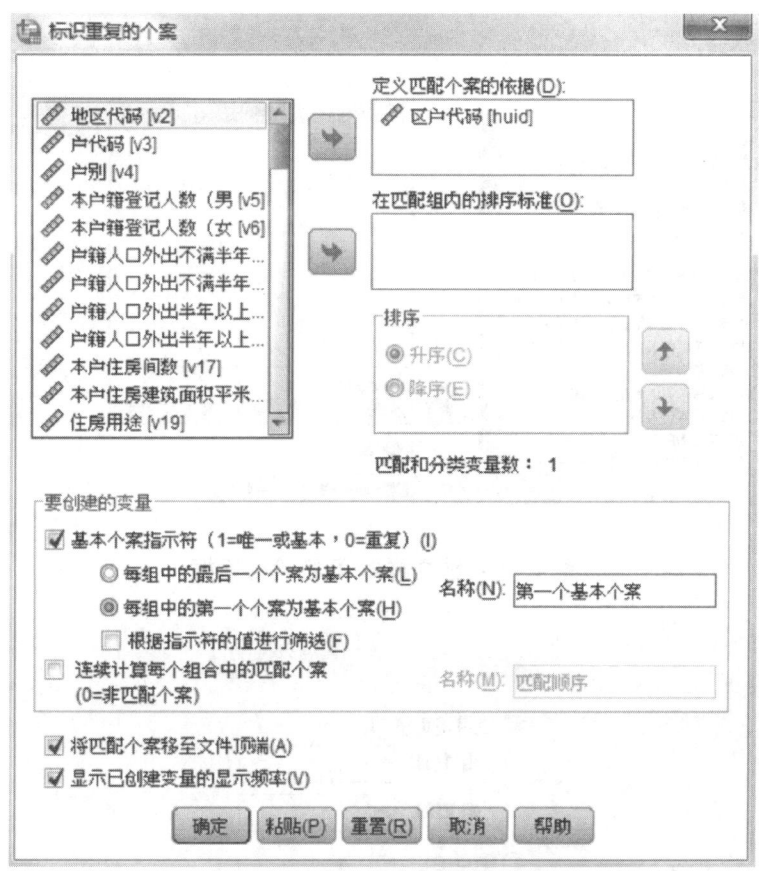

图4-3 标识重复个案对话框

图4-4 选择个案对话框

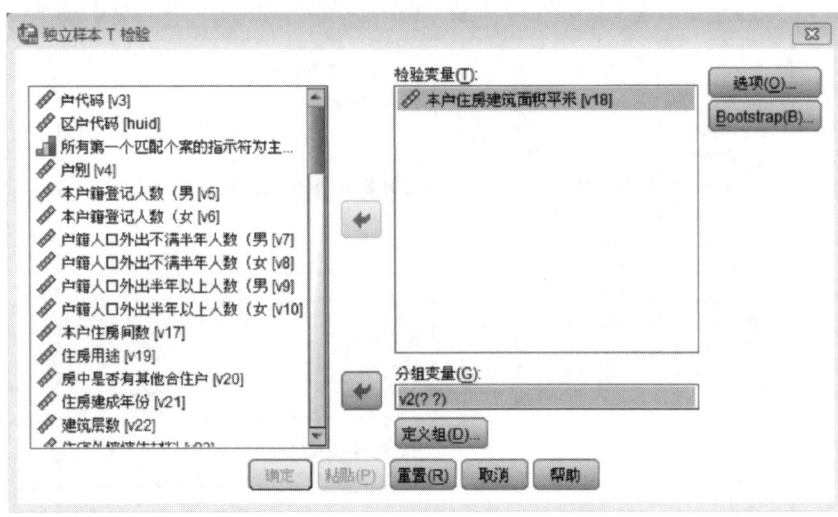

图 4-5 独立样本 T 检验对话框

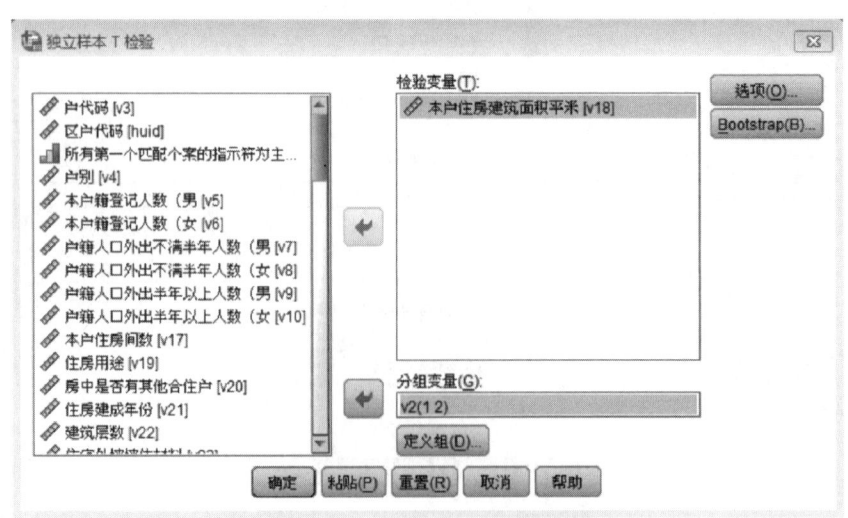

图 4-6 设置对比组别

图 4-7 完成独立样本 T 检验对话框设置

4. 第四步，在主对话框中点击"确定"按钮，输出分析结果。

表 4-3　　　　　　　　　　　　　　组统计量

项　目	地区代码	N	均值	标准差	均值的标准误
本户住房建筑面积（平方米）	城镇	3474	60.06	37.681	0.639
	乡村	618	77.60	37.672	1.515

表 4-4　　　　　　　　　　　　　　独立样本检验

本户住房建筑面积（平方米）	方差方程的 Levene 检验		均值方程的 t 检验						
	F	Sig.	t	df	Sig.（双侧）	均值差值	标准误差值	差分的95%置信区间	
								下限	上限
假设方差相等	0.312	0.577	-10.660	4 090	0.000	-17.536	1.645	-20.761	-14.311
假设方差不相等			-10.662	851.381	0.000	-17.536	1.645	-20.764	-14.308

三、实验结果及分析

从"组统计量"的输出结果中，我们发现城镇地区有 3474 个样本，其均值为 60.06 平方米；乡村地区的样本量为 618，其均值为 77.60 平方米。二者的标准差基本一致。现在关键是判断两组样本分别所代表的总体方差是否相等。这需从"独立样本检验"中的"方差方程的 Levene 检验"统计量判断。

方差相等的假设检验过程将利用到 F 统计量，本例中的 F 值为 0.312，相应的伴随概率（Sig.）为 0.577，远高于 0.05 的显著性水平。所以，不能拒绝原假设 H_0（两总体方差相等），没有充足证据认为样本所在总体的方差不同。在这种条件下，我们可以通过解读"假设方差相等"所在行的 T 检验结果，以判断两总体的均值差异状况。

两总体均值比较的 T 统计量为 -10.660，自由度 $df=(n_1-1)+(n_2-1)=4\,090$，伴随概率（Sig.（双侧））远小于 0.05。所以，在 0.05 的显著性水平下，拒绝 H_0，接受 H_1，可以认为两地区在住房建筑面积上存在显著差异，乡村地区的建筑面积比城镇地区平均多 17.54 平方米。

四、应用实例

工作压力通过一系列量表进行测量，对测量之后的量表汇总得到压力数值，现在考察不同性质学校（有公立和私立学校之分）教师的工作压力状况是否存在差异，其数据库为"工作压力1-吴明隆.sav"。[1]

---

[1] 吴明隆. 问卷统计分析实务——SPSS 操作与应用 [M]. 重庆：重庆大学出版社，2010.

实验三　配对样本的 T 检验

配对样本主要是指两个完全相关的样本或者是前后时期的同一样本。对配对样本的数值型指标进行 T 检验就是根据样本数据对两配对总体的均值是否有显著差异进行推断。其适用条件为：两样本应该是一一对应的，即样本规模及其对应顺序一致；样本来自服从正态分布的总体。

其检验思路是把两样本均值差的比较转化为一个随机变量的均值是否等于 0 的问题，即由一一对应的两样本值求差，获得新的随机变量 Y 的样本值（y_1，y_2，…，y_n），其中，$y_i = x_{1i} - x_{2i}$。此时，两总体均值比较的问题转化为检验随机变量 Y 的均值是否与 0 有显著差异的问题，可通过单样本的 T 检验解决。

该方法经常用于实验设计中同一对象的前后比较研究，如某商家对其新投放的广告效果进行研究。在测试城市对招募到的被访者进行访谈，获得对品牌的初始态度（O1）；然后请他们观看一部包含待测广告（X）的电视节目，看过之后再次对该批被访者进行调查，获得对品牌的态度（O2），利用前后两次态度比较的差异评价广告效果。在此实验中，前后观测的是同一批人，样本间存在相关性，不能使用独立样本均值比较的 T 检验法，而需使用配对样本的 T 检验方法。

一、实验目的和要求

理解配对样本 T 检验的适用条件；对计算结果进行合理解释。

二、实验步骤

【案例 4.3】我们利用 SPSS 程序自带的数据库"*dietstudy . sav*"，此数据用于研究具有心脏病家族史的人是否可通过改善饮食降低发病风险，主要体现为体重（weight）改善、甘油三酸酯（Triglyceride）指标降低。

1. 第一步，依次选择"分析—比较均值（M）—配对样本 T 检验（P）"菜单，打开"配对样本 T 检验"对话框。

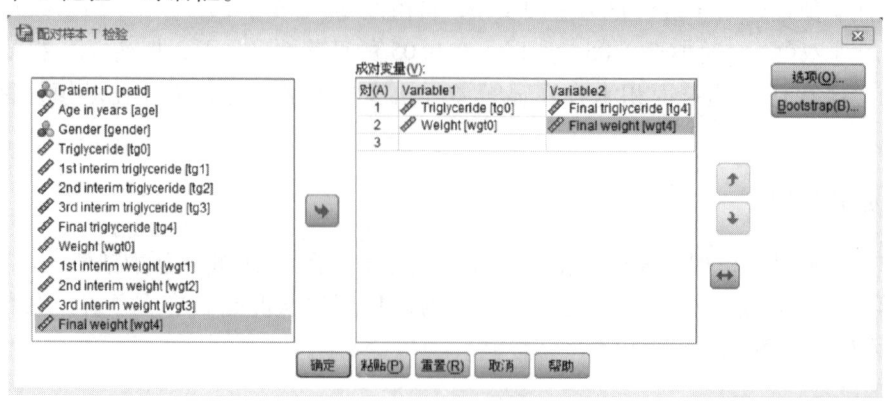

图 4-8　配对样本 T 检验对话框

2. 第二步，依次选择"Triglyceride［tg0］"和"Final triglyceride［tg4］"作为第一组配对变量集；"Weight［wgt0］"和"Final weight［wgt4］"作为第二组配对变量集。变量集的设置可通过鼠标左键拖动引入，或可通过 按钮引入（见图4-8）。

3. 第三步，其他选项设置按照默认形式，最后点击"确定"按钮输出结果（见表4-5、表4-6、表4-7）。

表4-5　　　　　　　　　　　　　　成对样本统计量

项 目		均值	N	标准差	均值的标准误
对1	Triglyceride	138.44	16	29.040	7.260
	Final triglyceride	124.38	16	29.412	7.353
对2	Weight	198.38	16	33.472	8.368
	Final weight	190.31	16	33.508	8.377

表4-6　　　　　　　　　　　　　　成对样本相关系数

项 目		N	相关系数	Sig.
对1	Triglyceride & Final triglyceride	16	-0.286	0.283
对2	Weight & Final weight	16	0.996	0.000

表4-7　　　　　　　　　　　　　　成对样本检验

项 目		成对差分					t	df	Sig.（双侧）
		均值	标准差	均值的标准误	差分的95%置信区间				
					下限	上限			
对1	Triglyceride-Final triglyceride	14.063	46.875	11.719	-10.915	39.040	1.200	15	0.249
对2	Weight-Final weight	8.063	2.886	0.722	6.525	9.600	11.175	15	0.000

三、实验结果及分析

从分析结果中，我们发现第一配对变量集 Triglyceride 在饮食改变之前和之后的均值分别为138.44和124.38；第二配对变量集 Weight 在饮食改变之前和之后的均值分别为198.38和190.31，都有所变化，但这种变化是否具有统计显著性还须在"成对样本检验"中判断。

在"成对样本检验"表中，Triglyceride（甘油三酸酯）因饮食改变而降低了14.06单位（即138.44-124.38），其均值差的标准误为11.72，相应的T统计量为1.20（即14.06/11.72），伴随概率（Sig.（双侧））为0.249，远大于给定的0.05的显著性水平，这说明

Triglyceride 的改善并不明显。相对的，Weight（体重）降低了 8.06 单位（即 198.38 - 190.31），其均值差的标准误为 0.722，对应的 T 统计量为 11.17（即 8.06/0.72），伴随概率（Sig.（双侧））远小于 0.05，这说明 Weight 的改善明显。

四、应用实例

在教学情况调查问卷中，主要从教学经营层面（第 1 题至第 5 题）、教学活动层面（第 6 题至第 10 题）、辅导追踪层面（第 11 题至第 13 题）考察教师对各指标重要性的看法以及在教学实践中的实现程度。[①] 其调查问卷如表 4 - 8，数据库为"多变量分析- 吴明隆.sav"，其中的变量"经营_重要性、活动_重要性、辅导_重要性"以及"经营_实践性、活动_实践性、辅导_实践性"都是相应题目的量表分值之和。现对教师在三方面的重要性看法及其实践程度差异性进行比较，希望能够发现教学方面重要性较强但实践程度较低的内容，这将成为教学改进的重要方向。

表 4 - 8　　　　　　　　　　　教学情况调查问卷

题项内容	重要性 非常不重要←→非常重要					实践程度 很少做到←→常常做到				
一、教学经营层面	1□	2□	3□	4□	5□	1□	2□	3□	4□	5□
1. 教师有完整班级经营计划与实践教学过程数据	1□	2□	3□	4□	5□	1□	2□	3□	4□	5□
2. 教学情境布置能善用资源，重视整洁、美化效果及资源回收	1□	2□	3□	4□	5□	1□	2□	3□	4□	5□
3. 能在教育活动中适当指导学生的生活教育	1□	2□	3□	4□	5□	1□	2□	3□	4□	5□
4. 召开班级家长会时，任课老师能提出教学实施相关说明或书面资料	1□	2□	3□	4□	5□	1□	2□	3□	4□	5□
5. 教师能采用多样化的方式与家长沟通	1□	2□	3□	4□	5□	1□	2□	3□	4□	5□
二、教学活动层面										
6. 教师能依教学目标妥善运用教学方法实施教学	1□	2□	3□	4□	5□	1□	2□	3□	4□	5□
7. 学习领域的教学能适切结合学校本位课程或融入重要议题与时事随机教学	1□	2□	3□	4□	5□	1□	2□	3□	4□	5□
8. 教师在教学过程中能充分提供多样化教学素材，让学生亲自操作或体验学习	1□	2□	3□	4□	5□	1□	2□	3□	4□	5□
9. 能善用教学资源协助教学	1□	2□	3□	4□	5□	1□	2□	3□	4□	5□

[①] 吴明隆. 问卷统计分析实务——SPSS 操作与应用 [M]. 重庆：重庆大学出版社，2010：P356.

续表

题项内容	重要性	实践程度
	非常不重要←→非常重要	很少做到←→常常做到
10. 学生作业批改认真翔实并有助学习	1□ 2□ 3□ 4□ 5□	1□ 2□ 3□ 4□ 5□
三、辅导追踪层面		
11. 针对未达学习目标、行为偏差学生，能够分析原因，进行适应性教学与辅导措施	1□ 2□ 3□ 4□ 5□	1□ 2□ 3□ 4□ 5□
12. 随时留意学生身心健康及学习情形，如发现异常，能通知家长并采取相关辅导措施或寻求支持	1□ 2□ 3□ 4□ 5□	1□ 2□ 3□ 4□ 5□
13. 积极落实辅导工作与辅导数据的建立，并能妥善维护管理及有效运用	1□ 2□ 3□ 4□ 5□	1□ 2□ 3□ 4□ 5□

第五章 假设检验分析

在第四章中研究了总体间的均值是否存在差异,仅有两个因子总体可以通过 t 检验进行判断。当某因素(或自变量)的水平(类型)超过两个时,子总体增多,再利用 t 检验进行均值比较,其结论的科学性将有较大的风险。这种情况可以采用方差分析进行均值比较,可以从整体上判断不同水平下均值差异是否统计显著,同时再辅助于方差分析之后的各水平均值的两两比较,能够更清晰地判断各水平均值的细微差异。

我们知道,事件的发生往往与多个因素有关,但各个因素对事件发生的作用是不一样的,而且同一因素的不同水平对事件发生的影响也是不同的。对于数值型因变量,不同处理组观测值与均值间的差异,一方面来源于抽样过程中的随机误差,另一方面来源于不同处理组的影响。基于变异分解的原理,整个样本的变异可以看成由以下两个部分构成:

$$总变异 = 随机变异 + 处理因素导致的变异$$

实际样本数据的变异分解形式为:

$$总变异 = 组内变异 + 组间变异$$

即
$$X_{ij} - \bar{X} = e_{ij} + \alpha_i \tag{5-1}$$

其中,各组内部的变异 e_{ij}(组内变异)只反映个体间随机变异的大小;各组均数的差异 α_i(组间变异)反映了个体间随机效应的影响与可能存在的处理因素的影响之和。

总变异两种分解方式的对应关系为:

$$
\begin{array}{ccccc}
总变异 & = & 随机变异 & + & 处理因素导致的变异 \\
总变异 & = & 组内变异 & + & 组间变异
\end{array}
$$

采用合适的指标表示组内变异和组间变异的大小,将两者相比较,便可得知组间变异中是否真正包含处理因素所导致的影响。我们利用方差分析就是研究不同处理组的影响是否在一定的显著性水平下超过了随机误差的大小。在统计分析过程中,所利用的一些基本概念有:

(1) 观测变量:也叫因变量,是我们所要研究的实验结果,如住房面积 V18;

(2) 控制变量:影响实验结果的自变量,也称因子,如住房的不同来源 V29、城乡差异等因素;

(3) 水平:控制变量的不同类别,如住房不同来源包括自建、购买商品房、租用商品房等形式;

(4) 随机因素:因素的水平与实验结果的关系是随机的,这就要求获得样本数据时应遵循随机原则,获得良好的样本。

方差分析的两个基本假设：

观测变量各总体应服从正态分布：$X_i \sim N(\mu_i, \sigma_i^2)$；

观测变量总体的方差应相等，即方差具有齐性：$\sigma_1^2 = \sigma_2^2 = \cdots = \sigma_k^2$

方差分析的一般步骤：

1. 第一步：方差分析条件检测。服从正态分布和方差齐性、控制变量的类别（即水平数量）有限。
2. 第二步：提出原假设。
3. 第三步：构造检验的统计量。
4. 第四步：统计决策。

参数检验是在总体分布形式已知的情况下，对总体参数的均值、方差等进行统计推断的方法。但实际分析过程中，对总体分布形式的了解有限，仅能从样本数据中获得部分信息，或者，观测值并不满足参数检验的假设条件，此时，参数检验的方法失效，而需选择非参数检验。因为非参数检验对总体分布形式的要求不高，在进行统计推断过程中，方法适用的假定前提比参数检验方法的要求少，常常用于计算信息较弱资料的检验问题。非参数检验仅介绍了一种多独立样本的非参数检验方法。

实验一 单因素方差分析

一、实验目的和要求

单因素方差分析用来研究一个控制变量的不同水平对观测变量是否产生显著影响的问题。所以，应首先明确何为观测变量、控制变量。控制变量即为可能产生影响的原因变量；观测变量即为产生的结果。本实验通过对观测变量方差的分解，推断控制变量是否给观测变量带来了显著影响。

二、实验步骤

【案例5.1】利用数据库"2000年人口调查.sav"中的住房建筑面积（v18）和住房来源（v29）信息，研究不同的住房来源间在建筑面积上是否存在差异。

1. 第一步，在数据库中，存在户变量 huid 的重复问题，在比较城乡住房建筑面积均值的差异过程中，需先对重复个案进行标识（见图5-1），并筛选非重复个案进行均值比较（见图5-2）。此操作过程参见第三章的相关实验内容。

2. 第二步，在进行单因素方差分析时，控制变量各水平所代表的子总体的方差是否相等对检验结果具有重大影响，故在进行单因素 ANOVA 之前需对方差齐性进行检验。利用"探索"功能对数据的方差齐性进行检验将获得更多的分析结果。

方差齐性检验操作步骤为：

（1）依次点击"分析——描述——探索"菜单项，打开"探索"对话框（见图5-3）。把相应变量按照图示引入相关文本框。【在不同住房来源条件下，住房建筑面积变量存在部分数据缺失，在此并未处理相关缺失值问题，现在家庭户住房建筑信息有效样本为4 015个】。

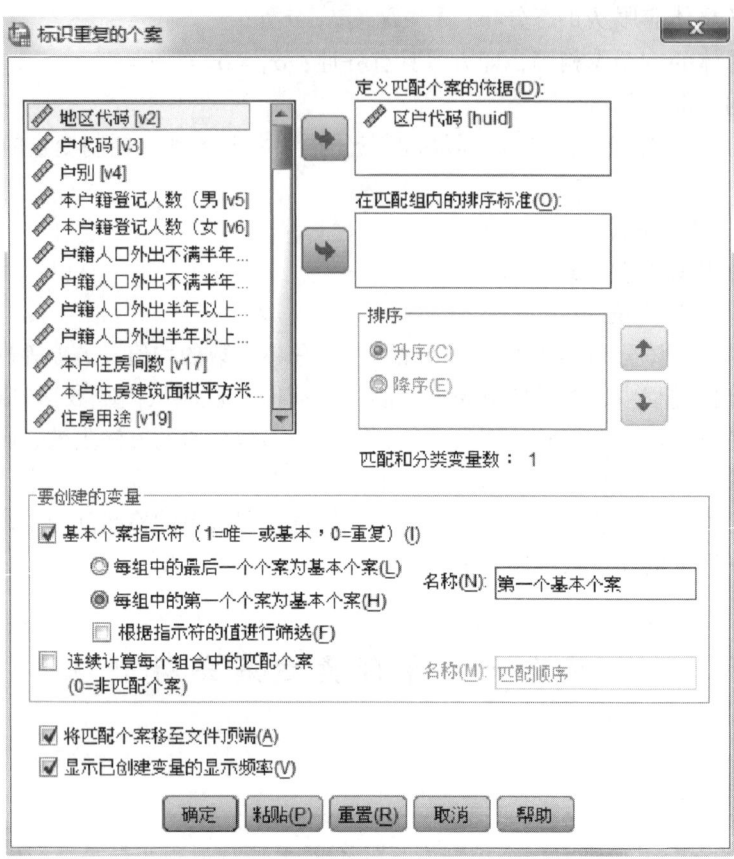

图 5-1 标识重复个案对话框

图 5-2 筛选个案对话框

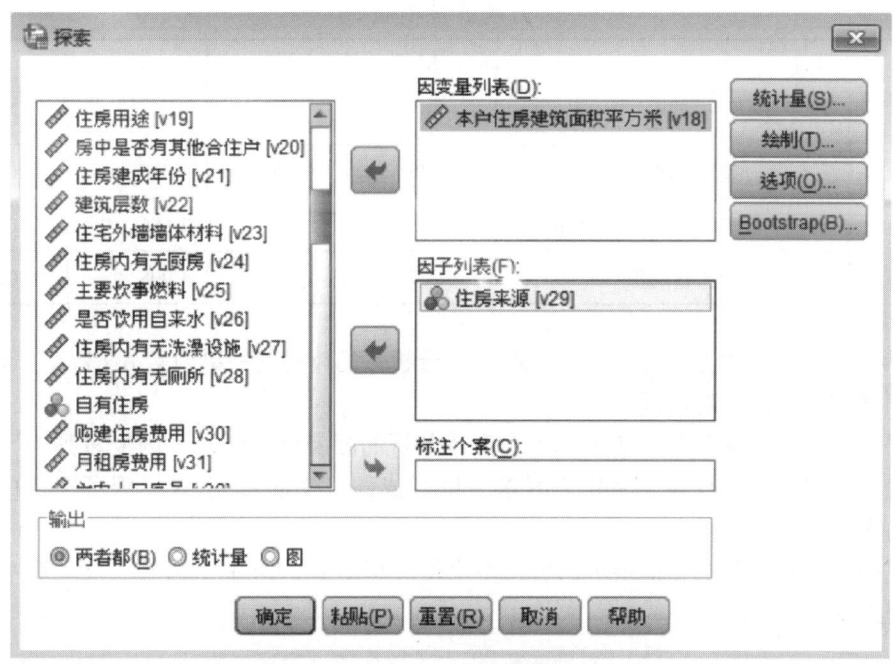

图 5-3　方差齐性检验

（2）再点击"绘制"按钮，打开"探索：图"子对话框，选择"伸展与级别 Levene 检验"框组下的"未转换"单选项（见图 5-4）。点击"继续"按钮回到主对话框。

图 5-4　设置选项

（3）在主对话框中点击"确定"按钮，输出相应结果（见表 5-1）。其中方差齐性检验表给出了各水平下住房建筑面积方差是否相等的检验结果。从中可以发现，基于均值、中值等的 Levene 统计量及伴随概率（Sig.）都表明各水平所代表的子总体的方差不等，这就要求我们在进行单因素方差分析判断均值差异时，注意选择相应的检验统计量。

表 5-1　　　　　　　　　　　　方差齐性检验

项　目		Levene 统计量	df1	df2	Sig.
本户住房建筑面积（平方米）	基于均值	95.892	6	4 008	0.000
	基于中值	84.735	6	4 008	0.000
	基于中值和带有调整后的 df	84.735	6	2 686.643	0.000
	基于修整均值	90.327	6	4 008	0.000

3. 第三步，单因素方差分析。依次点击"分析—比较均值—单因素 ANOVA"菜单，打开"单因素方差分析"对话框。

把"本户住房建筑面积"变量 v18 作为待分析的因变量，引入"因变量列表"下的文本框；把"住房来源"变量 v29 作为因素变量（或称自变量），引入"因子"下的文本框（见图 5-5）。

在"因变量列表"文本框中可以引入多个待分析对象，但在"因子"文本框中仅能引入一个因素变量。

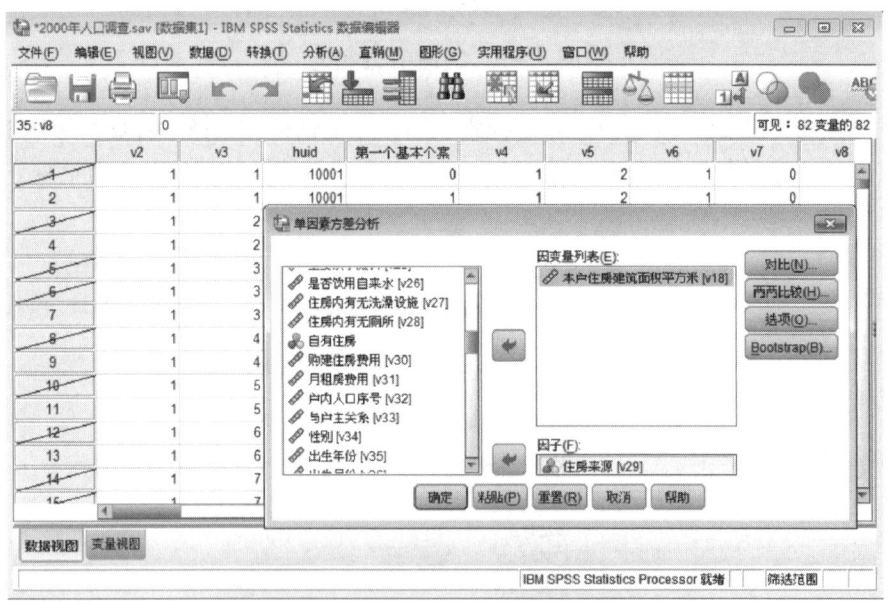

图 5-5　单因素方差分析对话框

4. 第四步，点击"两两比较"按钮，打开"单因素 ANOVA：两两比较"子对话框（见图 5-6），可从此对话框中选择进行各因素之间均值比较的方法。

（1）当假定方差齐性时，可以从该复选框区域选择相应的两两比较方法。不同的比较方法适用的条件不同，对结果检验的精度也存在差异，一般常用的有 LSD 方法、S-N-K 方法、Scheffe 方法等。

（2）当未假定方差齐性时，可以从该复选框区域选择相应的比较方法。本例的方差不一致，现选择"Tamhane's T2"比较方式，显著性水平为 0.05。

图 5-6 两两比较子对话框

点击"选项"按钮，出现的"单因素 ANOVA：选项"子对话框中也可选择方差齐性（或称同质性）检验（见图 5-7），但此功能的输出结果较简单。

图 5-7 选项设置

5. 第五步，输出结果。其他选项采取默认形式，在主对话框中点击"确定"按钮输出结果（见表 5-2 和表 5-3）。

表 5-2　　　　　　　　　　　　ANOVA

本户住房建筑面积（平方米）

项　目	平方和	df	均方	F	显著性
组间	1 537 611.176	6	256 268.529	239.477	0.000
组内	4 289 026.352	4 008	1 070.116		
总数	5 826 637.528	4 014			

表 5-3　　　　　　　　　　　多重比较（部分）

因变量：本户住房建筑面积（平方米）

项　目		(I) 住房来源	(J) 住房来源	均值差 (I-J)	标准误	显著性	95% 置信区间	
							下限	上限
Tamhane		自建住房	购买商品房	-0.326	2.476	1.000	-7.90	7.25
			购买经济适用房	8.862*	2.787	0.039	0.23	17.50
			购买原公有住房	17.421*	1.443	0.000	13.04	21.80
			租用公有住房	41.055*	1.544	0.000	36.37	45.74
			租用商品房	60.903*	1.750	0.000	55.59	66.22
			其他	48.803*	3.100	0.000	39.26	58.35
		购买商品房	自建住房	0.326	2.476	1.000	-7.25	7.90
			购买经济适用房	9.188	3.242	0.103	-0.79	19.16
			购买原公有住房	17.747*	2.196	0.000	10.99	24.50
			租用公有住房	41.381*	2.264	0.000	34.43	48.34
			租用商品房	61.229*	2.409	0.000	53.85	68.61
			其他	49.129*	3.514	0.000	38.35	59.91

注：*均值差的显著性水平为 0.05。

三、实验结果及分析

表 5-2 是不同住房来源对住房建筑面积的单因素方差分析结果。可见，观测变量的离差平方和为 5 826 637.528；如果考虑不同住房来源的影响，则"住房建筑面积"总变差中可由此控制变量解释的部分有 1 537 611.176，抽样误差引起的变差为 4 289 026.352，相应的均方分别为 256 268.529 和 1 070.116。从 F 统计量的伴随概率（显著性）小于给定的显著性水平 0.05 来说，应拒绝原假设（各水平的均值相等），认为不同住房来源的"住房建筑面积"在均值方面存在显著差异。

我们可以从图 5-8 中看出各水平下的均值大小，但并不能准确对比各水平间的均值差异状况，这可以由表 5-3 中的两两比较结果解读。如果显著性水平为 0.05，那么自建住房与购买商品房间的建筑面积没有显著差异，而与其他 5 方式皆有显著差异（因其伴随概率小于 0.05）；购买商品房仅与购买原公有住房、租用公有住房、租用商品房和其他四种方式间的住房建筑面积存在显著差异；依次对比解释各水平间的差异状况。

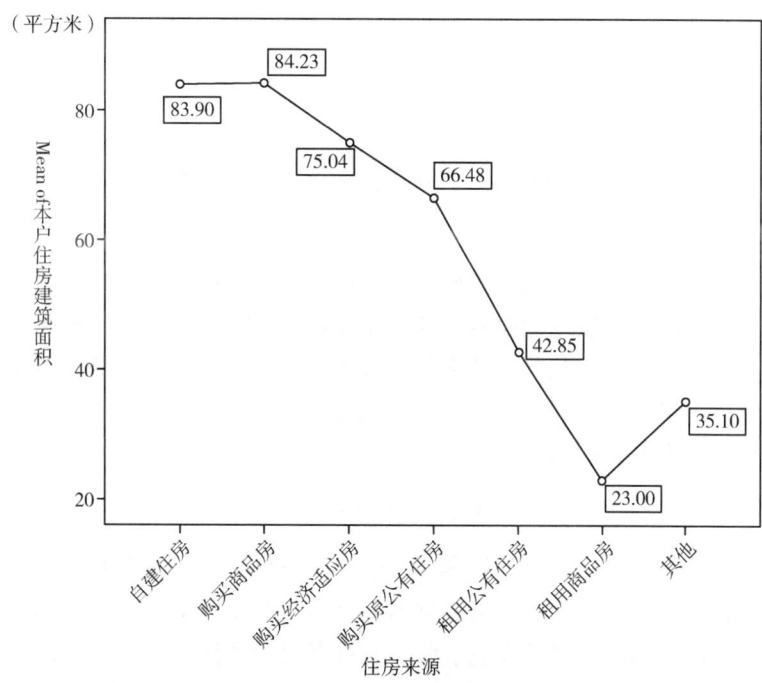

图 5-8　住房建筑面积的均值折线

四、应用实例

仍利用此数据，从以上的分析中我们发现自建住房与购买商品房间的建筑面积没有显著差异，而与其他 5 种方式皆有显著差异，那么我们可以划分为 2 组，第一组为自建住房与购买商品房，第二组为其他 5 种方式。现在我们对各水平间的差异进行先验对比检验（见图 5-9）。

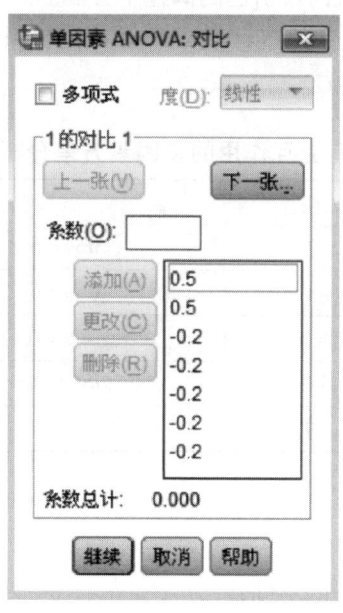

图 5-9　设置先验检验

先验对比检验是对各水平均值线性组合结果的检验，要求各水平的系数之和为 0。利用此检验能够更精确地掌握各水平间或各相似组别间均值的差异程度。

实验二 多因素方差分析

多因素方差分析的研究目的是要分析多个控制变量以及控制变量的交互作用是否对因变量产生影响的问题，属于一般线性模型（General Linear Model）范畴。根据待分析因变量的多少，划分为单变量多因素方差分析和多变量多因素方差分析，本实验我们主要讲解单因变量多因素方差分析，也就是我们经常说的多因素方差分析。

两个控制变量的方差分析的模型可表示为：

$$x_{ijk} = \mu + \alpha_i + \beta_j + \gamma_{ij} + \varepsilon_{ij} \tag{5-2}$$

其中，x_{ijk} 表示因素 A 第 i 水平与因素 B 第 j 水平下的第 k 个观察值；μ 表示总体的平均水平；α_i（其中 $i=1, 2, \cdots, r$）表示影响因素 A 在 i 水平下对因变量的附加效应，β_j（其中 $j=1, 2, \cdots, s$）表示影响因素 B 在 j 水平下对因变量的附加效应，γ_{ij} 表示因素 A 在 i 水平、因素 B 在 j 水平时两者的交互作用。

多因素方差分析需要将观察变量总的离差平方和 S_T 分解为 3 个部分：（1）多个控制变量单独作用引起的离差平方和；（2）多个控制变量交互作用引起的离差平方和；（3）其他随机因素引起的离差平方和，即：

$$S_T = S_A + S_B + S_{AB} + S_E \tag{5-3}$$

S_A 反映因素 A 解释的组间差异，S_B 反映因素 B 解释的组间差异，S_{AB} 反映因素 A 与 B 交互解释的组间差异，S_E 表示随机因素引起的离差平方和。

可以根据多因素方差分析表中的统计量 F 以及伴随概率与显著性水平 α 的比较，做出拒绝或不能拒绝原假设 H_0 的决策。

表 5-4 有交互作用的多因素方差分析

方差来源	离差平方和	自由度	均方	F 值
因素 A	S_A	$r-1$	$MS_A = S_A/(r-1)$	MS_A/MS_E
因素 B	S_B	$s-1$	$MS_B = S_B/(s-1)$	MS_B/MS_E
交互作用	S_{AB}	$(r-1)(s-1)$	$MS_{AB} = S_{AB}/(r-1)(s-1)$	MS_{AB}/MS_E
误差	S_E	$rs(l-1)$	$MS_E = S_E/rs(l-1)$	—
总方差	S_T	$n-1$	—	—

一、实验目的和要求

1. 理解固定因子和随机因子的不同；
2. 对输出结果中的主体间效应检验及统计显著性科学解读。

二、实验步骤

【案例5.2】利用数据库"2000年人口调查.sav"中的住房建筑面积（v18）与住房来源（v29）、本户籍登记人口数（v5_6）信息，研究不同特征的住房建筑面积间是否存在显著差异。

本部分接"实验一"数据处理过程，仍需将重复个案删除，仅分析4015个有效样本。其处理过程不再详述，仅对方差分析过程进行介绍。

1. 第一步，依次点击"分析——一般线性模型—单变量（U）"菜单，打开"单变量方差分析"对话框（见图5-10）。

把"本户住房建筑面积"变量v18作为待分析的因变量，"住房来源"变量v29作为固定因子（F）变量，户籍登记人数（v5_6）作为随机因子（A）变量。

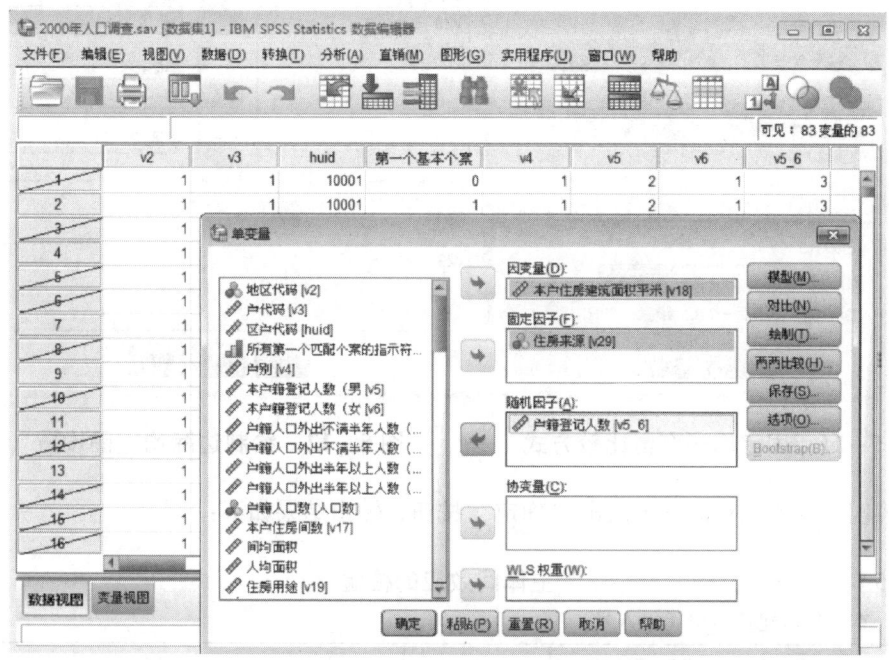

图5-10 单变量方差分析对话框

固定因子（或称固定因素，Fixed Factor）是说各因素水平在研究样本中都出现了，其分析结论无须外推。如比较3种药物的疗效是否存在差别，结论仅限于这3种药的情况，不想推广到其他药物，那么，药品即为固定因素，仅有3种水平（类型）。如本例的研究目的仅是比较7种不同的住房来源在建筑面积方面的差异，无须将研究结论外推，应采用固定因子形式。

随机因子（或称随机因素，Random Factor）是说研究设计中的这几组水平是随机选择的结果，还存在其他多种类型，我们的目的不仅是比较这几组的状况，更重要的是将研究结论推广到他们所能代表的总体中去。如本例中的户籍登记人数，我们仅获得了1人，2人，3人，…，8人及11人的情况，其他数据并未在样本中出现，但在实际中是可能的，所以我们需将研究结论推广到户籍登记人数所有可能的情况，应采用随机因子形式。

一般情况下，固定因子的方差分析模型有必要进行两两比较；随机因子的方差分析模型没有必要进行两两比较，因为研究的目的不是为了比较随机选中的这些组别，而是为了将研究结论外推。

2. 第二步，设置均值差异比较方式。点击"对比（N）"按钮，打开"单变量：对比"子对话框，设置住房来源 V29 的对比方式为"简单"，参考类别为"第一个"，并点击"更改"按钮完成设置（见图 5-11），点击"继续"按钮回到主对话框。

3. 第三步，绘制比较图形。点击"绘制（T）"按钮，打开"单变量：轮廓图"子对话框。把变量 v29 引入"水平轴（H）"文本框，点击"添加"按钮构建以"住房来源"为横轴变量的"住房建筑面积"边际均值图（见图 5-12）。"户籍登记人数"变量 v5_6 依此操作。最后，点击"继续"按钮回到主对话框。

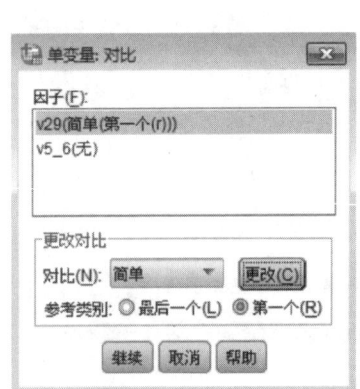
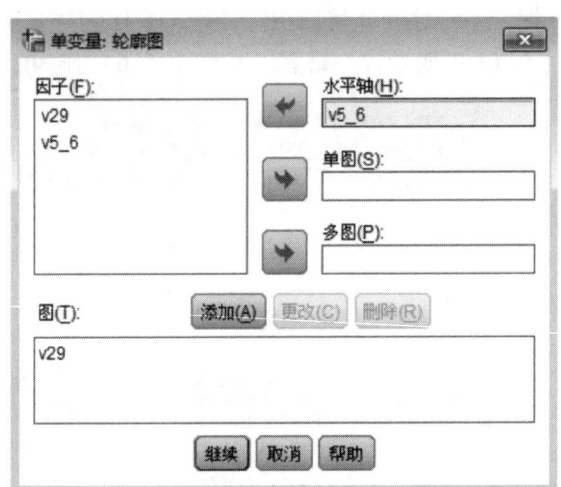

图 5-11　固定因子变量比较方式　　图 5-12　绘制边际均值图设置

4. 第四步，在主对话框中点击"确定"按钮，输出结果如下：

表 5-5　　　　　　　　　　　主体间效应的检验

因变量：本户住房建筑面积（平方米）

源		Ⅲ型平方和	df	均方	F	Sig.
截距	假设	501 826.620	1	501 826.620	343.418	0.000
	误差	79 380.564	54.323	1 461.270[a]		
v29	假设	162 271.010	6	27 045.168	22.230	0.000
	误差	571 364.907	469.640	1 216.601[b]		
v5_6	假设	36 247.773	8	4 530.972	2.855	0.006
	误差	190 306.776	119.900	1 587.211[c]		
v29 * v5_6	假设	113 881.486	35	3 253.757	3.275	0.000
	误差	3 938 831.860	3 965	993.400[d]		

注：a. .123 MS（v5_6）+ 0.014 MS（v29 * v5_6）+ 0.863 MS（错误）
　　b. .099 MS（v29 * v5_6）+ 0.901 MS（错误）
　　c. .263 MS（v29 * v5_6）+ 0.737 MS（错误）
　　d. MS（错误）

第五章　假设检验分析

表 5-6　期望均方[a,b]

源	方差成分			
	Var（v5_6）	Var（v29 * v5_6）	Var（误差）	二次项
截距	12.942	2.784	1.000	截距, v29
v29	0.000	5.938	1.000	v29
v5_6	104.892	15.797	1.000	
v29 * v5_6	0.000	60.130	1.000	
误差	0.000	0.000	1.000	

注：a. 对于每个源，期望的平方均值等于单元格中系数之和乘以方差成分，加上一个在二次项单元中包含效应的二次项。

b. 期望均方基于Ⅲ型平方和。

表 5-7　对比结果（K 矩阵）（部分）

住房来源 简单对比[a]		因变量
		本户住房建筑面积（平方米）
级别 2 和级别 1	对比估算值	-1.822
	假设值	0
	差分（估计 - 假设）	-1.822
	标准 误差	6.674
	Sig.	0.785
	差分的95% 置信区间　下限	-14.907
	上限	11.264
级别 4 和级别 1	对比估算值	-17.180
	假设值	0
	差分（估计 - 假设）	-17.180
	标准 误差	2.003
	Sig.	0.000
	差分的95% 置信区间　下限	-21.107
	上限	-13.254
级别 5 和级别 1	对比估算值	-37.967
	假设值	0
	差分（估计 - 假设）	-37.967
	标准 误差	2.156
	Sig.	0.000
	差分的95% 置信区间　下限	-42.193
	上限	-33.741

注：a. 参考类别 =1。

表 5-8　　　　　　　　　　　　检验结果

因变量：本户住房建筑面积（平方米）

源	平方和	df	均方	F	Sig.
对比	409 873.069	6	68 312.178	68.766	0.000
误差	3 938 831.860	3 965	993.400		

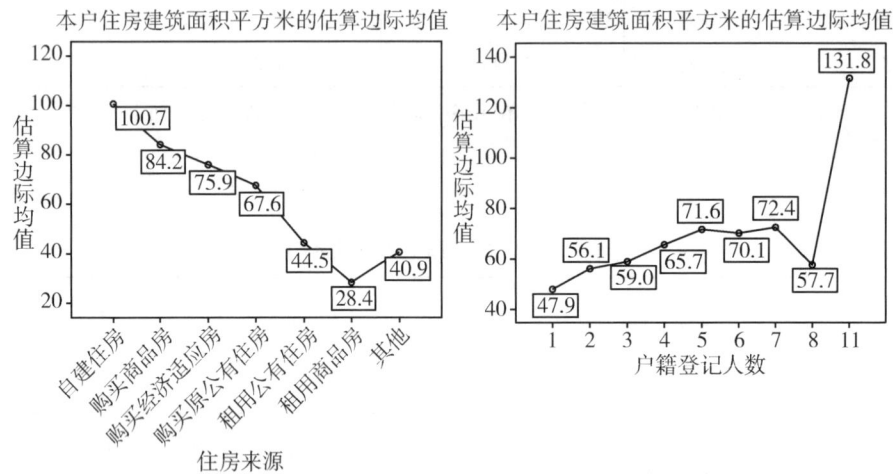

图 5-13　不同住房来源和户籍登记人数的
住房建筑面积边际均值

三、实验结果及分析

从表 5-5 可知，住房来源、户籍登记人数，以及两因素的交互作用都对住房建筑面积的差异存在显著影响。从图 5-13 表现出，在控制户籍登记人数的情况下，自建住房的建筑面积最大，平均能够达到 100.7 平方米；其次是购买商品房，平均住房建筑面积有 84.2 平方米；住房建筑面积最小的是租用商品房，仅有 28.4 平方米。类似的，在控制住房来源的情况下，除 11 人这一水平存在较大的估计边际均值之外，随着户籍登记人数的变动，住房建筑面积呈现倒 "U" 型变化。

如果控制 "户籍登记人数" 这一变量的影响，对不同住房来源情况下的建筑面积进行对比发现（见表 5-7），购买商品住房、购买经济适用房与自建住房间的建筑面积差异不显著，而购买原公有住房、租用公有住房、租用商品房和其他方式来源的建筑面积都小于自建住房面积，并且差异显著；尤其是租用商品房与自建住房的建筑面积差异最大。

四、应用实例

继续利用该数据库进行分析，对 "观测变量的两两比较" 选择 "SNK" 模式、"轮廓图" 按如下设置，考察结果有何变化，其结论是什么？

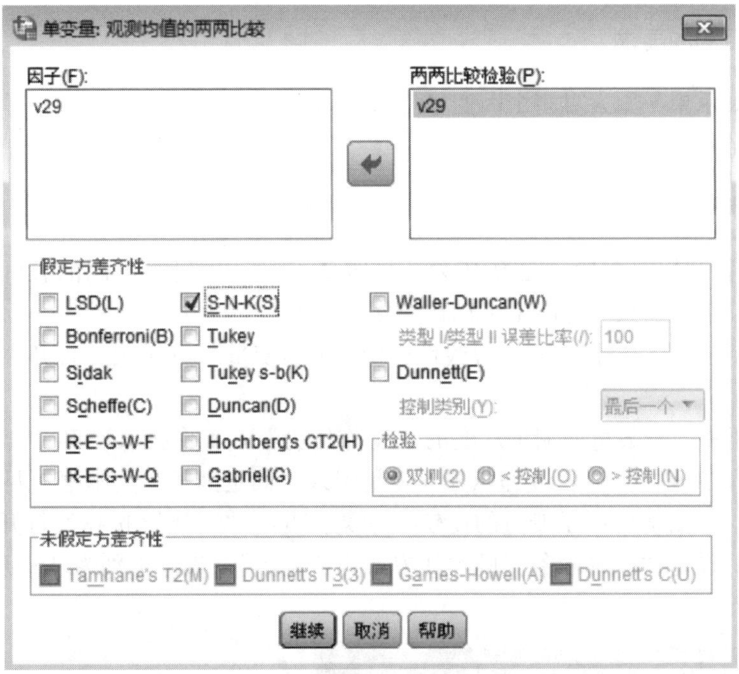

图 5–14　设置均值比较的 SNK 方式

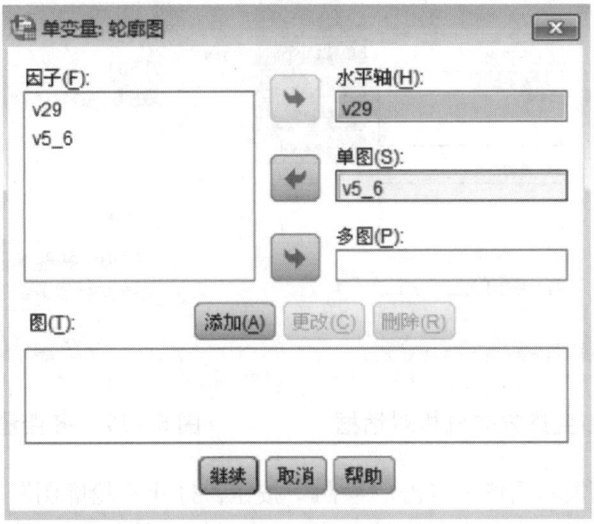

图 5–15　住房来源与户籍登记人数的交互作用图形设置窗口

实验三　多因变量方差分析

多因变量方差分析是对多个因变量同时进行的方差分析过程，同时，还可包括多个因素变量或协变量。利用此方法，可以检验因素变量对因变量均值的影响，因素变量既可以是单一因素的效应，也可以研究因素间交互效应的影响。

一、实验目的和要求

本实验将展示单一因素对多个因变量均值的影响,要求因变量数据呈多元正态分布,并检验假设的满足程度。

二、实验步骤

【案例5.3】利用数据库"工作压力—吴明隆.sav"① 研究不同的教师职务在工作压力、工作投入、工作满意等方面是否存在差异。

1. 第一步,选择"分析——一般线性模型——多变量"菜单项,打开"多变量"方差分析对话框。

在此对话框中,把数量型测量尺度的"工作压力""工作投入"和"工作满意"变量引入"因变量"文本框;把"教师职务"变量引入"固定因子"文本框(见图5-16)。

2. 第二步,设置固定因子变量的比较参考类。点击"对比"按钮,打开"多变量:对比"子对话框,设定"教师职务"的对比方式为"简单",参考类别为"最后一个"(见图5-17)。

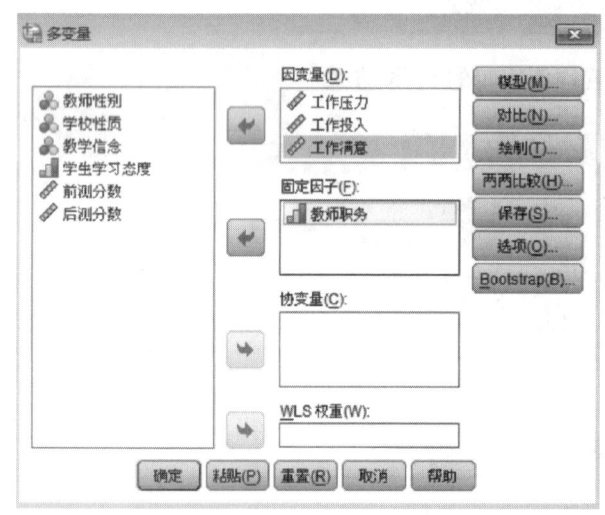

图5-16 多变量方差分析对话框

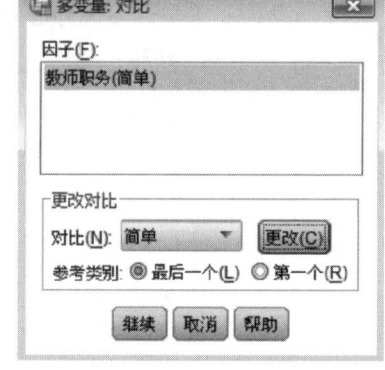

图5-17 多变量比较参考类设置

3. 第三步,绘制展示图形。点击"绘制"按钮,打开"轮廓图"子对话框,把"教师职务"因子移入"水平轴(H)"文本框,点击"添加"按钮之后再点击"继续"完成绘图的要素设置(见图5-18)。

4. 第四步,设置因子不同水平的多重比较检验。点击"两两比较"按钮,打开"多变量:均值的两两比较"对话框。设定比较检验的因素为"教师职务",并选择"假定方差齐性"或"未假定方差齐性"的检验方式(见图5-19)。最后,点击"继续"回到主对话框。

---

① 吴明隆. 问卷统计分析实务:SPSS 操作与应用 [M]. 重庆:重庆大学出版社,2010.

图 5-18 均值比较轮廓

图 5-19 两两比较方式的选择

5. 第五步，描述统计及方差齐性检验。点击"选项"按钮，打开"多变量：选项"子对话框。默认状态是"Overall"（全面），表明既包括主效应因素的比较，也包括交互因素的比较。在此例中仅有一个"教师职务"因素，采用默认设置即可。

在"输出"结果中，选择"描述统计"和"方差齐性检验"（见图 5-20）。最后，点击"继续"按钮回到主对话框。

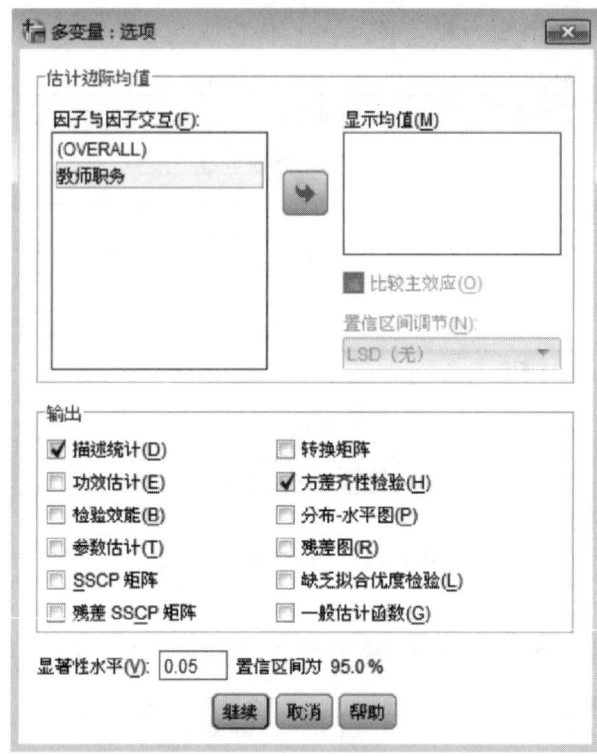

图 5－20　描述统计及假设检验过程

6. 第六步，在主对话框中点击"确定"按钮，输出的主要结果如下所示，在此仅显示部分输出结果：

表 5－9　　　　　　　　　　描述性统计量

项目	教师职务	均值	标准偏差	N
工作压力	主任	19.60	1.430	10
	组长	26.55	3.110	11
	教师	24.44	0.726	9
	总计	23.60	3.626	30
工作投入	主任	23.20	2.741	10
	组长	21.09	4.847	11
	教师	22.67	4.000	9
	总计	22.27	3.965	30
工作满意	主任	28.90	2.726	10
	组长	16.64	3.906	11
	教师	23.00	7.906	9
	总计	22.63	7.213	30

表 5-10　　　　　　　　　　　　多变量检验[c]

效应		值	F	假设 df	误差 df	Sig.
截距	Pillai 的跟踪	0.993	1 194.522[a]	3.000	25.000	0.000
	Wilks 的 Lambda	0.007	1 194.522[a]	3.000	25.000	0.000
	Hotelling 的跟踪	143.343	1 194.522[a]	3.000	25.000	0.000
	Roy 的最大根	143.343	1 194.522[a]	3.000	25.000	0.000
教师职务	Pillai 的跟踪	0.915	7.306	6.000	52.000	0.000
	Wilks 的 Lambda	0.117	16.033[a]	6.000	50.000	0.000
	Hotelling 的跟踪	7.278	29.113	6.000	48.000	0.000
	Roy 的最大根	7.241	62.754[b]	3.000	26.000	0.000

注：a. 精确统计量。
　　b. 该统计量是 F 的上限，它产生了一个关于显著性级别的下限。
　　c. 设计：截距 + 教师职务。

表 5-11　　　　　　　　　　误差方差等同性的 Levene 检验[a]

项　目	F	df1	df2	Sig.
工作压力	3.903	2	27	0.032
工作投入	1.314	2	27	0.285
工作满意	8.863	2	27	0.001

注：检验零假设，即在所有组中因变量的误差方差均相等。
a. 设计：截距 + 教师职务。

表 5-12　　　　　　　　　　　　主体间效应的检验

源	因变量	Ⅲ型平方和	df	均方	F	Sig.
校正模型	工作压力	261.851[a]	2	130.925	29.619	0.000
	工作投入	25.358[b]	2	12.679	0.795	0.462
	工作满意	789.521[c]	2	394.761	14.815	0.000
截距	工作压力	16 498.677	1	16 498.677	3 732.435	0.000
	工作投入	14 844.427	1	14 844.427	930.990	0.000
	工作满意	15 552.712	1	15 552.712	583.676	0.000
教师职务	工作压力	261.851	2	130.925	29.619	0.000
	工作投入	25.358	2	12.679	0.795	0.462
	工作满意	789.521	2	394.761	14.815	0.000

续表

源	因变量	III型平方和	df	均方	F	Sig.
误差	工作压力	119.349	27	4.420		
	工作投入	430.509	27	15.945		
	工作满意	719.445	27	26.646		
总计	工作压力	17 090.000	30			
	工作投入	15 330.000	30			
	工作满意	16 877.000	30			
校正的总计	工作压力	381.200	29			
	工作投入	455.867	29			
	工作满意	1 508.967	29			

注：a. R方 = 0.687（调整 R 方 = 0.664）。
b. R方 = 0.056（调整 R 方 = -0.014）。
c. R方 = 0.523（调整 R 方 = 0.488）。

表 5 – 13　　　　　　　　　　　对比结果（K 矩阵）

教师职务 简单对比[a]		因变量		
		工作压力	工作投入	工作满意
级别 1 和级别 3	对比估算值	-4.844	0.533	5.900
	假设值	0	0	0
	差分（估计 - 假设）	-4.844	0.533	5.900
	标准 误差	0.966	1.835	2.372
	Sig.	0.000	0.774	0.019
	差分的95%置信区间　下限	-6.827	-3.231	1.034
	上限	-2.862	4.298	10.766
级别 2 和级别 3	对比估算值	2.101	-1.576	-6.364
	假设值	0	0	0
	差分（估计 - 假设）	2.101	-1.576	-6.364
	标准 误差	0.945	1.795	2.320
	Sig.	0.035	0.388	0.011
	差分的95% 置信区间　下限	0.162	-5.258	-11.124
	上限	4.040	2.107	-1.603

注：a. 参考类别 = 3。

表 5-14　　　　　　　　　　　　多变量检验结果

项　目	值	F	假设 df	误差 df	Sig.
Pillai 的跟踪	0.915	7.306	6.000	52.000	0.000
Wilks 的 lambda	0.117	16.033ª	6.000	50.000	0.000
Hotelling 的跟踪	7.278	29.113	6.000	48.000	0.000
Roy 的最大根	7.241	62.754ᵇ	3.000	26.000	0.000

注：a. 精确统计量。b. 该统计量是 F 的上限，它产生了一个关于显著性级别的下限。

表 5-15　　　　　　　　　　　　单变量检验结果

源	因变量	平方和	df	均方	F	Sig.
对比	工作压力	261.851	2	130.925	29.619	0.000
	工作投入	25.358	2	12.679	0.795	0.462
	工作满意	789.521	2	394.761	14.815	0.000
误差	工作压力	119.349	27	4.420		
	工作投入	430.509	27	15.945		
	工作满意	719.445	27	26.646		

表 5-16　　　　　　　　　　　　多个比较（部分）

因变量		(I) 教师职务	(J) 教师职务	均值差值 (I-J)	标准误差	Sig.	95% 置信区间 下限	95% 置信区间 上限
工作压力	LSD	主任	组长	-6.95*	0.919	0.000	-8.83	-5.06
			教师	-4.84*	0.966	0.000	-6.83	-2.86
		组长	主任	6.95*	0.919	0.000	5.06	8.83
			教师	2.10*	0.945	0.035	0.16	4.04
		教师	主任	4.84*	0.966	0.000	2.86	6.83
			组长	-2.10*	0.945	0.035	-4.04	-0.16
	Tamhane	主任	组长	-6.95*	1.041	0.000	-9.76	-4.13
			教师	-4.84*	0.513	0.000	-6.24	-3.45
		组长	主任	6.95*	1.041	0.000	4.13	9.76
			教师	2.10	0.968	0.148	-0.61	4.81
		教师	主任	4.84*	0.513	0.000	3.45	6.24
			组长	-2.10	0.968	0.148	-4.81	0.61

注：基于观测到的均值。误差项为均值方（错误）= 26.646。

*均值差值在 0.05 级别上较显著。

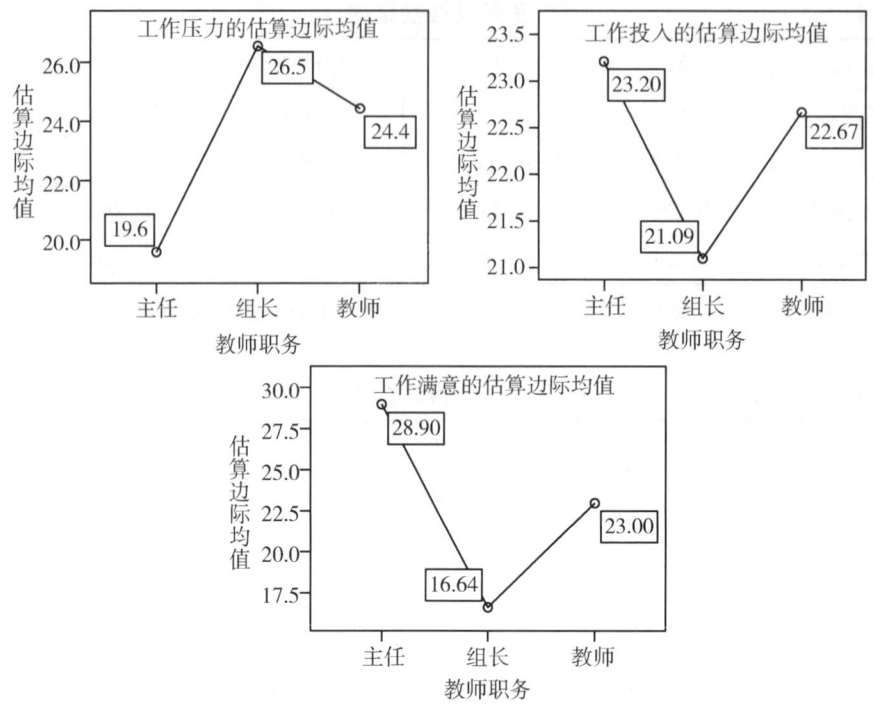

图 5-21 不同教师职务间的估计边际均值

三、实验结果及分析

整体来看，不同职务教师间的工作压力、工作投入和工作满意程度的样本均值及其标准差存在差异（见表 5-9），但从表 5-12 中校正模型部分所对应的 F 统计量及其伴随概率（或见表 5-16）来看，工作压力和工作满意程度在不同职务教师间的均值差异具有统计显著性，而工作投入的差异并不显著。在工作压力和工作满意程度上，教师职务分别能够解释该因变量变异的 66.4% 和 48.8%。

不同职务教师间的两两比较来看，主任和组长间无论在工作压力方面，还是在工作满意程度方面都具有较大的差距，其中主任的工作压力较组长低 6.95，工作满意程度较组长高 12.26。在工作投入方面，三者间的差异较少（见表 5-13、表 5-16）。通过表 5-11 中的各因变量对应的 F 统计量及伴随概率（Sig.）能够判断出，样本所代表的总体在这三方面各自的方差并不一致。所以，在表 5-16 中，我们更应该解读 Tamhane 方法计算的两两比较结果，从中发现：(1) 在工作压力方面，主任与组长、主任与教师间的均值差异具有统计显著性，而组长与教师间的差异不显著；(2) 在工作投入方面，三者间的相互差异都不显著；(3) 在工作满意程度方面，主任与组长间的差异具有统计显著性，而主任与教师、组长与教师间的差异并不显著。

表 5-13 是以第三类别（教师）为参考类的不同职务教师间的简单对比，与表 5-16 中的 LSD 方法的比较结果一致，但在表 5-16 中给出的比较结果及区间估计更丰富。

利用图形可以展示不同职务教师间在工作压力、工作投入和工作满意程度方面的均值差异情况，这是一种很好的展示方式（见图 5-21）。

四、应用实例

(1) 在本例中,如果我们在设置对比方式时,选择"偏差",将出现何种结果?

图 5-22 对比方式对话框

(2) 如果考虑两个自变量的作用,将获得怎样的结果?

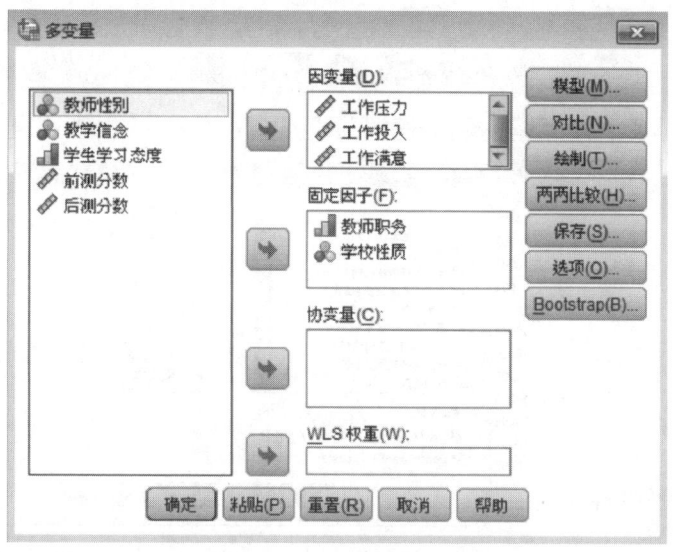

图 5-23 多变量对话框

(3) 在利用图示方式展现三者之间在工作压力、工作投入和工作满意程度方面的差异时,由于各因变量数值大小的差异,分别展示使得相互之间的对比不明显,应如何修订纵轴使三方面的比较更形象。

实验四 非参数检验

非参数检验是在总体分布形式不明的情况下,检验数据是否来自同一总体的假设检验问题,主要包括单样本的非参数检验、独立样本的非参数检验、配对样本的非参数检验等方法。我们仅以案例的形式介绍多独立样本的非参数检验方法的操作过程。

一、实验目的和要求

在本章实验一中,发现各类"住房来源"下的住房建筑面积的方差存在显著差异,所以不同类型间的两两比较的差异可能存在误差。现对该问题采用非参数检验方法,判断不同"住房来源"的建筑面积是否存在显著差异。

二、实验步骤

【案例5.4】利用数据库"2000年人口调查.sav"中的住房建筑面积(V18)和住房来源(V29)信息,研究不同的住房来源间在建筑面积上是否存在差异。

首先,标识重复个案,并筛选非重复个案进行非参数检验,操作如实验一中的图5-1所示。在此基础上,我们进行住房建筑面积的非参数检验(见图5-24)。

1. 第一步,依次选择"分析(A)—非参数检验(N)—旧对话框(L)—K个独立样本(K)"菜单,打开"多个独立样本检验"对话框。

图5-24 多独立样本的非参数检验对话框

2. 第二步,将"本户住房建筑面积平方米"(V18)引入"检验变量列表"文本框中。再将"住房来源"(V29)变量引入"分组变量"文本框,并点击"定义范围"按钮打开"定义范围"子对话框,设置分组变量的范围,最小值为1,表明是"自建住房",最大值为7,表明是"其他来源"(见图5-25)。设置完成后点击"继续"按钮回到主对话框。

3. 第三步,在检验类型中,选择"Kruskal-Wallis""中位数"和"Jonckheere-Terpstra"三种检验类型。

4. 第四步,设置描述统计量(见图5-26)。

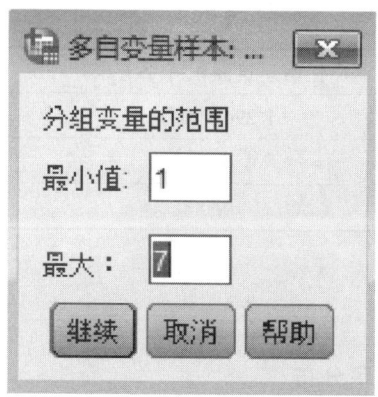
图 5－25　定义分组变量范围

图 5－26　设置描述统计选项

5. 第五步，其他设置采用默认形式，点击"确定"按钮输出结果如下：

表 5－17　　　　　　　　　　描述性统计量

项　　目	N	均值	标准差	极小值	极大值	百分位		
						第25个	第50个（中值）	第75个
本户住房建筑面积（平方米）	4 092	62.71	38.195	5	340	37.00	60.00	79.00
住房来源	4 015	3.41	1.851	1	7	1.00	4.00	5.00

表 5－18　　　　　　　　　　秩

项　　目	住房来源	N	秩均值
本户住房建筑面积（平方米）	自建住房	1 279	2 592.23
	购买商品房	144	2 918.64
	购买经济适用房	73	2 611.99
	购买原公有住房	1 152	2 221.63
	租用公有住房	1 011	1 305.56
	租用商品房	246	585.02
	其他	110	1 023.09
	总数	4 015	

表 5-19　　　　　　　　　　　　检验统计量[a,b]

项　目	本户住房建筑面积（平方米）
卡方	1 294.631
df	6
渐近显著性	0.000

注：a. Kruskal Wallis 检验。
　　b. 分组变量：住房来源。

表 5-20　　　　　　　　　　　相较于中位数的频率分布

项　目		住房来源						
		自建住房	购买商品房	购买经济适用房	购买原公有住房	租用公有住房	租用商品房	其他
本户住房建筑面积（平方米）	>中值	827	124	53	616	231	19	20
	≤中值	452	20	20	536	780	227	90

表 5-21　　　　　　　　　　　　检验统计量[b]

项　目	本户住房建筑面积（平方米）
N	4015
中值	60.00
卡方	712.758[a]
df	6
渐近显著性	0.000

注：a. 0 个单元（0.0%）具有小于 5 的期望频率。单元最小期望频率为 34.4。
　　b. 分组变量：住房来源。

表 5-22　　　　　　　　　　　Jonckheere-Terpstra 检验[a]

项　目	本户住房建筑面积（平方米）
住房来源 中的水平数	7
N	4 015
J-T 观察统计量	1 527 906.500
J-T 统计量均值	3 009 119.500
J-T 统计量的标准差	40 839.003
标准 J-T 统计量	-36.270
渐近显著性（双侧）	0.000

注：a. 分组变量：住房来源。

三、实验结果及分析

非参数检验是借助于秩指标以中位数为假设检验的目标，判断多个样本间是否具有相同的分布问题，从表5-17中可见"住房建筑面积"的中位数为60平方米，均值为62.71平方米，标准差为38.195平方米。从表5-19的Kruskal-Wallis统计检验结果中发现，"住房建筑面积"在不同住房来源上的分布存在显著差异，如有64.66%（827/(827+452)）的"自建住房"的建筑面积大于中位数，而"租住商品房"的建筑面积仅有7.72%（19/(19+227)）大于中位数（见表5-20）。表5-21的中位数检验法和表5-22的Jonckheere-Terpstra检验法中的"渐进显著性"都小于给定的0.05的显著性水平，表明不同住房来源间的建筑面积的分布存在显著差异。

四、应用实例

利用本例数据，考察城乡之间的"住房建筑面积"是否存在差异。

第六章 回归分析

回归分析是一种用于研究某一因变量（或称被解释变量）受其他自变量（或称解释变量）影响作用大小的数量分析方法。在这种分析方法的使用过程中，两类变量间需存在明确的因果关系。回归分析的一般步骤为：

1. 确定回归方法所研究对象的解释变量（自变量）和被解释变量（因变量）。只有明确这两类变量之后，才能根据模型形式及数据建立因变量关于自变量的回归方程。

2. 确定回归模型的形式。根据相关理论和数据间相互关系确定回归模型的数学形式，一般有线性形式和非线性形式两种，可根据自变量与因变量间的散点图判断模型的数学形式；根据自变量的多少又可分为一元回归分析和多重回归分析。

3. 建立回归方程。在一定的假设条件下，利用相关数据对回归模型的参数进行估计，常用的估计方法有最小二乘法和极大似然估计法。

4. 对回归方程进行检验。这是回归分析的重要环节，在回归分析过程中会占用较多时间和精力，根据模型检验结果对回归方程进行修订，可据此检验模型的形式是否合适；由样本数据得到的回归方程是否真实反映事物总体间的统计方法。常用的检验有拟合优度检验（R^2）、方程显著性检验（F统计量）、回归系数显著性检验（t统计量）、残差分析和多重共线性问题等。

5. 利用回归方程进行预测。这涉及对最终简洁、有效回归方程的应用问题，用于预测事物未来发展变化趋势。

实验一 线性回归分析

线性回归包括一元线性回归和多重线性回归，前者只包括一个自变量，后者涉及多个自变量。本实验以多重线性回归为例进行说明。

一、实验目的和要求

1. 掌握多重线性回归分析的功能和意义。
2. 理解多重线性回归分析的各种统计检验问题。

二、实验步骤

【案例6.1】利用："NLS80 工资影响因素（伍德里奇）.sav"数据进行回归分析，研究影响工资水平的因素。此数据库包含因变量 *lwage*（对原始工资求自然对数形式）、自变量 *educ*（教育年限）、*exper*（工作年限）、*age*（年龄）等。

1. 第一步：绘制变量间散点图。利用"图形构建程序"绘制这四个变量的散点图矩阵（见图6-1），考察变量间的相互关系。

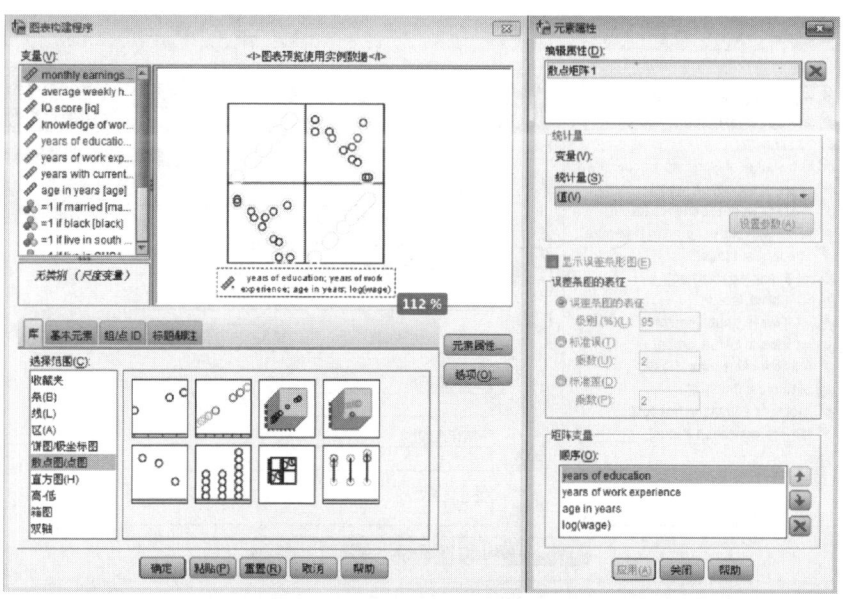

图6-1　散点图构建程序

从散点图矩阵中可见因变量与各自变量间基本呈现线性关系（见图6-2框中部分），所以可设置回归模型为线性形式。

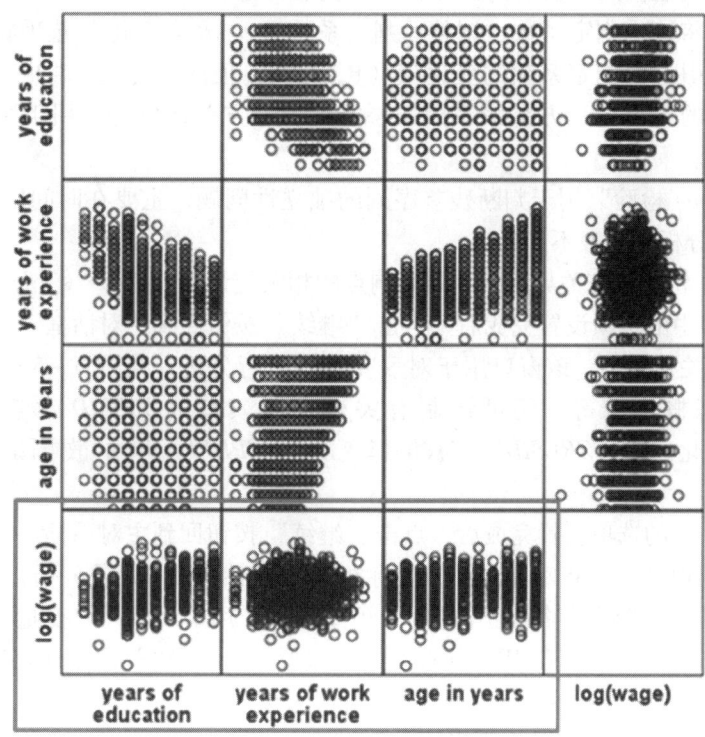

图6-2　散点图矩阵

2. 第二步，依次选择"分析—回归—线性"菜单项，打开"线性回归"对话框。将"lwage"引入因变量文本框，将"educ""exper""age"引入自变量文本框（见图6-3）。

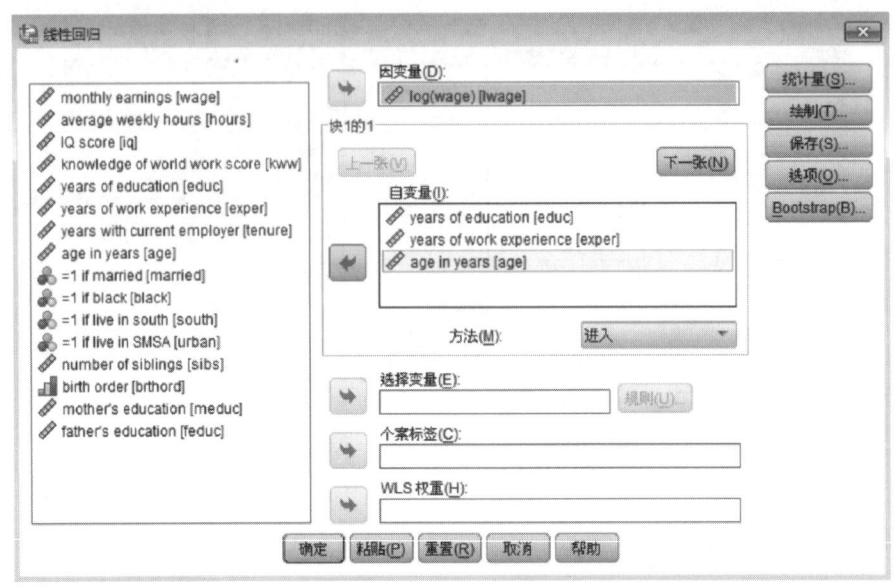

图6-3 线性回归对话框

3. 第三步：设置模型检验项目。

（1）统计量按钮。用于设定回归分析的相应统计量输出结果（见图6-4），如："模型拟合度"选项将输出判定系数、调整后判定系数等；"R方变化"选项将输出每个解释变量引入方程后引起的判定系数的变化量（R_{ch}^2）和F值的变化量；"共线性诊断"将输出各个解释变量的容忍度、方差膨胀因子、特征值、方差比例等，用于判断自变量间的多重共线性问题。

"Durbin-Watson检验"用于判断残差序列的独立性问题，主要在时间序列分析中使用，在截面数据回归分析中一般不作要求。

"个案诊断"将输出有关异常值和强影响点的相关统计量。

按照图6-4中的选项设置完成后，点击"继续"按钮回到主对话框。

（2）绘制有关残差图。该窗口用于对残差序列进行分析（见图6-5），常见的有残差的直方图、正态概率图等。还可绘制有关标准化残差（ZRESID）与标准化预测值（ZPRED）、标准化残差（ZRESID）与被解释变量（DEPENDNT）的散点图用于展示残差的变动情况。

按照图6-5中的选项设置完成后，点击"继续"按钮回到主对话框。

（3）在数据库中以SPSS变量的形式保存相应的输出结果（见图6-6）。

"预测值"用于选择保存各类预测值；"预测区间"用于保存（自变量）均值或单值预测值的95%置信区间；"残差"用于保存各类残差形式；"距离"用于保存反映数据强影响点的统计量。一般来说，"杠杆值"大于2就可认为该观测值为强影响点。或者，"Cook距离"大于1，就可认为该观测值为强影响点。

图6-4 统计量子对话框

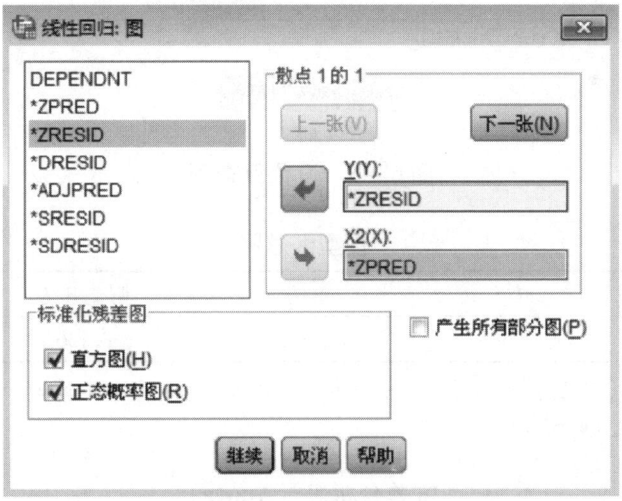

图6-5 残差图设置子对话框

"影响统计量"用于保存剔除第i个样本数据后各统计量的变化量。如回归系数的变化量($DfBeta$(B))、标准化回归系数的变化量($DfBeta$(Z))、预测值的变化量($DfFit$(F))、标准化预测值的变化量($DfFit$(T))等。

按照图6-6中的选项设置完成后,点击"继续"按钮回到主对话框。

4. 第四步:在主对话框中点击"确定"按钮输出各类结果,在此只显示部分结果(见表6-1至表6-6及图6-7)。

图 6-6 设置保存项

表 6-1　　　　　　　　　　　　　　　模型汇总[b]

模型	R	R 方	调整 R 方	标准估计的误差
1	0.373[a]	0.139	0.136	0.39139

注：a. 预测变量：（常量），age in years，years of education，years of work experience。
　　b. 因变量：log（wage）。

表 6-2　　　　　　　　　　　　　　方差分析表（Anova）

模型		平方和	df	均方	F	Sig.
	回归	23.040	3	7.680	50.135	0.000[a]
1	残差	142.616	931	0.153		
	总计	165.656	934			

注：a. 预测变量：（常量），age in years，years of education，years of work experience。
　　b. 因变量：log（wage）。

表6-3 系数[a]

模型		非标准化系数		标准系数	t	Sig.	共线性统计量	
		B	标准误差				容差	VIF
1	(常量)	5.215	0.159		32.858	0.000		
	years of education	0.074	0.007	0.387	10.863	0.000	0.730	1.370
	years of work experience	0.016	0.004	0.161	3.922	0.000	0.548	1.826
	age in years	0.012	0.005	0.086	2.353	0.019	0.692	1.446

注：a. 因变量：log（wage）。

表6-4 共线性诊断[a]

模型	维数	特征值	条件索引	方差比例			
				（常量）	years of education	years of work experience	age in years
1	1	3.874	1.000	0.00	0.00	0.00	0.00
	2	0.112	5.873	0.00	0.04	0.42	0.00
	3	0.010	19.976	0.15	0.95	0.48	0.13
	4	0.004	32.620	0.84	0.01	0.10	0.87

注：a. 因变量：log（wage）。

表6-5 案例诊断[a]

案例数目	标准残差	log（wage）	预测值	残差
143	-3.599	5.45	6.8596	-1.40852
274	-4.695	4.74	6.5825	-1.83753
427	3.435	8.03	6.6877	1.34431
485	-3.071	5.30	6.5003	-1.20198
856	-3.158	5.58	6.8158	-1.23607
919	-3.326	5.56	6.8625	-1.30180

注：a. 因变量：log（wage）。

表6-6 残差统计量[a]

项目	极小值	极大值	均值	标准偏差	N
预测值	6.4072	7.2100	6.7790	0.15706	935
标准预测值	-2.368	2.744	0.000	1.000	935
预测值的标准误差	0.013	0.055	0.025	0.006	935
调整的预测值	6.4067	7.2096	6.7790	0.15714	935
残差	-1.83753	1.34431	0.00000	0.39076	935

续表

项　　目	极小值	极大值	均值	标准偏差	N
标准残差	-4.695	3.435	0.000	0.998	935
Student 化残差	-4.703	3.440	0.000	1.001	935
已删除的残差	-1.84405	1.34878	-0.00001	0.39242	935
Student 化已删除的残差	-4.758	3.461	0.000	1.002	935
Mahal 距离	0.047	17.451	2.997	2.205	935
Cook 的距离	0.000	0.020	0.001	0.002	935
居中杠杆值	0.000	0.019	0.003	0.002	935

注：a. 因变量：log（wage）。

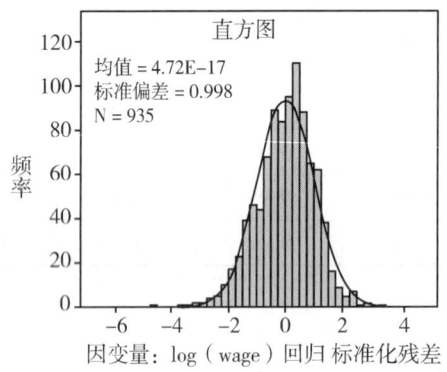
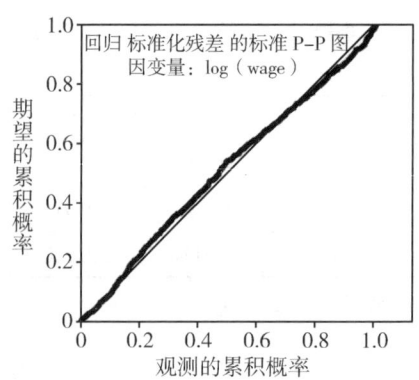

图 6-7　残差直方图和 P-P 图

三、实验结果及分析

从我们简单的分析过程和结果来看，薪酬确实受教育年限、工作年限和年龄的影响，并且方差分析表中的 F 统计量和伴随概率（Sig.）也说明模型对数据的整体拟合效果较好（见表6-2），但判定系数（或称拟合优度）并不高，R^2 仅有 0.136，表明各自变量仅解释了因变量变异的 13.6%（见表6-1）。

共线性统计量容差（或称容忍度）和 VIF 用于考察各自变量间是否存在线性相关程度，二者间呈倒数关系。容忍度的取值范围为 0~1，容忍度越接近 0 表示自变量间的多重共线性问题越强，此时 VIF 往往很大；当容忍度越接近 1，表示自变量间的多重共线性问题越弱，此时 VIF 往往越接近于 1。一般情况下，如果某自变量的 VIF 超过 10，说明该自变量与方程中的其他自变量间存在严重的多重共线性问题。本例中 VIF 接近 1，各自变量间不存在多重共线性（见表6-3）。

如果某自变量的 VIF 超过 10，这时还需分析共线性诊断表（见表6-4），找到存在相关关系的变量。该表展示利用特征值、条件索引（或称条件指数）、各特征值解释各自变量的方差比例（各列比值之和为1）等指标检验多重共线性问题。如果某维特征值对应的行中多个方差比例较大（通常可达到 70% 左右），同时，如果条件指数远大于 10，甚至超过 100

的话，那么说明这几个自变量间存在多重共线性问题。如果条件指数小于10（取值范围大于等于0），则说明多重共线性较弱。本例中，各自变量间不存在严重的多重共线性。

图6-7是对OLS方法的适用前提假设的判断，从残差直方图和累积概率的P-P图来看，本例采用OLS是满足前提假设的，所得到的回归参数是最优线性无偏估计。

残差诊断是对强影响点或杠杆值的判断，从表6-5中我们发现存在6个异常值，其案例标示为143、274、427等，我们找到这几个案例，仔细分析异常值是否存在错误、是否合理，根据分析结果对这些异常值采取相应措施，或者删除、或者以缺失值形式替换为相应均值。

如果残差分析、共线性检验以及OLS方法的前提假设都通过了检验，现在我们应该重点解读系数估计表（见表6-3），在本例中各自变量的回归系数显著不为0，因为各自变量相应的t统计量及其伴随概率小于给定的0.05的显著性水平。

如果都处理完成，模型拟合及其检验都是最优的，现在重点是对各自变量回归系数的经济学含义进行解释，但请注意，各自变量对因变量的作用大小是在控制其他自变量时所体现的单独作用效果，所以称为偏回归系数：（1）教育程度提高一年，将使薪酬水平平均增长7.4%；（2）工作经验提高一单位，将使薪酬水平平均增长1.6%；（3）年龄提高一岁，将使薪酬水平平均增长1.2%。

四、应用实例

上述解释年龄的作用时，是不是年龄越大，薪酬水平增长速度越高？这可能与现实有些差别，因为当劳动力超过一定年龄之后，并不容易找到工作，其工资水平往往是较低的。如果想检验是否存在这种情况，我们可以在模型中引入年龄的平方项，考察年龄对薪酬变化是否存在转折点。

本例中的 R^2 仅有0.136，我们还应引入哪些自变量使模型的拟合效果提高？请根据数据库中的变量自行实验，并进行残差分析、共线性分析等。

实验二 分类自变量的回归分析

在进行回归分析中，我们经常会遇到自变量为定类或者定序数据的情况，如性别，学历水平（初中及以下、高中、大专及以上）等。如果将这类自变量纳入回归模型进行分析的话，需对分类自变量进行重新编码，以某一类变量水平为参照类，设置虚拟变量形式，参照类取值为0，相对应的比较类为1。

如自变量"性别"，男性=1，女性=0，表明此自变量在引入模型的过程中将以女性为参照类进行分析，那么，回归分析之后"性别"回归系数即为两类别之间在因变量方面的差异。

如"学历水平"有3个水平，在重新编码为虚拟变量的过程中，能够生成3个虚拟变量，educ1、educ2、educ3（见表6-7）。但我们发现，只要在这三个虚拟变量中知道其中2个虚拟变量的取值，就能够推断出第三个虚拟变量的取值情况，即三个虚拟变量间存在共线性问题，所以在引入虚拟变量的过程中，只能引入"（原）变量水平数减1"个虚拟变量。即以学历水平构建虚拟变量时，只能将educ2和educ3两个虚拟变量引入回归模型，这表明将以"educ1 = 1"（初中及以下）为参照类。

表6-7　　　　　　　　　　学历水平的虚拟变量转换过程

学历水平	虚拟变量		
	educ1	educ2	educ3
初中及以下	1	0	0
高中	0	1	0
大专及以上	0	0	1

一、实验目的和要求

1. 掌握分类自变量回归分析的功能和意义；
2. 能用分类自变量回归分析解决实际问题。

二、实验步骤

【案例6.2】利用"NLS80工资影响因素.sav"数据进行回归分析，研究不同种族（black）、婚姻状况（married）间的薪酬（wage）是否存在差别。

两个自变量皆为分类型虚拟变量，其含义见表6-8。

表6-8　　　　　　　　　　分类自变量含义对应

项　目	married	black
1	在婚	黑人
0（参照类）	否	否

1. 第一步：依次选择"分析—回归—线性"菜单项，弹出图6-8所示的对话框。

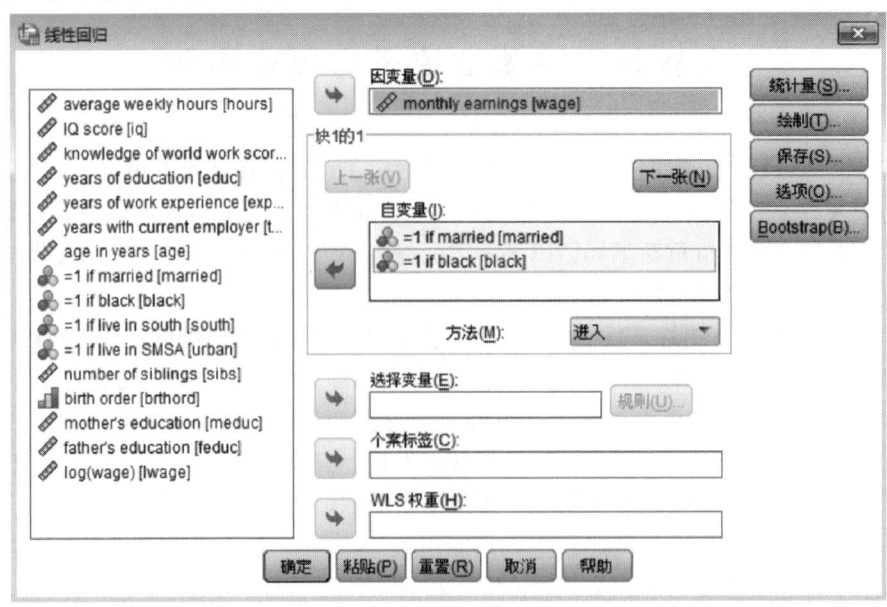

图6-8　线性回归对话框

2. 第二步：其他设置采取默认模式，在对话框中直接点击"确定"按钮输出分析结果。

表 6 – 9　　　　　　　　　　　　　　模型汇总

模型	R	R^2	调整 R^2	标准估计的误差
1	0.245[a]	0.060	0.058	392.417

注：a. 预测变量：（常量），=1 if black，=1 if married。

表 6 – 10　　　　　　　　　　　　　　Anova[b]

模型		平方和	df	均方	F	Sig.
1	回归	9 196 181.782	2	4 598 090.891	29.859	0.000[a]
	残差	1.435E8	932	153 991.402		
	总计	1.527E8	934			

注：a. 预测变量：（常量），=1 if black，=1 if married。
　　b. 因变量：monthly earnings。

表 6 – 11　　　　　　　　　　　　　　系数[a]

模型		非标准化系数		标准系数	t	Sig.
		B	标准误差			
1	（常量）	842.844	39.847		21.152	0.000
	=1 if married	164.338	41.585	0.126	3.952	0.000
	=1 if black	–246.690	38.424	–0.204	–6.420	0.000

注：a. 因变量：monthly earnings。

三、实验结果及分析

从表 6 – 10 的方差分析结果来看，F 统计量达到 29.86，伴随概率（Sig.）远小于 0.05，模型对数据的拟合效果较优。但由于是虚拟变量的回归分析，所以样本判定系数（R^2）并不高，仅有 0.06，这不是我们关注的重点。我们利用虚拟变量的回归分析主要是比较各类别之间在因变量方面的差异，类似于我们在第四章讲解的均值比较，或者在第五章讲解的方差分析中均值比较部分。

各类别间的差异通过回归分析的系数 B 表示，根据表 6 – 11 可以写出回归方程为：

$$\text{Wage} = 842.84 + 164.34 \times \text{married} - 246.69 \times \text{black}$$

从表 6 – 11 中各自变量对应的 t 统计量及其伴随概率（Sig.）来看，常量表示样本数据所代表的总体的平均水平，从分析结果可以看到，总体的平均薪酬水平显著不为 0；各虚拟变量间的差异具有统计显著性，我们可以通过几组数据来比较虚拟变量的作用。

若某调查对象"在婚"（married = 1），"非黑色人种"（black = 0），那么，该人薪酬的平均预期水平应为：

$$842.83 + 164.34 \times 1 - 246.69 \times 0 = 1007.18$$

若某调查对象"不在婚"(married = 0),"黑色人种"(black = 1),那么,该人薪酬的平均预期水平应为:

842.83 + 164.34 × 0 − 246.69 × 1 = 596.15

可见,"在婚"有助于薪酬水平的提升,但不同肤色间的薪酬水平存在显著差异。

如果我们利用"单变量的多因素方差分析",① 可以得到如下图 6 – 9 所示的各类别薪酬平均水平,能够更清晰地表示回归方程所体现的含义。

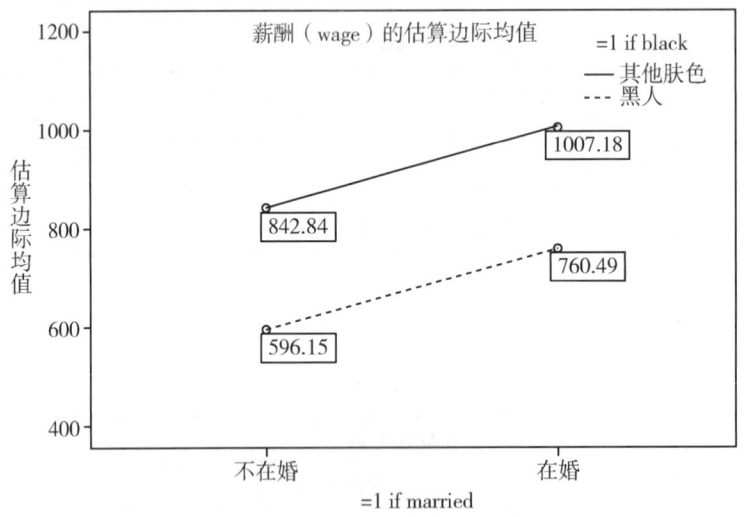

图 6 – 9 各类别间薪酬平均水平的比较

四、应用实例

结合实验一和实验二的操作过程,现以 lwage(原始工资的自然对数)为因变量、自变量包括 educ(教育年限)、exper(工作年限)、age(年龄)和虚拟自变量种族(black)、婚姻状况(married),进行线性回归并分析其统计结果。

实验三 分类因变量的回归分析

数据分析过程中,当因变量不再是数值型变量而是分类型变量时,直接采用线性回归的方法不再适用,通常采用 Logistic 回归分析。

分类因变量的回归分析主要介绍二分类 Logistic 回归这一常见的方法,其他如多分类 Logistic 回归和顺序 Logistic 回归的理论基本一致,方法相似,不再详细介绍,可参照相关教材。

Logistic 回归分析的理论根源可追溯到列联分析(交叉表分析),在列联分析中我们也可以得到比数(Odds)和比数比(Odds Ratio)等指标,分别表示不同类别之间在结果发生方

---

① 详见第五章相关实验内容。

面存在的差异。

在回归分析中,被解释变量是二分类型变量时,事件①发生的概率 P 的取值范围为 $[0, 1]$,则事件的发生比(Odds)为:

$$\text{Odds} = \frac{P}{1-P} \tag{6-1}$$

发生比表示事件发生概率与不发生概率之比,其取值范围为 $[0, +\infty]$。

若对 Odds 取自然对数,即 $\text{Logit}(P) = \ln\left(\frac{P}{1-P}\right)$,此称为 Logit 转换,转换之后的数值就可与自变量 x 建立一般线性回归模型,即

$$\text{Logit}(P) = \ln\left(\frac{P}{1-P}\right) = \beta_0 + \sum_{i=1}^{k} \beta_1 \times x_i \tag{6-2}$$

一、实验目的和要求

1. 理解比数与比数比以及与 Logistic 回归方程系数的含义。
2. 掌握二分类 Logistic 回归过程中的各种检验方法及其统计含义。
3. 能够利用 Logistic 回归方程对事件发生情况进行预测。

二、实验步骤

【案例 6.3】利用 *Telephone* 流失 . *sav* 数据库。研究不同性别(分类变量)、年龄(连续型变量)、开通月数(连续型变量)、无线服务(分类变量转化为虚拟变量)、套餐类型(分类变量)等因素对电信客户流失("1"表示流失)的影响作用,找到引发流失的关键因素。

1. 第一步,依次点击"分析—回归—二元 Logistic"菜单项,打开"Logistic 回归"对话框。将表征客户通话状况的变量"流失"引入"因变量"文本框,将性别、年龄、开通月数、无线服务、套餐类型引入协变量文本框(见图 6-10)。

在分析过程中,各变量的测量尺度和数据类型应合理,如"性别"变量作为分类变量引入回归分析也可以,但不应将分类测量尺度的变量错误处理为数值型连续变量,这将产生错误结果。

2. 第二步,设置参照类别。点击"分类"按钮,打开"定义分类变量"子对话框,在此窗口中,左侧文本框显示所有引入回归分析中的变量,包括连续型数值变量、分类变量和顺序变量。我们应将分类变量和顺序变量引入右侧的"分类协变量"文本框。进入"分类协变量"文本框中的各变量须指定对比参考类别,默认的是编码过程中的最后一个类别,我们也可通过点击"某分类变量",设定参考类别为"第一个",再点击"更改"按钮完成参考类别的指定(见图 6-11)。

本例中,"性别"变量采用默认的"最后一个"(女性)为参照类,"无线服务"更改

---

① 事件可以是我们关注的购买某商品、治疗方案有效果、电信客户流失等。如果这类事件发生了,其概率一般用 P 表示,而 1 - P 表示事件未发生的概率。

为以第一个类别（无）为参照类，"套餐类型"以第一个类别（Basic service）为参照类。设置完成后点击"继续"按钮回到主对话框。

3. 第三步，设置保存变量。点击"保存"按钮，打开"保存"子对话框，可以将预测值、残差和强影响点的检测统计量以变量的形式保存在数据文件中。本例设置"保存"的项目如图6-12所示。

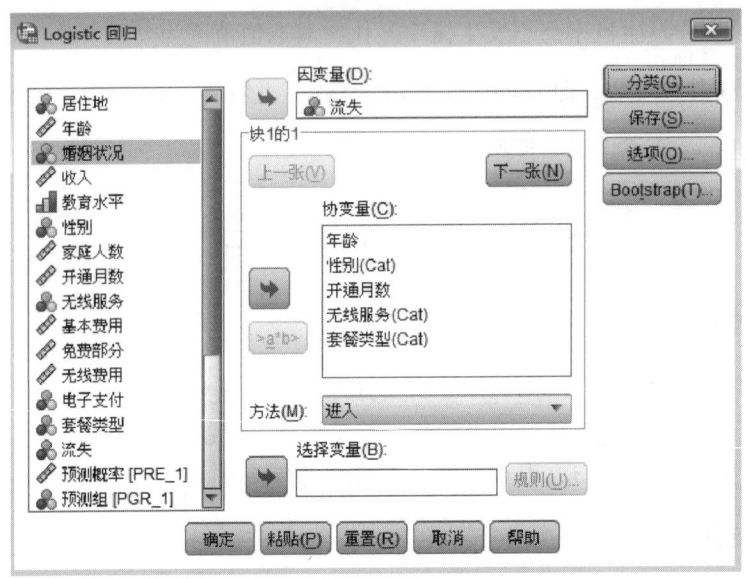

图6-10 Logistic回归对话框

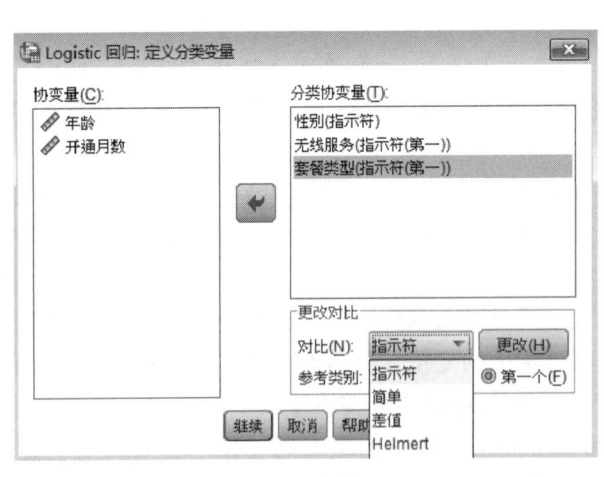

图6-11 定义分类变量的参照类别

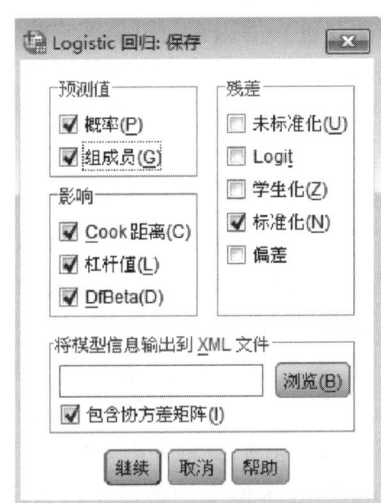

图6-12 设置保存项目

4. 第四步，选项设置。点击"选项"按钮打开相应子对话框，设置有关被解释变量的预测类别统计图和拟合优度指标等。其中Hosmer-Lemeshow拟合度用于判断回归方程进行预测的准确程度，如果Hosmer-Lemeshow统计量越小，说明样本实际值与预测值的总体差异越小，回归方程拟合效果越好，反之则拟合效果越差。

图 6-13 设置输出选项

5. 第五步，在主对话框中点击"确定"按钮输出分析结果（部分表格）及在数据库中生成相应变量。

表 6-12　　　　　　　　　　　分类变量编码

项　目		频率	参数编码		
			（1）	（2）	（3）
套餐类型	Basic service	266	0.000	0.000	0.000
	E-service	217	1.000	0.000	0.000
	Plus service	281	0.000	1.000	0.000
	Total service	236	0.000	0.000	1.000
无线服务	No	704	0.000		
	Yes	296	1.000		
性别	Male	483	1.000		
	Female	517	0.000		

表 6-13　　　　　　　　　　　块 0：起始块分类[a,b]

			已预测		
已观测			流失		百分比校正
			No	Yes	
步骤 0	流失	No	726	0	100.0
		Yes	274	0	0.0
	总计百分比				72.6

注：a. 模型中包括常量。

　　b. 切割值为 0.500。

表6-14　　　　　　　　　　　　　模型汇总

步骤	-2 对数似然值	Cox & Snell R 方	Nagelkerke R 方
1	971.515[a]	0.184	0.266

注：a. 因为参数估计的更改范围小于0.001，所以估计在迭代次数5处终止。

表6-15　　　　　　　　　Hosmer 和 Lemeshow 检验

步骤	卡方	df	Sig.
1	4.442	8	0.815

表6-16　　　　　　　　　　　　　　分类[a]

已观测		已预测		
		流失		百分比校正
		No	Yes	
步骤0	流失 No	664	62	91.5
	流失 Yes	162	112	40.9
	总计百分比			77.6

注：a. 切割值为0.500。

表6-17　　　　　　　　　　　　　方程中的变量

	项目	B	S.E	Wals	df	Sig.	Exp（B）
步骤1[a]	年龄	-0.018	0.008	5.952	1	0.015	0.982
	性别（1）	-0.035	0.158	0.049	1	0.824	0.965
	开通月数	-0.046	0.005	86.633	1	0.000	0.955
	无线服务（1）	0.715	0.241	8.830	1	0.003	2.043
	套餐类型			18.983	3	0.000	
	套餐类型（1）	0.613	0.236	6.776	1	0.009	1.846
	套餐类型（2）	-0.460	0.237	3.769	1	0.052	0.631
	套餐类型（3）	0.200	0.290	0.474	1	0.491	1.221
	常量	0.871	0.302	8.320	1	0.004	2.390

注：a. 在步骤1中输入的变量：年龄，性别，开通月数，无线服务，套餐类型。

三、实验结果及分析

从表6-12中，我们会看到多分类自变量的重新编码过程，其中"套餐类型"原变量存在4个类别，将重新编码为3个虚拟变量引入回归方程，以第一个类别"Basic service"为参照类；"无线服务"将以第一个类别"No"为参照类；"性别"将以默认的最后一个类别"Female"为参照类，直接作为虚拟变量引入回归方程。——分类变量转换为虚拟变量的过程不同于线性回归，在Logistic回归中可通过设置分类变量的"参照类"由程序自动同步完成。

比较表 6-13 和表 6-16 发现，在仅有常数项的回归预测结果中仅有 72.6% 的准确率，当引入各自变量之后预测准确率提高到 77.6%，尤其是预测客户流失的准确率已由 0 提高到 40.9%。并且从表 6-15 中 Hosmer-Lemeshow 检验的卡方统计量及其伴随概率（Sig.）大于给定的显著性水平 0.05 来看，不应拒绝原假设，即认为由样本实际值得到的分布与预测值得到的分布无显著差异，模型拟合效果较好。但是表 6-14 中的"-2 对数似然值"较高，表明模型可能存在有待改善的地方，我们可以在模型中继续引入相关自变量，考察"-2 对数似然值"的变化量是否达到统计显著性，以判断新引入自变量的必要性，以及预测准确率是否有所提高。

根据初步输出结果对模型进行改善，使预测准确率提高的话，最后的重点是对模型回归系数的解读（见表 6-17），为了更清晰的表达回归系数的含义，我们可将表 6-17 整理为表 6-18 形式。（1）年龄对电信客户流失起显著的负向作用，即年龄越高流失的可比性越低。在其他变量保持不变时，年龄提高 1 岁，客户流失的比数将降低 1.8%。（2）开通月数增长，客户流失率降低。在其他变量保持不变时，如开通月数增加一单位，流失的比数降低 4.5%。（3）性别对客户流失有影响，主要是男性的流失比数低于女性，说明女性更容易发生流失，但两者间的差异并不显著。（4）有无线服务的客户流失的可能性更大，其流失的比数较未开通无线服务的高 1.04 倍。（5）套餐类型间的流失率是存在显著差异的。其中 E-service 套餐流失的比数是 Basic service 流失比数的 1.85 倍；拥有 Total service 全套餐的客户流失的比数是 Basic service 流失比数的 1.22 倍；而 Plus service 套餐与 Basic service 套餐间的流失率差异不显著。

表 6-18　　　　　　　　　　　　　　方程中的变量

项目	B	S.E	Wals	df	Sig.	Exp（B）
年龄	-0.018	0.008	5.952	1	0.015	0.982
性别（女=0）	-0.035	0.158	0.049	1	0.824	0.965
开通月数	-0.046	0.005	86.633	1	0.000	0.955
无线服务（No=0）	0.715	0.241	8.830	1	0.003	2.043
套餐类型（Basic service=0）			18.983	3	0.000	
E-service	0.613	0.236	6.776	1	0.009	1.846
Plus service	-0.460	0.237	3.769	1	0.052	0.631
Total service	0.200	0.290	0.474	1	0.491	1.221
常量	0.871	0.302	8.320	1	0.004	2.390

注：模型中输入的自变量年龄，性别，开通月数，无线服务，套餐类型。

四、应用实例

从表 6-16 的分类预测过程中，我们发现回归模型的预测准确率仅有 77.6%，存在较大的错误率。并且自变量回归模型的"-2 对数似然值"仍较高。问该如何对模型进行改进，是否可以再引入其他自变量，如通话费用信息等，对电信客户流失情况进行全面分析。

第七章 聚类与判别分析

"物以类聚,人以群分",聚类分析(cluster analysis)就是基于数据自身信息,将研究对象分成若干个相对同质的类型或群组(cluster),使得类别内部的相似度尽可能的大,类别间的差异性尽可能的明显。从统计学的观点看,聚类分析是通过数据建模简化数据的一种方法,一般在市场细分、区域划分等方面具有重要作用。常用的方法主要有二阶段聚类、K中心聚类和层次聚类。

判别分析(discriminant analysis)根据已掌握的每个类别的若干样本的属性信息,总结出客观事物分类的规律性,建立判别公式和判别准则。然后,当遇到新的样本点时,只要根据总结出来的判别公式和判别准则,就能判别该样本点所属的类别。此方法能够解决两组或者更多组的对比归类情况,常用的判别分析方法有距离判别法、Fisher 判别法、Bayes 判别法和逐步判别法。

实验一 二阶聚类分析

二阶聚类分析主要用于一般的数据挖掘和多元统计的交叉领域,可进行模式分类,其算法适用于任何尺度。

一、实验目的和要求

1. 掌握二阶聚类分析的功能和意义。
2. 能用二阶聚类分析实际问题。

二、实验步骤

【案例7.1】案例数据 7.1 是美国 22 个公共团体的数据。其中"1"表示使用核能源,"0"表示没有使用核能源,试以"是否使用核能源"为分类变量对这些团体进行二阶聚类分析,观测这两类企业所属类别的情况。

1. 第一步:打开数据7.1,选择"分析—分类—两步聚类"命令,弹出如图 7-1 所示的对话框。
2. 第二步:选择进行聚类分析的变量。选择"是否使用核能源"使之进入"分类变量"列表框,同时选择除"公司编号"外的其余4个变量使之进入"连续变量"列表框。
3. 第三步:设置输出结果。单击对话框右侧的"输出"按钮,弹出图 7-2 对话框,根据需要选择。本例中在"工作数据文件"选项中,选中"创建聚类成员变量"复选框。

第七章 聚类与判别分析

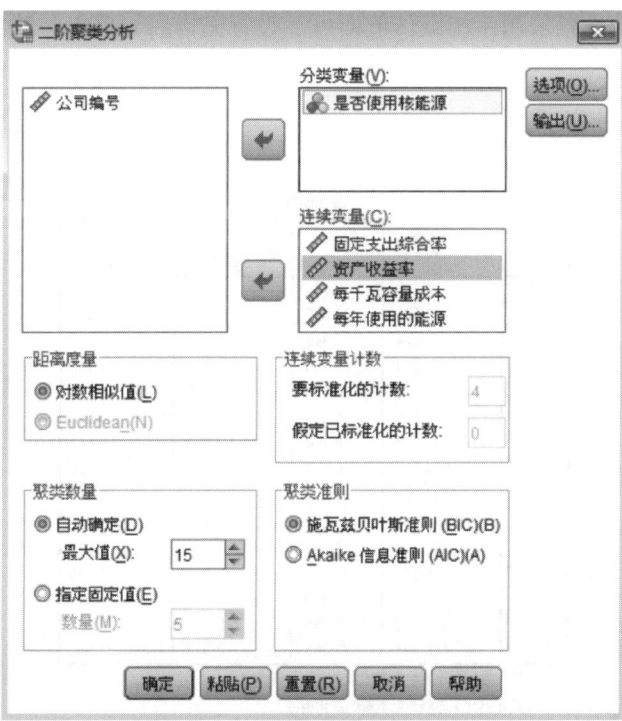

图 7-1 二阶聚类对话框

图 7-2 输出对话框

4. 第四步：其他设置采用系统默认值即可。设置完毕后，单击"确定"按钮输出结果。

三、实验结果及分析

1. 实验结果（见图 7-3）。

自动聚类

聚类数	Schwarz的Bayesian准则(BIC)	BIC 变化[a]	BIC 变化的比率[b]	距离度量的比率[c]
1	117.110			
2	83.505	-33.605	1.000	5.878
3	100.874	17.369	-0.517	3.000
4	125.210	24.336	-0.724	1.183
5	150.086	24.876	-0.740	1.179
6	175.410	25.323	-0.754	1.546
7	201.614	26.204	-0.780	1.177
8	228.061	26.447	-0.787	1.226
9	254.760	26.699	-0.795	1.906
10	281.992	27.232	-0.810	1.011
11	309.230	27.238	-0.811	1.115
12	336.529	27.298	-0.812	1.049
13	363.851	27.323	-0.813	1.056
14	391.200	27.349	-0.814	1.083
15	418.584	27.385	-0.815	1.582

注：a. 变化是相对于表中先前的聚类个数而言。
b. 变化的比率与两个聚类解的变化相关。
c. 距离度量的比率以当前聚类的个数为基础而不是先前的聚类个数为基础。

图 7-3 输出结果 1

聚类分布

项目		N	组合(%)	总计(%)
聚类	1	10	45.5	45.5
	2	12	54.5	54.5
	组合	22	100.0	100.0
总计		22		100.0

聚类概要文件

质心

项目		固定支出综合率		资产收益率		每千瓦容量成本		每年使用的能源	
		均值	标准差	均值	标准差	均值	标准差	均值	标准差
聚类	1	0.6850	0.18222	14.1800	2.26853	170.10	30.614	3112.20	1839.803
	2	1.1692	0.12132	7.4833	2.89226	487.75	392.606	10581.25	3627.154
	组合	0.9491	0.28780	10.5273	4.27029	343.36	327.643	7186.23	4778.293

频率

是否使用核能源

项目		0		1	
		频率	百分比	频率	百分比
聚类	1	0	0.0	10	100.0
	2	12	100.0	0	0.0
	组合	12	100.0	10	100.0

图 7-4 输出结果 2

2. 结果分析。

从输出结果1中可以看出。BIC = 83.505 为最小，对应的聚类数为2，即所有的个体分为两类比较合适。输出结果2中的聚类分布显示：第一类企业个数为10个，占企业总数的45.5%，第二类企业个数为12个，占企业总数的54.5%。"质心"表给出了两类企业四个变量，即固定支出综合率、资产收益率、每千瓦容量成本、每年使用的能源的均值和标准差。

从收益角度来看，第一类企业资产收益率为14.18，第二类企业资产收益率为7.48，第一类企业资产收益率远远高于第二类企业资产收益率，但第二类企业资产收益率的变异系数要小于第一类企业资产收益率的变异系数，说明第二类企业间资产收益率差异要小于第一类企业。从投入角度来看，第一类企业的固定支出综合率、每千瓦容量成本、每年使用的能源的均值分别低于第二类企业的水平。

因此，第一类使用核能源的企业资产收益率高，且投入成本低，第二类使用核能源的企业资产收益率低，且投入成本高。

四、应用实例

1. 习题数据1（课堂发放）给出了2011年中国31个省、区、市（不包括港、澳、台）的6个变量指标值，试对该数据做二阶聚类分析。

2. 习题数据2（课堂发放）给出了2006年中国各地区城镇居民人均家庭收入情况，试对该数据做二阶聚类分析。

实验二　K 中心聚类分析

K 中心聚类又称作 K 均值聚类，或者快速聚类，可用于大量数据进行聚类分析的情形，它是由研究者事先指定类别数 K，初始类中心的选择可以由研究者指定，也可以由程序自动给出，然后不断调整分类中心，直至收敛。

一、实验目的和要求

1. 掌握 K 中心聚类分析的功能和意义。
2. 能用 K 中心聚类分析实际问题。

二、实验步骤

【案例7.2】案例数据7.2给出了2009年河北省苹果生产情况的三个指标，试用 K 中心聚类分析河北省不同地区的苹果生产情况。

1. 第一步：定义变量，在 SPSS 中录入数据。地区定义为字符变量，其余3个变量均定义为数值型。

2. 第二步：由于三个变量的数量级别差异较大，所以先对数据进行标准化处理。选择选择"分析—描述统计—描述"命令，如图7-5所示。选择"未结果面积""结果面积""总产量"三个指标使之进入"变量"列表框。然后选中"将标准化得分另存为变量"，点击确定。

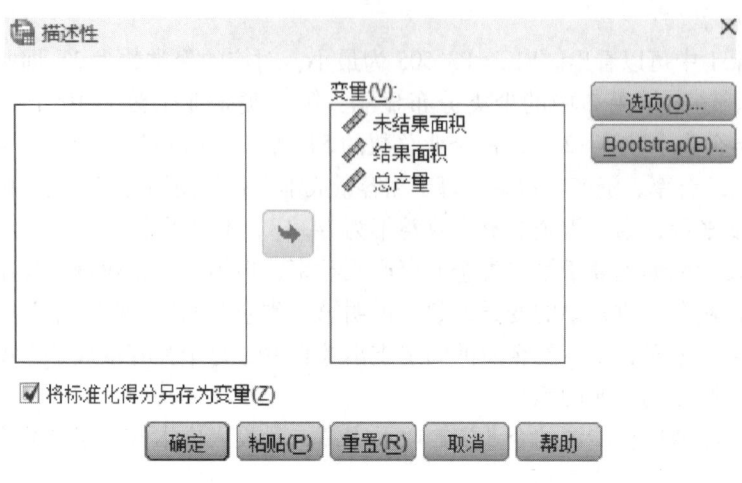

图7-5 数据标准化对话框

3. 第三步：对标准化处理后的数据进行 K 中心聚类分析。选择"分析—分类—K 均值聚类"命令，弹出"K 均值聚类分析"对话框（见图7-6）。

4. 第四步：选择聚类分析的变量。选择"地区"使之进入"个案标记依据"列表框，选择"Zscore（未结果面积）""Zscore（结果面积）""Zscore（总产量）"使之进入"变量"列表框。在"聚类数"中，输入聚类分析的类别数，本例中选择聚类数为 3（见图7-6）。

图7-6 K 均值聚类分析对话框

5. 第五步：设置输出结果。单击 K 均值聚类分析对话框中"选项"按钮，弹出如图 7-7 所示的对话框，在"统计量"中，选择初始聚类中心等 3 个复选框；"缺失值"选择默认值。

其他设置采用系统默认值即可。在主对话框中单击"确定"按钮输出结果。

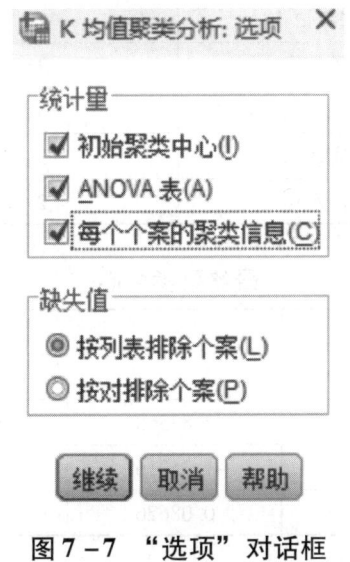

图 7-7 "选项"对话框

三、实验结果及分析

1. 实验结果

实验结果摘要如下（见表 7-1～表 7-6）：

表 7-1　　　　　　　　　　　初始聚类中心

项　目	聚类		
	1	2	3
Zscore（未结果面积）	2.83568	0.11869	-0.63097
Zscore（结果面积）	-1.35216	0.60350	-0.63177
Zscore（总产量）	0.08626	1.96068	-0.88875

表 7-2　　　　　　　　　　　聚类成员

案例号	2009 年河北地区	聚类	距离
1	石家庄市	3	1.220
2	唐山市	2	1.271
3	秦皇岛市	3	0.849
4	邯郸市	3	0.469
5	邢台市	3	0.500

续表

案例号	2009年河北地区	聚类	距离
6	保定市	3	0.269
7	张家口市	1	0.000
8	承德市	2	0.825
9	沧州市	3	0.598
10	廊坊市	3	0.503
11	衡水市	2	0.450

表7-3 最终聚类中心

项目	聚类		
	1	2	3
Zscore（未结果面积）	2.83568	0.18702	-0.48525
Zscore（结果面积）	-1.35216	1.15190	-0.30050
Zscore（总产量）	0.08626	1.34874	-0.59036

表7-4 最终聚类中心间的距离

聚类	1	2	3
1		3.857	3.549
2	3.857		2.514
3	3.549	2.514	

表7-5 ANOVA

项目	聚类		误差		F	Sig.
	均方	df	均方	df		
Zscore（未结果面积）	4.897	2	0.026	8	190.450	0.000
Zscore（结果面积）	3.221	2	0.445	8	7.239	0.016
Zscore（总产量）	3.952	2	0.262	8	15.087	0.002

表7-6 每个聚类中的案例数

聚类	1	1.000
	2	3.000
	3	7.000
有效		11.000
缺失		0.000

2. 实验结果分析

表7-1给出的是初始的聚类中心,它列出了每个类别初始定义的中心点,这些中心点都是由SPSS软件自动生成的,它们实际上就是数据集中的某一条案例,其选择的原则是使得各初始聚类中心的散点在所有变量构成的空间中离得尽可能远,而且能尽量广的分布在空间中。初始聚类结果中,第一类成员的聚类中心值在三个分类变量中依次为2.83568、-1.35216和0.0826。

表7-2给出了11个地区分别属于哪一类,以及每个地区到最终聚类中心的距离。表7-3给出了最终聚类中心,可以看出3类的中心位置同初始位置相比,发生较大变化。表7-4给出了最终聚类中心间的距离,例如第一类和第二类中心间的距离为3.857。表7-5给出的是方差分析结果,实际上就是按照类别分组后对所有变量依次进行的单因素方差分析,然后将结果汇总到一张表中,从中可以看出哪些变量在各类间的差异具有统计学意义,并根据F值的大小近似得到变量在聚类分析中的作用大小的结论。本例中可以得出结论,在聚类分析的结果中,各个变量对聚类结果的重要程度排序为:未结果面积>总产量>结果面积。表7-6给出了每个类别拥有几个地区,如属于类别3的有3个地区。

为了更清晰地展示分类结果,确定各类中心值,在实际应用中需要对各类的数量特征及其所含单位进行描述。我们可以通过"个案汇总"和"设定表"功能对聚类结果进行描述,其结果见表7-7,从中我们可以知道各类别所包含的地区成员以及各类在不同变量上的中心值,如第2类包含唐山市、承德市、衡水市3个地区,该类别在"未结果面积""结果面积"和"总产量"方面的中心值依次为4 191.33公顷、391 002.67公顷和24 633.67吨。

表7-7 聚类结果及各类别中心值

类别	成员	中心值		
		未结果面积 (公顷)	结果面积 (公顷)	总产量 (吨)
类别1	张家口市	14 282.00	88 035.00	18 355.00
类别2	唐山市、承德市、衡水市	4 191.33	391 002.67	24 633.67
类别3	石家庄市、秦皇岛市、邯郸市、邢台市、保定市、沧州市、廊坊市	1 630.14	215 275.71	14 990.00

四、应用实例

习题数据7.1(课堂发放)是我国2006年各地区能源消耗的情况。根据不同省区市的能源消耗情况,进行分类,以了解我国不同地区的能源消耗情况。

实验三 层次聚类分析

层次聚类分析是目前使用最多的一种聚类方法,又叫做系统聚类分析,它是先将每一个样本看作一类,然后逐渐合并,直至合并为一类的一种合并法。层次聚类分析的优点很明显,它可以对样品进行聚类,样品可以为连续或分类变量,可以提供多种距离测量方法和结果表示的方法。

一、实验目的和要求

1. 掌握层次聚类分析的功能和意义。
2. 能用层次聚类分析实际问题。

二、实验步骤

【案例 7.3】案例数据 7.3 给出了中国 31 个地区的部分指标，试根据这些指标运用层次分类法对这些地区进行分类。

1. 第一步：定义变量，在 SPSS 中录入数据。地区定义为字符变量，其余 7 个变量均定义为数值型。

2. 第二步：在案例数据 SPSS 视图界面下，选择"分析—分类—系统聚类"菜单，弹出如图 7-8 所示的对话框。

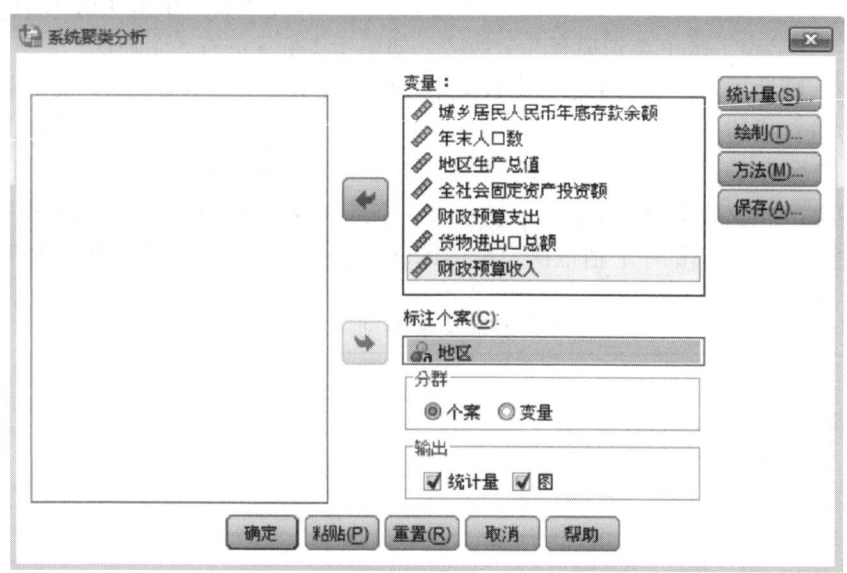

图 7-8　系统聚类分析主对话框

3. 第三步：选择变量，设置参数。选择"地区"使之进入"标注个案"列表框，选择城乡居民年度存款余额、年末人口数等 7 个变量进入"变量"列表框。

然后单击"统计量"按钮，弹出如图 7-9 所示的对话框。在"聚类成员"选项组中，选中"方案范围"，并在最小聚类数中输入 3，最大聚类数中输入 6，其他选择默认值，设置完毕后，单击"继续"，返回"系统聚类分析"主对话框。

4. 第四步：设置统计图的输出。单击"绘制"按钮，弹出如图 7-10 所示的对话框，选中"树状图"复选框，其他采用系统默认值。

5. 第五步：设置聚类方法。单击"方法"按钮，弹出如图 7-11 所示的对话框，选择"组间联接"法计算组间距离，采用欧氏距离（Euclidean 距离）定义式。在距离计算过程中，为避免变量数量级和量纲不同所造成的影响，在该子对话框中的"转换值"位置，可选取"Z 得分"方法对各变量进行标准化处理。

6. 第六步：设置输出到数据编辑窗口的结果。单击"保存"按钮，弹出如图 7-12 所示的对话框。在"聚类成员"选项组中,选中"方案范围"复选框,并在最小聚类数和最大聚类数中分别输入 3 和 6。其他设置采用系统默认值即可。设置完毕后,在主对话框中单击"确定"按钮输出结果。

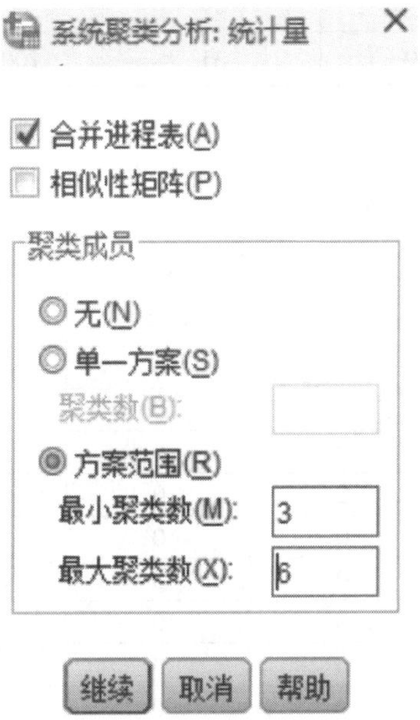

图 7-9 "统计量"对话框

图 7-10 "绘制"对话框

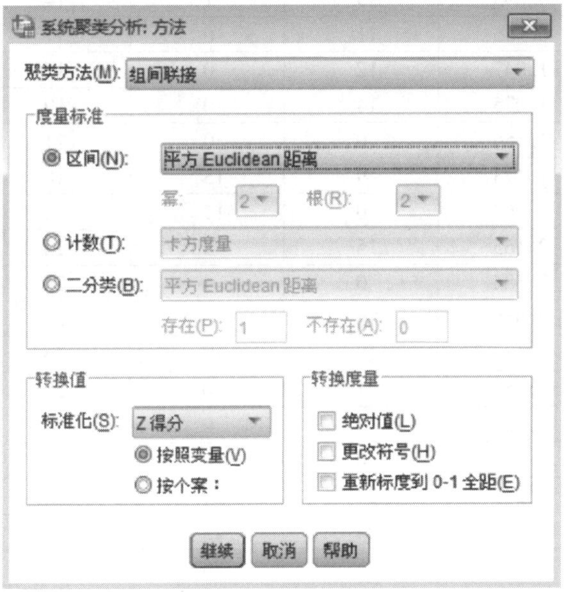

图 7-11 聚类方法子对话框

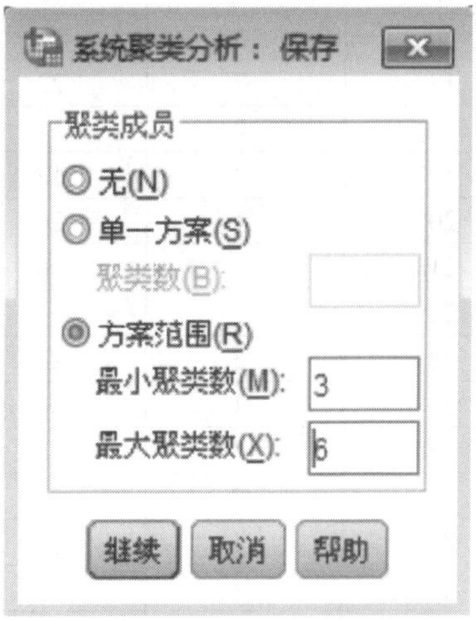

图 7-12 聚类结果保存

三、实验结果及分析

1. 实验结果摘要。

表 7-8　　　　　　　　　　　　案例处理摘要[a]

有效		缺失		合计	
N	百分比	N	百分比	N	百分比
31	100.0%	0	0.0%	31	100.0%

注：a. 平方 Euclidean 距离已使用。

表 7-9　　　　　　　　　　　平均联结（组之间）聚类

阶	群集组合		系数	首次出现阶群集		下一阶
	群集1	群集2		群集1	群集2	
1	14	20	0.072	0	0	12
2	26	30	0.109	0	0	4
3	17	18	0.175	0	0	8
4	26	29	0.199	2	0	20
5	4	8	0.231	0	0	12
6	7	31	0.280	0	0	9
7	1	9	0.287	0	0	24
8	12	17	0.296	0	3	19
9	7	28	0.530	6	0	17
10	22	27	0.551	0	0	11
11	22	25	0.630	10	0	13
12	4	14	0.645	5	1	14
13	22	24	0.955	11	0	17
14	4	13	1.047	12	0	15
15	4	5	1.075	14	0	19
16	3	16	1.156	0	0	21
17	7	22	1.473	9	13	18
18	2	7	1.760	0	17	22
19	4	12	2.165	15	8	22
20	21	26	2.584	0	4	26
21	3	6	2.956	16	0	23
22	2	4	3.183	18	19	26
23	3	23	4.158	21	0	27
24	1	11	4.535	7	0	27
25	10	15	4.543	0	0	29
26	2	21	7.245	22	20	28
27	1	3	11.610	24	23	28
28	1	2	13.869	27	26	30
29	10	19	16.734	25	0	30
30	1	10	41.032	28	29	0

表 7-10　　　　　　　　　　　　　群集成员

案例	6 群集	5 群集	4 群集	3 群集
1：北京	1	1	1	1
2：天津	2	2	2	1
3：河北	3	3	1	1
4：山西	2	2	2	1
5：内蒙古	2	2	2	1
6：辽宁	3	3	1	1
7：吉林	2	2	2	1
8：黑龙江	2	2	2	1
9：上海	1	1	1	1
10：江苏	4	4	3	2
11：浙江	1	1	1	1
12：安徽	2	2	2	1
13：福建	2	2	2	1
14：江西	2	2	2	1
15：山东	4	4	3	2
16：河南	3	3	1	1
17：湖北	2	2	2	1
18：湖南	2	2	2	1
19：广东	5	5	4	3
20：广西	2	2	2	1
21：海南	6	2	2	1
22：重庆	2	2	2	1
23：四川	3	3	1	1
24：贵州	2	2	2	1
25：云南	2	2	2	1
26：西藏	6	2	2	1
27：陕西	2	2	2	1
28：甘肃	2	2	2	1
29：青海	6	2	2	1
30：宁夏	6	2	2	1
31：新疆	2	2	2	1

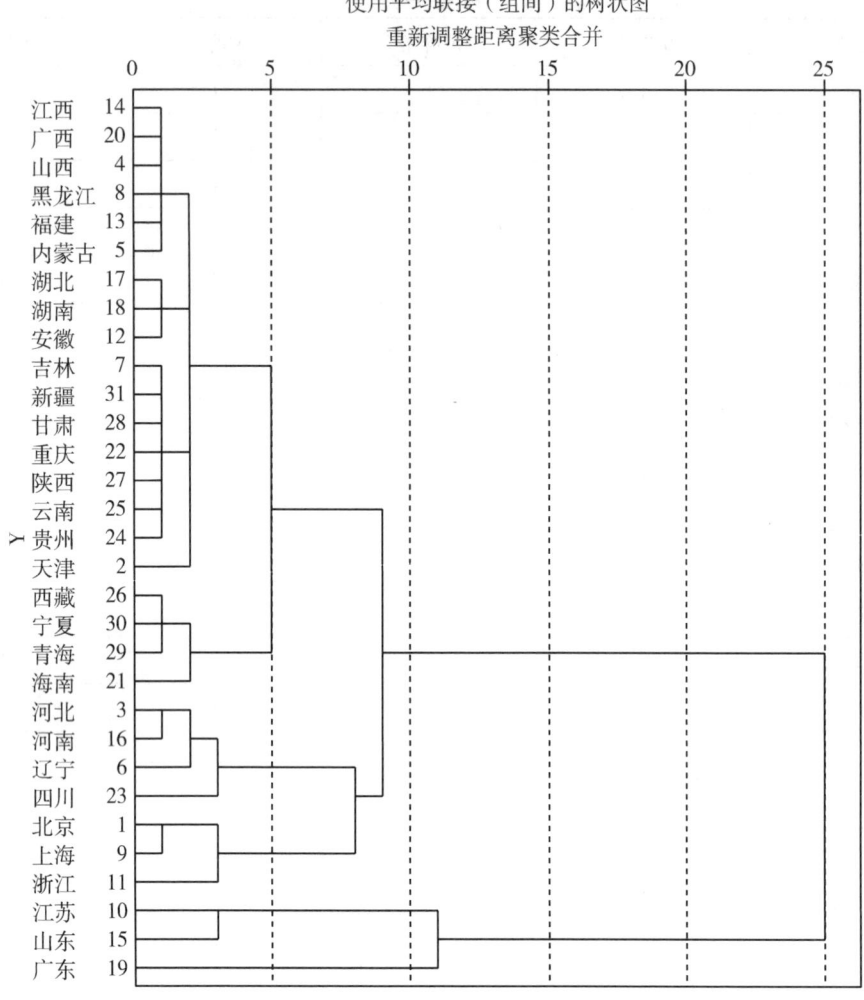

图 7-13 聚类分析树状图

2. 实验结果分析。

表 7-8 给出了样本数为 31，缺失值为 0。表 7-9 显示了聚类的具体过程，能够直观反映样品逐步合并的先后顺序。以第一步为例，地区 14 和地区 20 合并成一类，距离系数为 0.072。因为两合并项都是第一次出现，在"首次出现阶群集"里显示为 0，此两项合并结果取 3，即归为第 3 类。图 7-13 是利用聚类分析树状图的形式展示聚类的过程。表 7-10 给出了当划分成 3-6 类时，每个地区都属于哪一类。以分成 4 类为例，对表 7-10 进行整理，其结果如表 7-11。

图 7-14 给出了层次聚类在数据编辑窗口的输出结果，可以看出，在数据编辑窗口新形成 4 个类别变量。

表7-11　　　　　　　　　　　　4类别下所隶属的地区

类别	地区
类别1	北京、河北、辽宁、上海、浙江、河南、四川
类别2	天津、山西、内蒙古、吉林、黑龙江、安徽、福建、江西、湖北、湖南、广西、海南、重庆、贵州、云南、西藏、陕西、甘肃、青海、宁夏、新疆
类别3	江苏、山东
类别4	广东

地区	城乡居民人民币年底存款余额	年末人口数	地区生产总值	全社会固定资产投资额	财政预算支出	货物进出口总额	财政预算收入	CLU6_1	CLU5_1	CLU4_1	CLU3_1
北京	21644.90	2069.00	107.70	6112.40	3685.31	40810732.00	3314.93	1	1	1	1
天津	7055.40	1413.00	113.80	7934.80	2143.21	11563427.00	1760.02	2	2	2	1
河北	20665.10	7288.00	109.60	19661.30	4079.44	5056306.00	2084.28	3	3	1	1
山西	11997.00	3611.00	110.10	8863.30	2759.46	1504311.00	1516.38	2	2	2	1
内蒙古	6597.20	2490.00	111.50	11875.70	3425.99	1125898.00	1552.75	2	2	2	1
辽宁	17785.90	4389.00	109.50	21836.30	4558.59	10409000.00	3105.38	3	3	1	1
吉林	6875.10	2750.00	112.00	9511.50	2471.20	2456301.00	1041.25	2	2	2	1
黑龙江	9269.20	3834.00	110.00	9694.70	3171.52	3759029.00	1163.17	2	2	2	1
上海	19506.70	2380.00	107.50	5117.60	4184.02	43658695.00	3743.71	1	1	1	1
江苏	30057.20	7920.00	110.10	30854.20	7027.67	54796149.00	5860.69	4	4	3	2
浙江	26406.80	5477.00	108.00	17649.40	4441.88	31240136.00	3441.23	1	1	1	1
安徽	11178.60	5988.00	112.10	15425.80	3961.01	3928454.00	1792.72	2	2	2	1
福建	10507.40	3748.00	111.40	12439.90	2607.50	15593796.00	1776.17	2	2	2	1

图7-14　层次聚类结果在数据编辑窗口的输出

四、应用实例

1. 对习题数据7.1（课堂提供）中的数据做层次聚类分析。
2. 对习题数据7.2（课堂提供）中的数据做层次聚类分析。
3. 对习题数据7.4（课堂提供）中的数据做层次聚类分析。

实验四　判别分析

判别分析是在已知研究对象分成若干类型，并已知各种类型的样本观测数据的基础上，根据某些准则建立判别方程，然后根据判别方程对未知所属类别的事物进行分类的一种分析方法。它的因变量是无序或有序分类变量，以此把样本划分为不同的组类，而自变量可以是任何尺度的变量，只是定性变量需要以哑变量（虚拟变量）的方式进入模型。其目的在于建立一种线性组合使得用最优化的模型来概括分类之间的差异，从而可以根据已知样本的分类情况来判断未知分类样本的归属问题，如信用风险的判别、市场细分中的客户分类、地质层的判断、模式识别的问题等，是应用相当广泛的多元统计技术。

一、实验目的和要求

1. 掌握判别分析的功能和意义；

2. 能用 SPSS 软件进行判别分析，并对结果进行分析；
3. 能用判别分析解决实际中的其他问题。

二、实验步骤

【**案例 7.4**】案例数据 7.4 为某豆腐干制造厂三种不同种类豆腐干的质量、宽度和长度的统计表，每种类型都有 20 个样本，共 60 个样本。根据不同种类豆腐干的特征，建立鉴别不同种类豆腐干的判别方程。

1. 第一步：进入 SPSS 界面，打开案例数据 7.4，选择"分析—分类—判别"命令，出现图 7-15 所示的对话框。

2. 第二步：对进行判别分析的变量进行选择。选择"类型"使之进入"分组变量"列表框（见图 7-15）。单击"定义范围"按钮，出现图 7-16 所示的对话框，在"最小值"和"最大"分别输入"1"和"3"，单击"继续"按钮返回"判别分析"对话框。选择"质量""宽度""长度"3 个变量使之进入"自变量"列表框，选中"使用步进式方法"按钮。

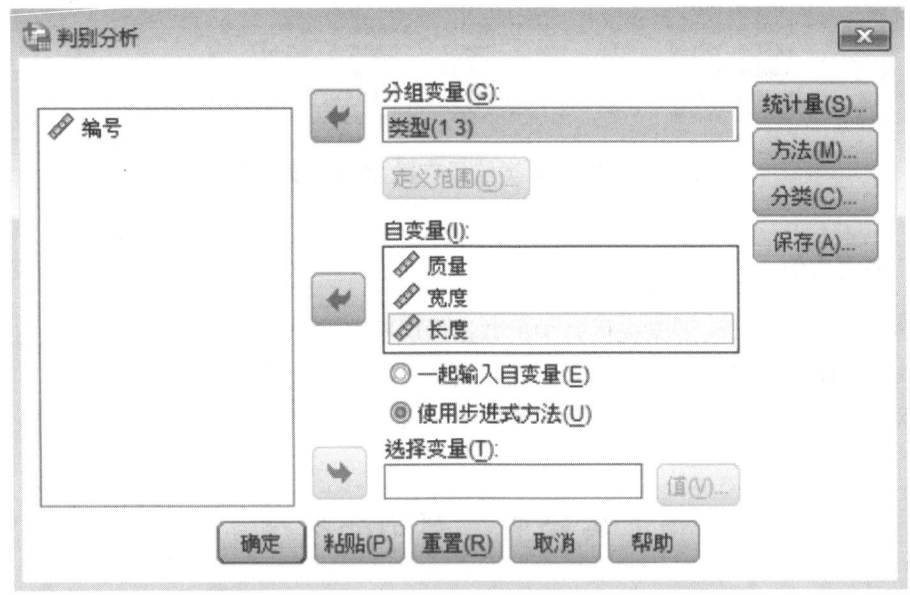

图 7-15 "判别分析"对话框

3. 第三步：设置判别分析的统计输出结果，单击判别分析对话框的"统计量"按钮，出现如图 7-17 所示的对话框。在"描述性"选项组中，选中"均值""单变量"以及"Box's M"，在"函数系数"选项组中，选中 Fisher 和"未标准化"复选框，在"矩阵"选项组中，选中"组内协方差"复选框。设置完毕后，单击"继续"按钮，返回"判别分析"主对话框。

4. 第四步：设置输出到数据编辑窗口的结果。单击"保存"按钮，出现如图 7-18 所示的对话框，选中"预测组成员"复选框，单击"继续"，返回"判别分析"主对话框，其他设置采用系统默认值。在判别分析主对话框中点击"确定"按钮输出结果。

图7-16 "定义范围"对话框

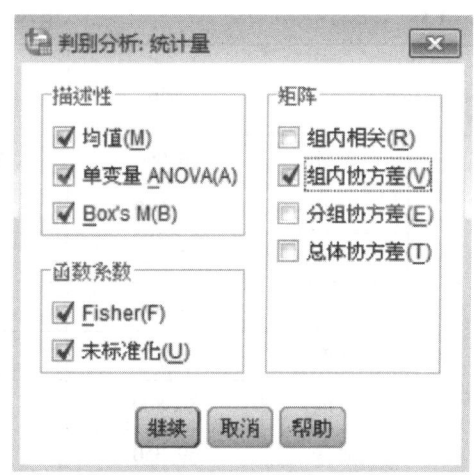

图7-17 "统计量"对话框

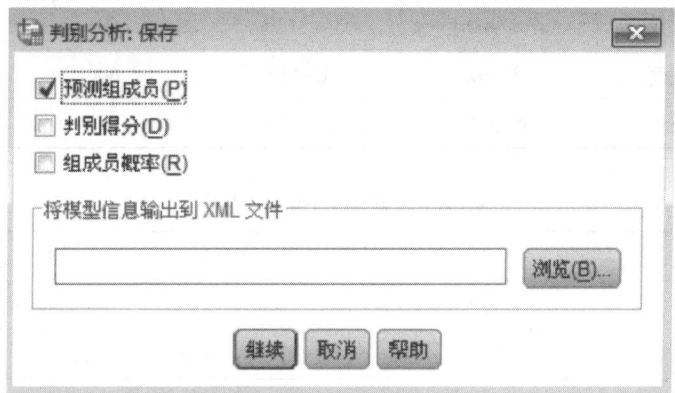

图7-18 "保存"对话框

三、实验结果及分析

1. 实验结果摘要。

表7-12　　　　　　　　　分析案例处理摘要

未加权案例		N	百分比
有效		60	100.0
排除的	缺失或越界组代码	0	0.0
	至少一个缺失判别变量	0	0.0
	缺失或越界组代码还有至少一个缺失判别变量	0	0.0
	合计	0	0.0
合　　计		60	100.0

表 7-13　　　　　　　　　　　组统计量

类型		均值	标准差	有效的 N（列表状态）	
				未加权的	已加权的
1	质量	30.950	3.6775	20	20.000
	宽度	3.080	0.3833	20	20.000
	长度	23.450	2.8373	20	20.000
2	质量	44.900	2.7511	20	20.000
	宽度	5.110	0.4424	20	20.000
	长度	34.800	2.4623	20	20.000
3	质量	69.350	3.1999	20	20.000
	宽度	1.085	0.2661	20	20.000
	长度	59.900	3.9723	20	20.000
合计	质量	48.400	16.3170	60	60.000
	宽度	3.092	1.6968	60	60.000
	长度	39.383	15.6683	60	60.000

表 7-14　　　　　　　　　　　输入的/删除的变量[a,b,c,d]

步骤	输入的	Wilks 的 Lambda				精确 F			
		统计量	df1	df2	df3	统计量	df1	df2	Sig.
1	质量	0.038	1	2	57.000	723.540	2	57.000	0.000
2	宽度	0.003	2	2	57.000	519.862	4	112.000	0.000
3	长度	0.001	3	2	57.000	476.430	6	110.000	0.000

注：在每个步骤中，输入了最小化整体 Wilks 的 Lambda 的变量。

  a. 步骤的最大数目是 6。　　　　　b. 要输入的最小偏 F 是 3.84。

  c. 要删除的最大偏 F 是 2.71。　　　d. F 级、容差或 VIN 不足以进行进一步计算。

表 7-15　　　　　　　　　　　汇聚的组内矩阵[a]

项目		质量	宽度	长度
协方差	质量	10.444	0.211	-0.303
	宽度	0.211	0.138	0.124
	长度	-0.303	0.124	9.964

  注：a. 协方差矩阵的自由度为 57。

表 7-16　　　　　　　　　　　　　　　特征值

函数	特征值	方差的%	累积%	正则相关性
1	75.504[a]	89.9	89.9	0.993
2	8.520[a]	10.1	100.0	0.946

注：a. 分析中使用了前 2 个典型判别式函数。

表 7-17　　　　　　　典型方程有效性检验表（Wilks 的 Lambda）

函数检验	Wilks 的 Lambda	卡方	df	Sig.
1 到 2	0.001	369.080	6	0.000
2	0.105	126.189	2	0.000

表 7-18　　　　　　　　标准化的典型判别式函数系数

项目	函数	
	1	2
质量	0.685	0.334
宽度	-0.613	0.816
长度	0.642	0.288

表 7-19　　　典型判别式函数系数（未标准化的典型方程判别式函数系数表）

项目	函数	
	1	2
质量	0.212	0.103
宽度	-1.653	2.197
长度	0.203	0.091
（常量）	-13.154	-15.393

注：非标准化系数。

表 7-20　　　分类函数系数（贝叶斯的 Fisher 线性方程判别式函数系数表）

项目	类型		
	1	2	3
质量	2.701	3.823	6.996
宽度	16.205	28.298	-8.532
长度	2.233	3.255	6.331
（常量）	-94.042	-215.867	-428.650

注：Fisher 的线性判别式函数。

编号	质量	宽度	长度	类型	Dis_1
1	31	4.0	22	1	1
2	44	5.5	34	2	2
3	43	4.5	34	2	2
4	68	1.0	67	3	3
5	44	4.9	36	2	2
6	32	2.8	25	1	1
7	76	1.2	56	3	3

图 7-19　判别在数据编辑窗口的输出

2. 实验结果统计分析。

表 7-12 显示参与分析的样本为 60 个，且全部参加了分析，没有被排除的变量。表 7-13 显示每组的样本容量以及每一组 3 个变量（质量、宽度和长度）的均值和标准差。对 3 个变量的均值进行比较发现，第 1 组豆腐干的平均质量＜第 2 组豆腐干的平均质量＜第 3 组豆腐干的平均质量；对 3 组豆腐干质量的标准差结合变异系数进行比较发现，第 1 组豆腐干质量的标准差＞第 3 组豆腐干质量的标准差＞第 2 组豆腐干质量的标准差。

表 7-14 显示，第一步纳入的变量是质量，第二步纳入的变量是宽度，第三步纳入的变量是长度，即到第三步所有的变量全部纳入，且从 Sig 值均小于 0.01 可以看出，逐步判别没有剔除变量。表 7-15 显示了各变量之间的协方差和相关系数，可以发现各变量之间的相关性都较小，因此在判别方程中应该不必剔除变量。表 7-16 显示特征根有 2 个，第一个特征根为 75.504，能够解释所有变异的 89.9%。表 7-17 显示 Sig 值均小于 0.01，因此两个典型方程的判别能力都是显著的。表 7-18 显示，本例中的两个标准化的典型判别方程的表达式分别为：

$$Y1 = 0.685 \times 质量 - 0.613 \times 宽度 + 0.642 \times 长度$$
$$Y2 = 0.334 \times 质量 + 0.816 \times 宽度 + 0.288 \times 长度$$

表 7-19 显示本例中的两个未标准化的典型判别方程表达式为：

$$Y1 = 0.212 \times 质量 - 1.653 \times 宽度 + 0.203 \times 长度 - 13.154$$
$$Y2 = 0.103 \times 质量 + 2.197 \times 宽度 + 0.091 \times 长度 - 15.393$$

表 7-20 显示了 3 个分类方程，第一个分类方程为：

$$Y1 = 2.701 \times 质量 + 16.205 \times 宽度 + 2.233 \times 长度 - 94.042$$
$$Y2 = 3.823 \times 质量 + 28.298 \times 宽度 + 3.255 \times 长度 - 215.867$$
$$Y3 = 6.996 \times 质量 - 8.532 \times 宽度 + 6.331 \times 长度 - 428.650$$

图 7-19 显示新产生的变量记录了每一样本的判别分类结果，可以看出样本判别分类结果与实际类别是一致的，表明判别函数是有效的。

四、应用实例

习题数据 7.5 给出了全国 2009 年 25 个省区市的农民家庭收支情况，通过对 25 个省区市的样品进行分析，将其分成了 3 类，分别是第 1、2、3 组，试对每组地区农民的家庭收支情况建立判别方程。

第八章 主成分与因子分析

主成分分析是考察多个变量间相关性的一种多元统计方法，它是研究如何通过少数几个主成分来解释多个变量间的内部结构。因子分析在一定程度上可以被看作是主成分分析的深化和拓展，它的基本原理是将具有一定相关关系的多个变量综合为数量较少的几个因子，研究一组具有错综复杂关系的实测指标是如何受少数几个内在的独立因子所支配，并在条件许可时借此尝试对变量进行分类。

实验一 主成分分析

主成分分析的基本思想是将众多的初始变量整合成少数几个相互无关的主成分变量，而这些新的变量尽可能地保留了初始变量的全部信息，然后用这些新的变量来代替以前的变量进行分析。

一、实验目的和要求

1. 掌握主成分分析的功能和意义。
2. 能用主成分分析实际问题。

二、实验步骤

【**案例8.1**】案例数据8.1给出了2012年中国31个省市的经济指标，试对31个省和直辖市的经济情况进行主成分分析。

1. 第一步：把数据录入 SPSS 中。
2. 第二步：打开数据文件，选择"分析—降维—因子分析"命令，弹出如图8-1所示的对话框。
3. 第三步：选择进行因子分析的变量。选择"人均GDP""财政收入""固定资产投资""年末总人口""居民消费水平""社会消费品零售额"变量使之进入变量列表框。
4. 第四步：选择输出系数相关矩阵。单击"描述"按钮，弹出如图8-2所示的对话框。在"相关矩阵"选项组中选中"系数"，单击"继续"按钮返回"因子分析"对话框。其余设置采用系统默认。
5. 第五步：设置完毕后，单击"确定"按钮输出结果。

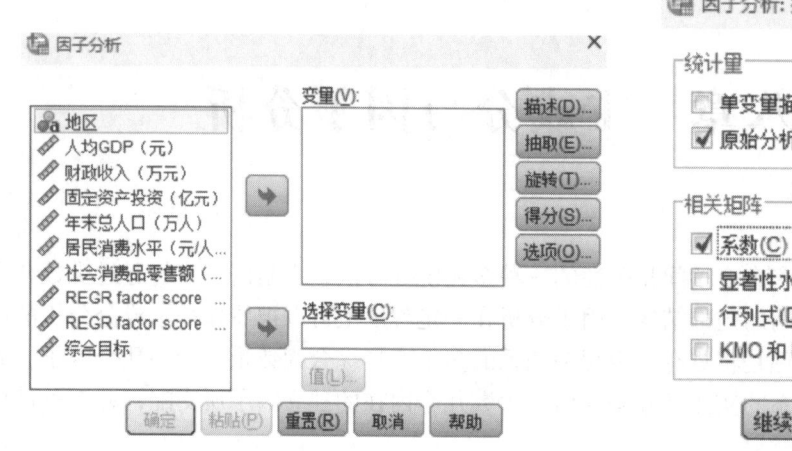

图 8-1 "因子分析"对话框

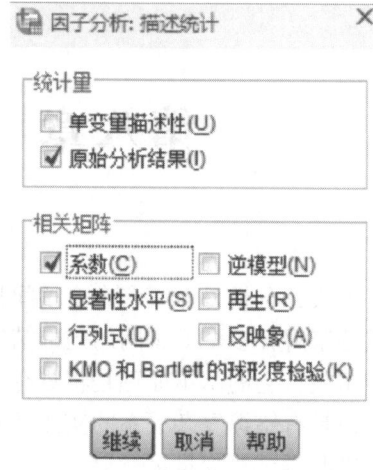

图 8-2 "描述"对话框

三、实验结果及分析

1. 实验结果

表 8-1 相关矩阵

	项　　目	人均GDP（元）	财政收入（万元）	固定资产投资（亿元）	年末总人口（万人）	居民消费水平（元/人）	社会消费品零售额（亿元）
相关	人均GDP（元）	1.000	0.670	0.362	-0.091	0.967	0.436
	财政收入（万元）	0.670	1.000	0.832	0.560	0.693	0.924
	固定资产投资（亿元）	0.362	0.832	1.000	0.783	0.327	0.932
	年末总人口（万人）	-0.091	0.560	0.783	1.000	-0.066	0.771
	居民消费水平（元/人）	0.967	0.693	0.327	-0.066	1.000	0.442
	社会消费品零售额（亿元）	0.436	0.924	0.932	0.771	0.442	1.000

表 8-2 解释的总方差

成分	初始特征值			提取平方和载入		
	合计	方差的%	累积%	合计	方差的%	累积%
1	3.963	66.052	66.052	3.963	66.052	66.052
2	1.771	29.518	95.570	1.771	29.518	95.570
3	0.128	2.128	97.698			
4	0.095	1.589	99.287			
5	0.026	0.433	99.720			
6	0.017	0.280	100.000			

提取方法：主成分分析。

表 8 – 3　　　　　　　　　　　成分矩阵ª

项 目	成 分	
	1	2
人均 GDP（元）	0.670	0.725
财政收入（万元）	0.976	0.055
固定资产投资（亿元）	0.896	−0.351
年末总人口（万人）	0.633	−0.728
居民消费水平（元/人）	0.674	0.721
社会消费品零售额（亿元）	0.950	−0.263

注：提取方法：主成分分析法。
a. 已提取了 2 个成分。

2. 结果分析

表 8 – 1 给出了 6 个变量之间的相关系数矩阵，从中看出很多变量之间直接的相关性比较强，的确存在信息上的重叠，该结果进一步确认了信息浓缩的必要性。表 8 – 2 给出了各成分的方差贡献率和累计贡献率，只有前 2 个主成分的特征根大于 1。因此，SPSS 默认只提取了前 2 个主成分，第一个主成分的方差占所有主成分方差的 66.052%，第二个主成分的方差占所有主成分方差的 29.518%，前 2 个主成分的累计方差贡献率达到 95.57%，选前 2 个主成分已经足够描述经济发展水平。表 8 – 3 给出的是主成分系数矩阵，可以说明各主成分在各变量上的载荷，从而得出各主成分的表达式，注意在表达式中各变量已经不是原始变量，而是标准化变量。

$F1 = 0.670 \times$ 人均 GDP(元) $+ 0.976 \times$ 财政收入(万元) $+ 0.896 \times$ 固定资产投资(亿元)
　　$+ 0.633 \times$ 年末总人口(万人) $+ 0.674 \times$ 居民消费水平(元/人)
　　$+ 0.950 \times$ 社会消费品零售额(亿元)

$F2 = 0.725 \times$ 人均 GDP(元) $+ 0.055 \times$ 财政收入(万元) $- 0.351 \times$ 固定资产投资(亿元)
　　$- 0.728 \times$ 年末总人口(万人) $+ 0.721 \times$ 居民消费水平(元/人)
　　$- 0.263 \times$ 社会消费品零售额(亿元)

第一个主成分中，各个变量的系数都比较大，可以看成是反映这些变量方面的综合指标。第二个主成分中除了财政收入的系数比较小，其他 5 个指标的系数都相对较大，因此可以看成是这 5 个变量的综合指标。

四、应用实例

1. 100 个学生的数学、物理、化学、语文、历史、英语成绩如习题数据 8.1，试对这 100 名学生的成绩进行主成分分析。

2. 习题数据 8.2（课堂提供）给出了中国 2007 年 36 个社会经济指标，试对这些城市的社会经济指标进行主成分分析。

实验二　因子分析

一、实验目的和要求

1. 掌握因子分析的功能和意义。
2. 能用因子分析解决实际问题。

二、实验步骤

【**案例 8.2**】对案例数据 8.1 中的数据进行因子分析。

1. 第一步：打开案例数据 8.1 文件，选择"分析——降维——因子分析"命令，弹出如图 8-1 所示的对话框。选择进行因子分析的变量，使之进入变量列表框。

2. 第二步：选择输出系数相关矩阵。单击"描述"按钮，弹出如图 8-3 所示的对话框。在"相关矩阵"选项组中选择"KMO 和 Bartlett"的球形度检验，单击"继续"按钮返回"因子分析"对话框。

3. 第三步：设置提取公因子的要求及相关输出内容。单击"因子分析"对话框中的"抽取"按钮，弹出如图 8-4 所示子对话框，选择"输出"选项组中"碎石图"。

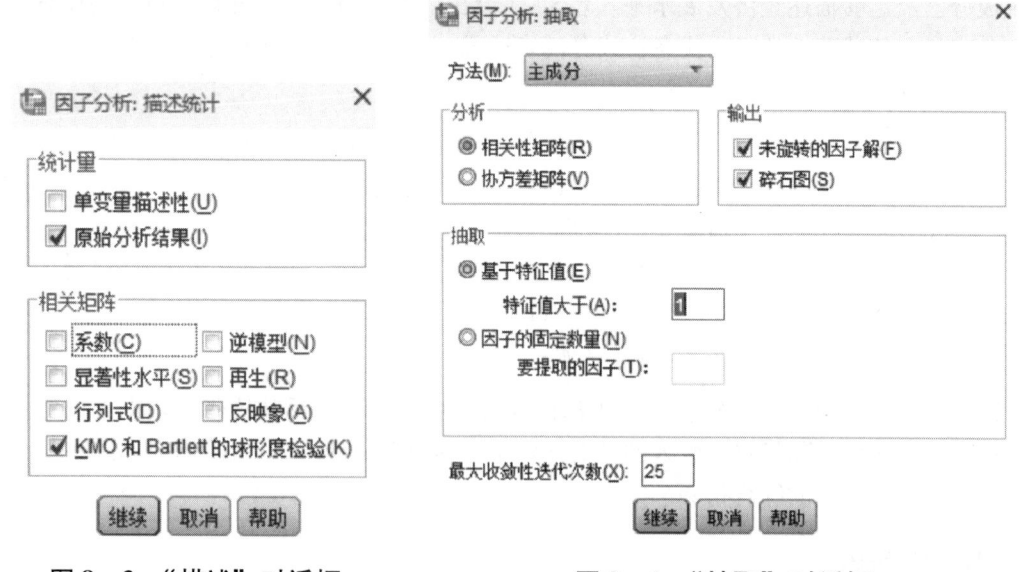

图 8-3　"描述"对话框　　　　图 8-4　"抽取"对话框

4. 第四步：设置因子旋转方法。单击"因子分析"对话框中的"旋转"按钮，弹出如图 8-5 所示的对话框。在"方法"选项组中选中"最大方差法"。

5. 第五步：设置有关因子得分选项。单击"得分"按钮，弹出图 8-6 所示的对话框。在此对话框中选中"保存为变量"和"显示因子得分系数矩阵"。其余设置采用系统默认值即可。设置完毕后，单击主对话框中的"确定"按钮输出结果。

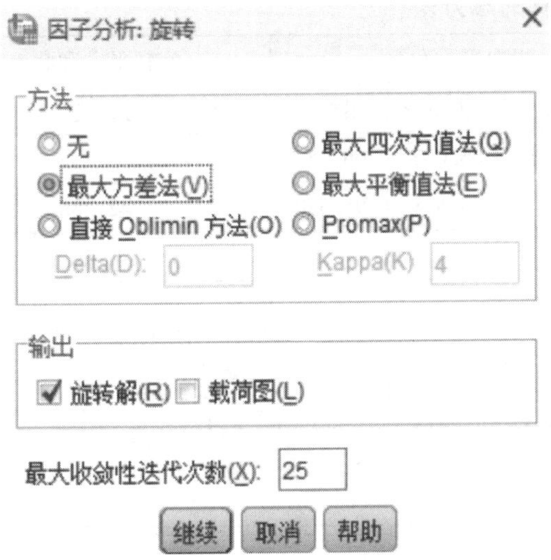

图 8-5 "旋转"对话框 　　图 8-6 "因子得分"对话框

三、实验结果及分析

1. 实验结果。

表 8-4　　　　　　　　　　**KMO 和 Bartlett 的检验**

取样足够度的 Kaiser-Meyer-Olkin 度量		0.695
Bartlett 的球形度检验	近似卡方	277.025
	df	15
	Sig.	0.000

表 8-5　　　　　　　　　　　公因子方差

	初始	提取
人均 GDP（元）	1.000	0.975
财政收入（万元）	1.000	0.956
固定资产投资（亿元）	1.000	0.927
年末总人口（万人）	1.000	0.930
居民消费水平（元/人）	1.000	0.974
社会消费品零售额（亿元）	1.000	0.972

提取方法：主成分分析。

表 8-6　解释的总方差

成分	初始特征值			提取平方和载入			旋转平方和载入		
	合计	方差的%	累积%	合计	方差的%	累积%	合计	方差的%	累积%
1	3.963	66.052	66.052	3.963	66.052	66.052	3.197	53.284	53.284
2	1.771	29.518	95.570	1.771	29.518	95.570	2.537	42.286	95.570
3	0.128	2.128	97.698						
4	0.095	1.589	99.287						
5	0.026	0.433	99.720						
6	0.017	0.280	100.000						

提取方法：主成分分析。

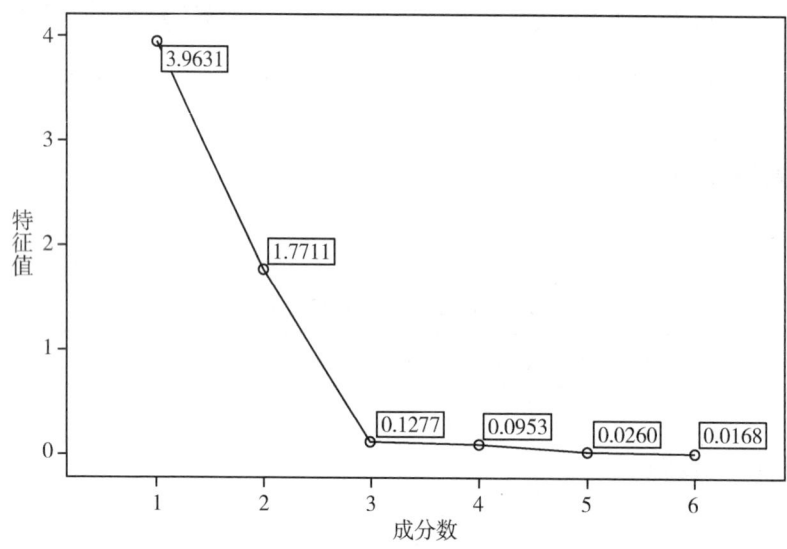

图 8-7　碎石图

表 8-7　旋转成分矩阵[a]

项目	成分	
	1	2
人均 GDP（元）	0.112	0.981
财政收入（万元）	0.755	0.622
固定资产投资（亿元）	0.931	0.247
年末总人口（万人）	0.941	-0.213
居民消费水平（元/人）	0.117	0.980
社会消费品零售额（亿元）	0.922	0.349

注：提取方法：主成分分析法。旋转法：具有 Kaiser 标准化的正交旋转法。

a. 旋转在 3 次迭代后收敛。

表 8-8　　　　　　　　　　　成分得分系数矩阵

项目	成分	
	1	2
人均 GDP（元）	-0.105	0.430
财政收入（万元）	0.180	0.171
固定资产投资（亿元）	0.300	-0.026
年末总人口（万人）	0.372	-0.237
居民消费水平（元/人）	-0.104	0.429
社会消费品零售额（亿元）	0.281	0.022

提取方法：主成分分析法。
旋转法：具有 Kaiser 标准化的正交旋转法。

2. 结果分析。

表 8-4 给出了 KMO 检验结果，该检验是为了看数据是否适合进行因子分析，其取值范围是 0~1。其中 0.9~1 表示好，0.8~0.9 表示可奖励的、0.7~0.8 表示还好、0.6~0.7 表示中等，0.5~0.6 表示糟糕，0~0.5 表示不可接受。本例中 KMO = 0.695，表明可以进行因子分析。Bartlett 的检验是为了看数据是否来自服从多元正态分布的总体，本例中 Sig 小于 0.01，说明数据来自正态分布总体，适合进一步分析。

表 8-5 给出了各变量中所含原始信息能被提取的公因子所解释的程度。从中可以看出本例中所有变量共同度都在 90% 以上，所以提取的公因子对每个变量的解释能力很强。表 8-6 显示初始特征值大于 1 的主成分有 2 个，所以 SPSS 选择了前两个主成分；提取平方和载入显示第一主成分的方差贡献率是 66.052%，第二主成分方差贡献率是 29.518%，这两个主成分的方差占所有主成分方差的 95.57%，因此，选前两个主成分已经足够代替原来变量的信息。同时碎石图显示只有两个成分的特征值超过了 1，因此只考虑这两个成分就可以了。

表 8-7 显示第一因子在财政收入、固定资产投资、年末总人口及社会消费品零售额上载荷较大，第二个主因子在人均 GDP、居民消费水平上有较大的载荷。表 8-8 给出了成分得分系数矩阵，根据此表可以写出 2 个公因子的表达式。值得注意的是在表达式中各个变量已经不是原始变量而是标准化变量。

$$F1 = -0.105 \times 人均 GDP + 0.180 \times 财政收入 + 0.300 \times 固定资产投资$$
$$+ 0.372 \times 年末总人口 - 0.104 \times 居民消费水平$$
$$+ 0.281 \times 社会消费品零售额$$
$$F2 = 0.430 \times 人均 GDP + 0.171 \times 财政收入 - 0.026 \times 固定资产投资$$
$$- 0.237 \times 年末总人口 + 0.429 \times 居民消费水平$$
$$+ 0.022 \times 社会消费品零售额$$

四、应用实例

在案例 8.1 中的数据进行因子分析后，再进一步对各省经济进行排名。

1. 第一步：在对案例数据 8.1 做因子分析的基础上，在数据文件打开的情况下，选择"转换—计算变量"命令，弹出如图 8-8 所示的对话框。

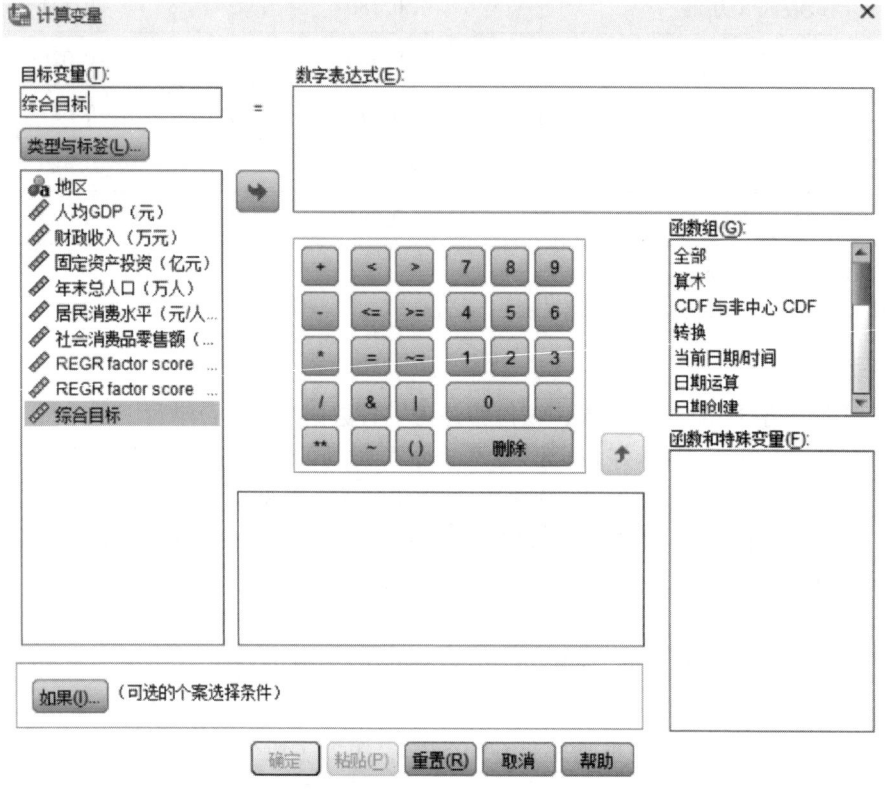

图 8-8 "计算变量"对话框

在"目标变量"中输入"综合目标"，这一变量将最终代表各省的综合发展实力。在数字表达式中输入"0.66052×FAC1_1+0.29518×FAC2_1"，FAC1_1、FAC2_1 是在做因子分析时所提取的公因子保存的变量，前面的系数是各个公因子的方差贡献率。设置完成后，单击"确定"按钮，然后返回数据文件，可以看到数据中多了"综合目标"这一变量。

2. 第二步：对"综合目标"按得分的多少进行排名，如表 8-9 所示。

3. 第三步：实验结果及分析。从表 8-9 中可以看出综合排名前 3 名的分别为广东、山东和江苏，他们的得分分别为 1.86、1.56 及 1.47。

FAC1_1	FAC2_1	综合目标
-0.64278	2.63862	0.35
-1.12433	1.44996	-0.31
0.77849	-0.47185	0.37
-0.28441	-0.27036	-0.27
-0.45809	0.03908	-0.29
0.41769	0.20721	0.34
-0.48134	-0.17487	-0.37
-0.26700	-0.26457	-0.25
-0.54724	3.46909	0.66
1.96498	0.57532	1.47
0.94065	1.11499	0.95
0.28250	-0.75666	-0.04
-0.19163	0.28576	-0.04
-0.17689	-0.64101	-0.31
2.36315	-0.00275	1.56
1.29494	-0.83424	-0.61
0.34515	-0.45600	-0.09
0.35372	-0.56793	-0.07

图 8-9　各省区市（不包括港、澳、台）综合得分情况

表 8-9　　　　　　各省区市（不包括港、澳、台）综合得分情况

地区	综合目标	地区	综合目标	地区	综合目标
广东	1.86	安徽	-0.04	贵州	-0.57
山东	1.56	福建	-0.04	新疆	-0.60
江苏	1.47	黑龙江	-0.25	甘肃	-0.67
浙江	0.95	山西	-0.27	海南	-0.85
上海	0.66	广西	-0.29	宁夏	-0.87
河南	0.61	内蒙古	-0.29	青海	-0.90
河北	0.37	江西	-0.31	西藏	-0.98
北京	0.35	天津	-0.31	—	—
四川	0.35	陕西	-0.33	—	—
辽宁	0.34	云南	-0.34	—	—
湖北	0.09	吉林	-0.37	—	—
湖南	0.07	重庆	-0.40	—	—

第九章 数据图表展示

统计图表是我们在数据分析过程中经常采用的展示数据特征的方式。但如何做一个规范、准确、清晰的图形,需要我们遵循一定的原则和操作规程,本章专门讲解各类统计图的绘制。

实验一 箱线图

箱线图利用最小值、最大值、中位数、四分位数等五个数值描述数值型变量的分布特征。我们在"描述统计—探索分析"的"绘制"功能中可以选择相应操作输出箱线图。除此之外,还可在"图形"菜单中选择相应功能绘制数值型变量的箱线图。

一、实验目的和要求

1. 利用"图形"菜单绘制箱线图;
2. 理解分群变量和列嵌板变量的意义。

二、实验步骤

【案例9.1】利用"custinfo 客户信息.sav"和"cust 流失情况.sav"两个数据库合并之后的新的"custinfo 客户信息流失.sav"分析①,此数据库中既包括客户信息(如性别、年龄、话费方案、手机品牌),也包括流失情况(变量 Churn,其中"1"表示流失)。本实验的目的是考察不同话费方案中客户流失在"在网时长"方面是否存在差距。

图 9 -1 数据库结构

---

① 数据库合并过程请参照第三章相关操作。

1. 第一步，依次选择"图形（G）——图表构建程序（C）"菜单项，打开"图表构建程序"对话框。首先，"提示框"（见图9-2）对图形绘制过程中的变量测量尺度进行了说明，如果未设置完全，可以通过"定义变量属性"对话框对相应变量进行设置。如果设置完成，可直接点击"确定"按钮打开"图表构建程序"主对话框。在"库"选项卡中选择"箱图"，其结果如图9-3所示。

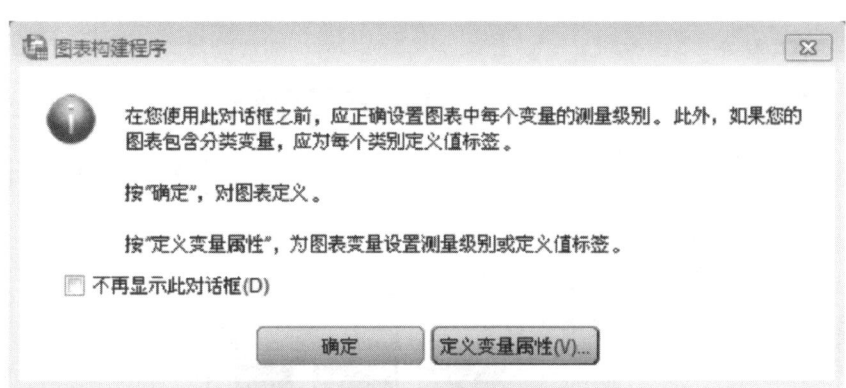

图9-2 绘图信息提示框

图9-3 图表构建程序主对话框

在此箱线图的绘制类型中有三种选择,(1) 简单框图;(2) 群集框图;(3) 单变量框图。现在我们利用"群集框图"绘制不同"话费方案"下客户流失与否在"在网时长"方面的比较图。

2. 第二步,在"选择范围"画板中双击第二个"群集框图"图例,其绘图结构将显示在面布区域中(见图9-4)。

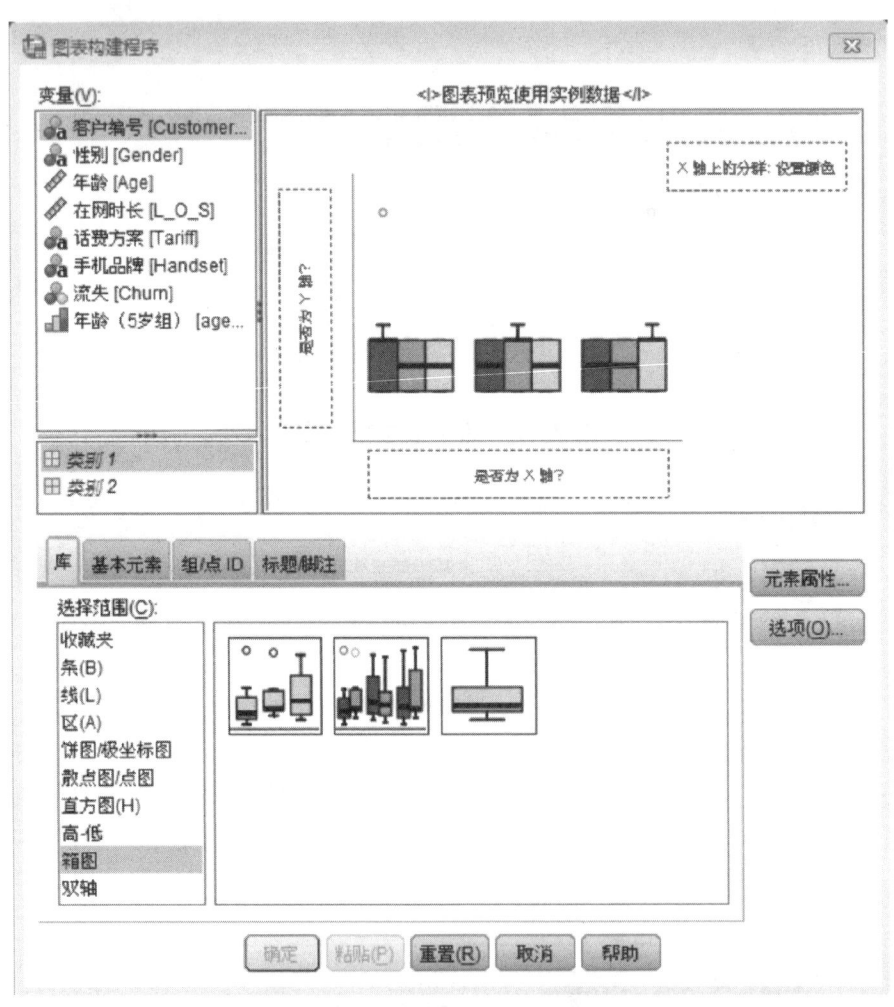

图 9-4 设置图式结构类型

3. 第三步,选中相应变量,点击鼠标左键拖拽到绘图画布区域中的相应坐标轴位置。变量"在网时长"放置在纵轴标题位置,变量"流失"放置在横轴标题位置(见图9-5)。

4. 第四步,点击"组/点 ID"标签,选择"列嵌板变量"多选项,在绘图画布区域中新出现的"列嵌板变量"框中拖入变量"话费方案"(见图9-6)。

5. 第五步,点击"确定"按钮,输出相应结果(见图9-7)。在此操作中,"元素属性"按钮中的相应设置采用默认形式。

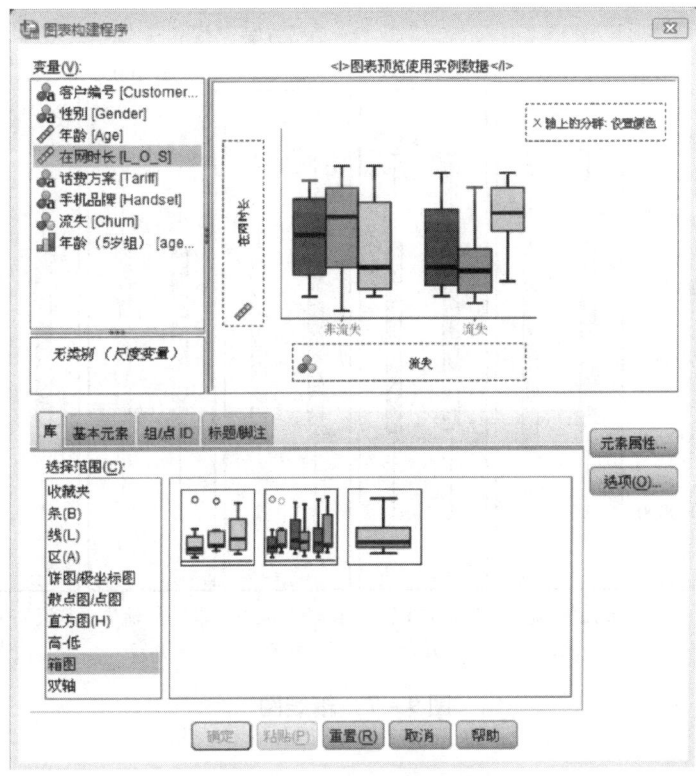

图 9-5 设置轴变量

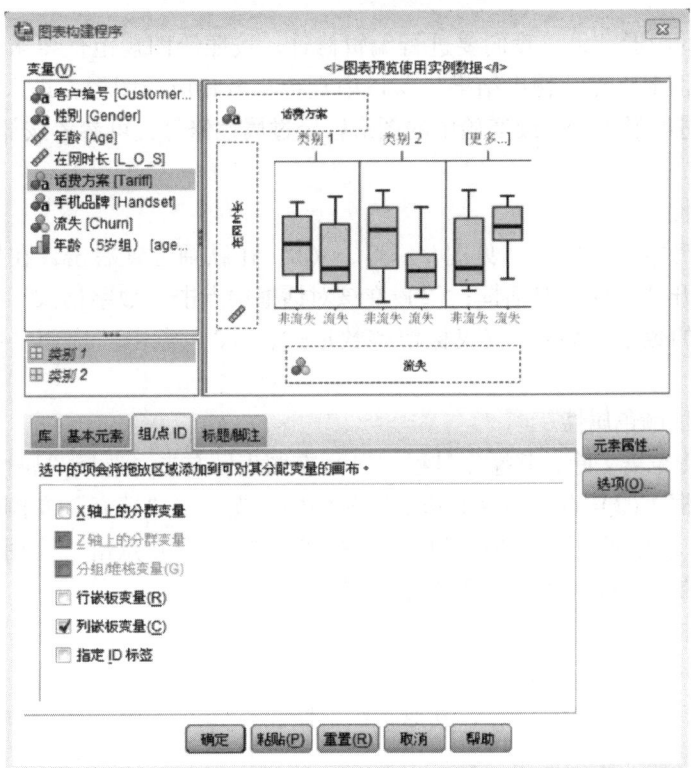

图 9-6 设置列嵌板变量

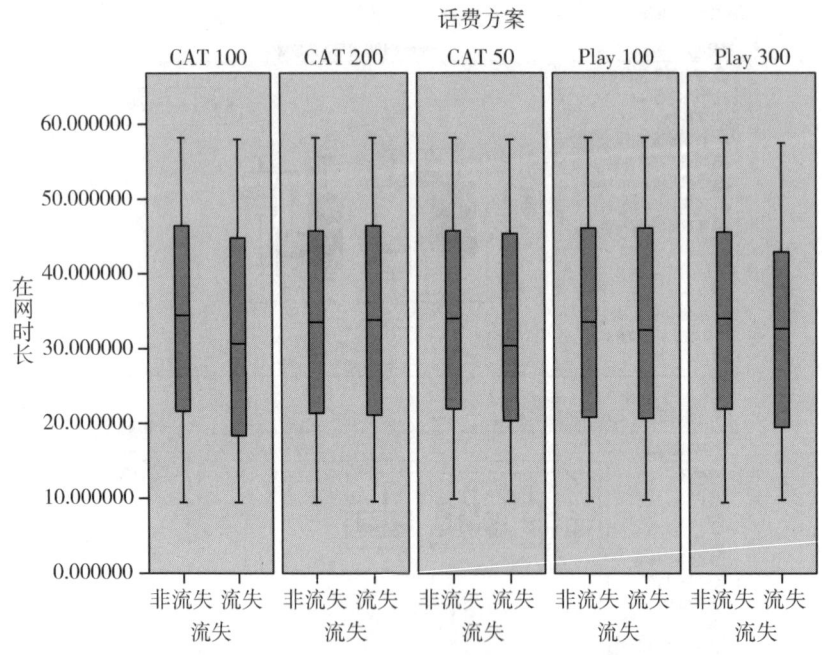

图 9-7 箱线图

三、实验结果及分析

对直接输出的图形结果，我们要进行编辑修饰，按照绘图规范性要求修改完善相应内容。SPSS 绘制的图形可在"输出结果"窗口中直接双击相应的图形，进入可编辑状态，对图形的相应属性进行设置。后续实验中的图形皆经过属性修订，可参考该部分操作，后续不再详述。

1. 设置轴属性

在"图表编辑器"窗口中（见图 9-8），（1）在纵轴位置右击，在快捷菜单中选择"属性窗口"，打开"属性"对话框；（2）在该对话框中点击"数字格式"标签，并把"小数位"文本框中的数字改为 0，仅仅保留整数形式；（3）点击"应用"按钮，其结果如图 9-8 所示。

2. 设置图表区颜色属性

图表区的阴影也需去除，其操作过程：（1）在图表区右击，选择"属性窗口"，打开相应"属性"对话框；（2）在"填充和边框"标签中，先点击"填充"左侧的小窗口（标①位置），再点击"颜色面板"中的白色即可（标②位置）；（3）点击"应用"按钮，图形结果发生改变（见图 9-9）。最后，关闭该属性框。

3. 设置数据标签

显示箱图中的中位数，其操作过程为：（1）选中"中位数"线右击，在快捷菜单中点击"显示数据标签"（见图 9-10），其他属性不修改；（2）关闭"图表编辑器"窗口，其图形的最终结果将在"结果输出"窗口中显示（见图 9-11）。

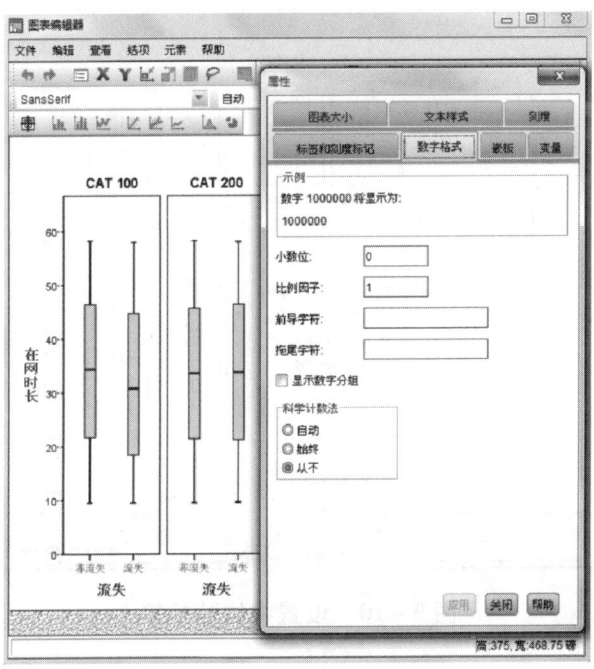

图9-8 图形属性设置窗口

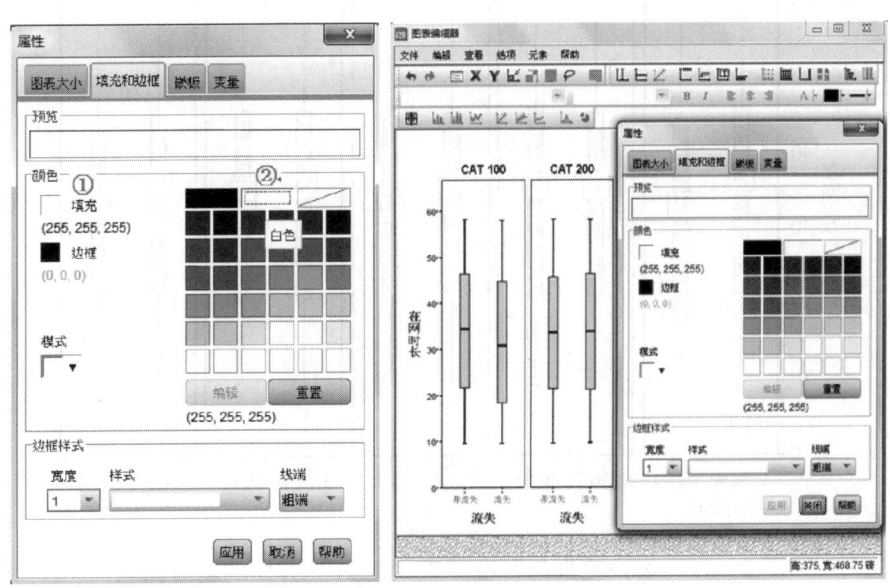

图9-9 修改图表区阴影

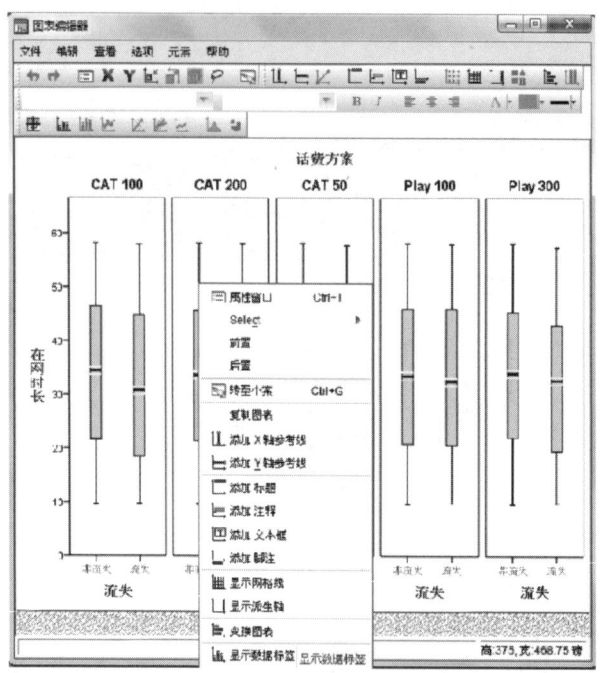

图 9-10 设置中位数标签

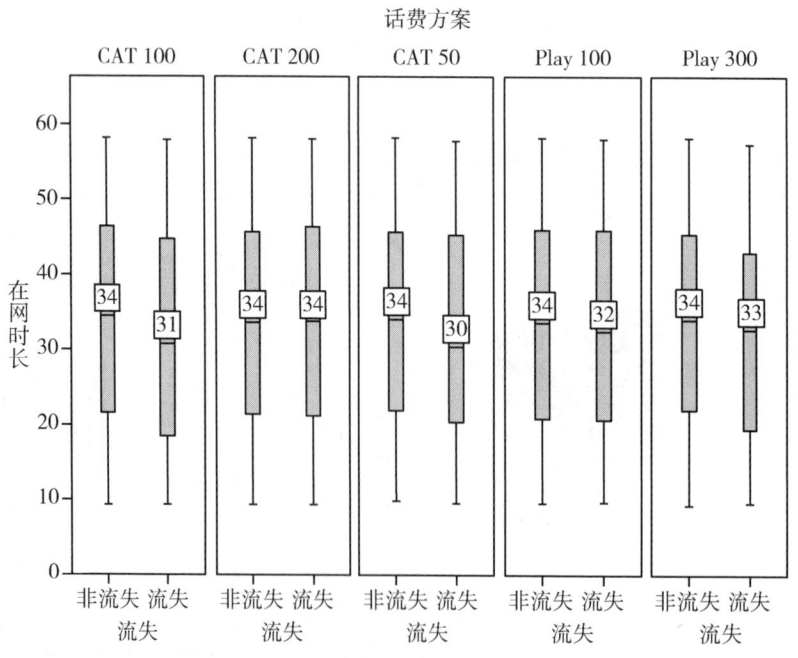

图 9-11 客户流失与否在"在网时长"方面的差异比较

在图 9-11 中,我们发现客户流失与否,在"在网时长"方面存在一定差异,一般来说,流失者的在网时长中位数要短于非流失者的时长。但不同话费方案间的时长差异并不一致,如 CAT50 方案中,中位数差距最大,达到 4 个月;而 CAT200 方案中在网时长中位数一致。

四、应用实例

如果将变量"话费方案"引入"X 轴上的分群"文本框（见图 9-12），展示相应图示结果，并与"列嵌板变量"的图示结果进行比较，看一看有何区别。

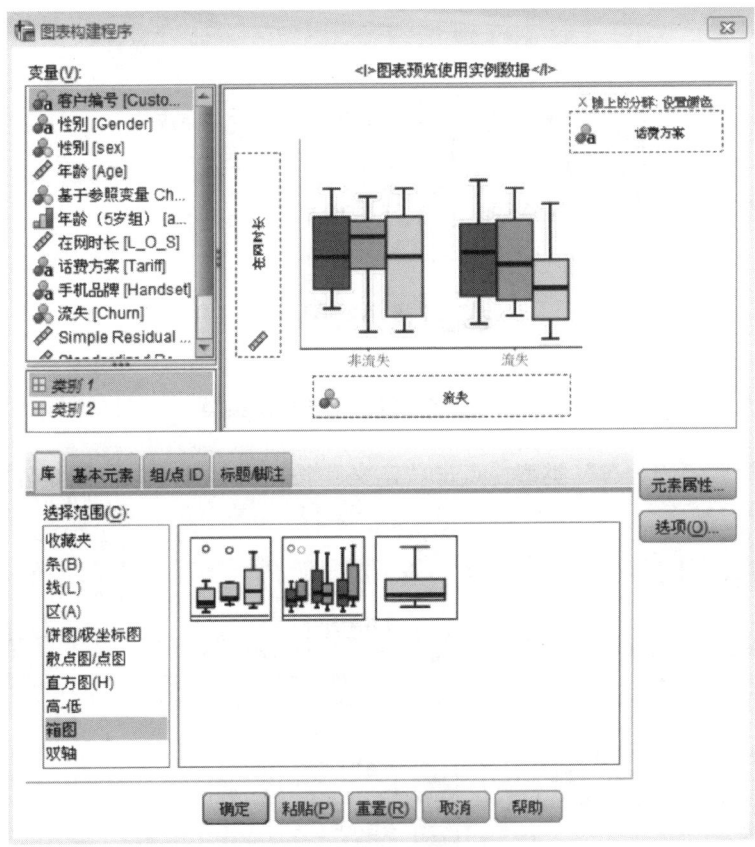

图 9-12　设置分群变量

实　验　二　散　点　图

散点图主要用于展示两个或多个连续型变量间的相关性问题。如在回归分析中用于辨别自变量和因变量间的数学表达式形式，是采取线性形式，还是采取非线性形式。

一、实验目的和要求

1. 掌握矩阵散点图的绘制过程；
2. 理解散点图绘制过程中的"设置颜色"变量的作用。

二、实验步骤

【案例9.2】本案例利用"*薪水影响因素.sav*"数据库，[1] 是有关工资影响因素的研究

---

[1] 薛薇. 基于 SPSS 的数据分析 [M]. 北京：中国人民大学出版社，2006.

问题。本实验用于分析连续型数值变量 salary（当前工资）、salbegin（初始工资）和 jobtime（工作时长（月））三者之间的相互关系，利用散点图的形式展示。

1. 第一步，依次选择"图形（G）——旧对话框（L）——散点/点状（S）"菜单项，打开"散点图/点图"定义框（见图 9-13），从中选择相应的操作类型。

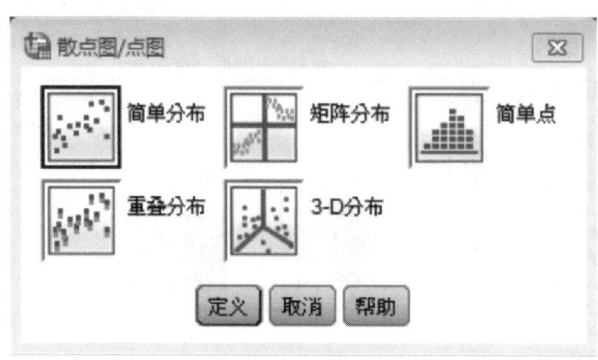

图 9-13　选择散点图操作类型

本实验选择"矩阵分布"类型，点击"定义"按钮，打开"散点图矩阵"对话框（见图 9-14）。

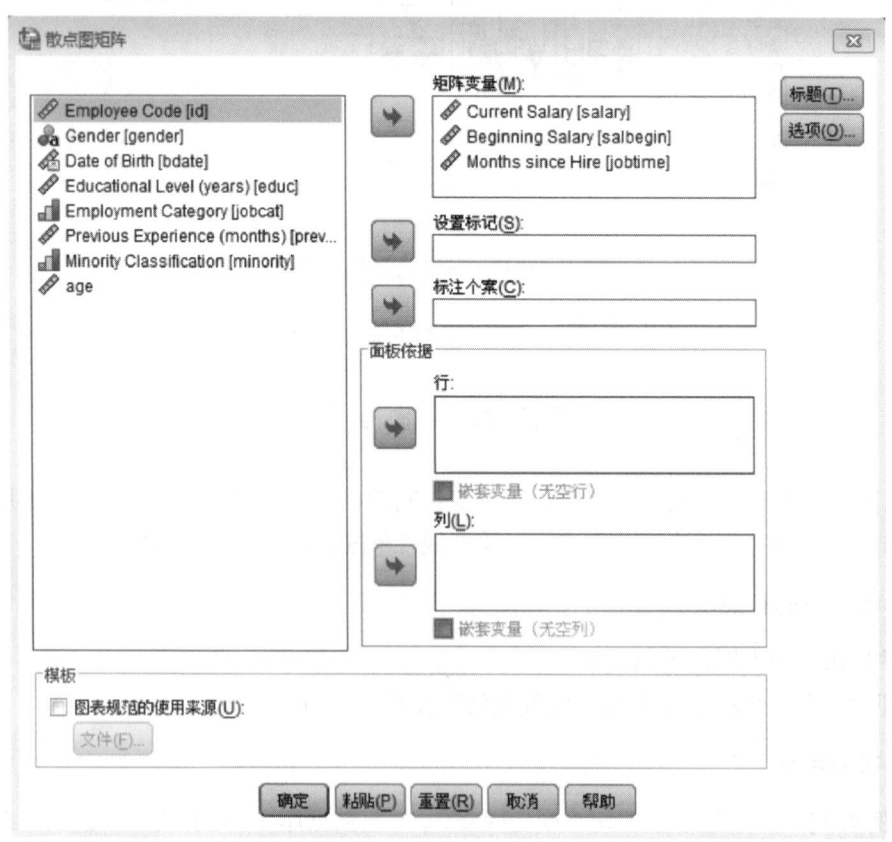

图 9-14　散点图矩阵对话框

本过程也可通过选择"图形（G）——图表构建程序（C）"中的"散点图/点图"绘制相应散点图。其间的绘图模板以及绘制过程存在差异，读者可自行练习。

2. 第二步，在左侧的"变量"列示框中选择变量 salary、salbegin 和 jobtime，并点击 按钮，把这三个变量引入"矩阵变量"文本框中（见图 9 – 14）。

3. 第三步，点击"确定"按钮，输出相应结果（见图 9 – 15）。

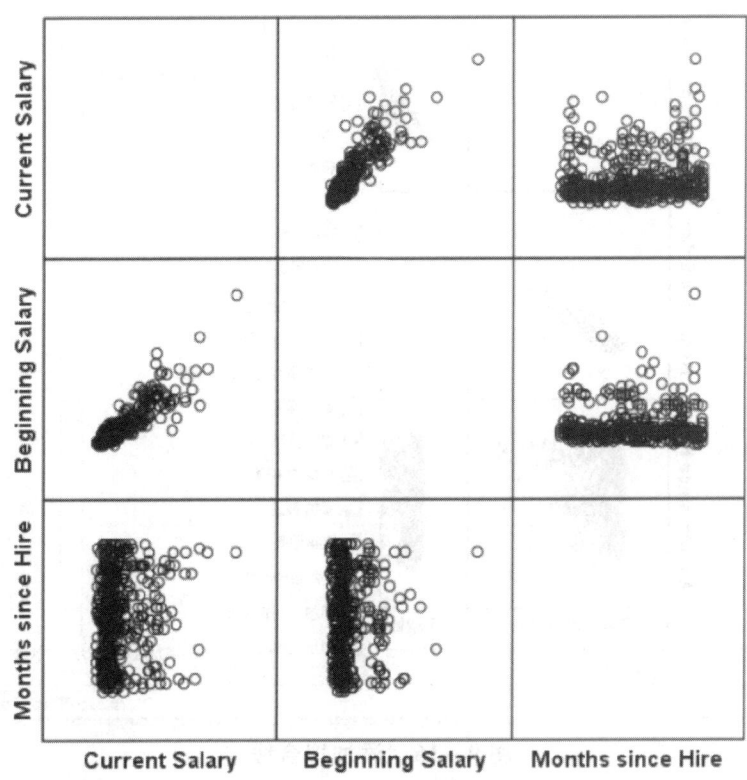

图 9 – 15　矩阵散点图（1）

三、实验结果及分析

对初始的散点图矩阵可以进行修改美化，如去掉图中阴影、添加趋势线等。现在仅对添加趋势线进行讲解，如何去掉阴影的操作可按照"实验一"的要求进行。

添加趋势线的操作步骤：（1）激活散点图矩阵，进入"图表编辑器"窗口；（2）在该窗口的散点图上右击，选择"添加总计拟合线"（见图 9 – 16）。同时显示拟合线"属性子对话框"（见图 9 – 17）。根据散点图走势选择相应的拟合方式，本例选择"线性"拟合方式。

调整图表区的大小，使之尽可能铺满绘图区；修改相应字体格式及大小。最终的图示结果见图 9 – 18。

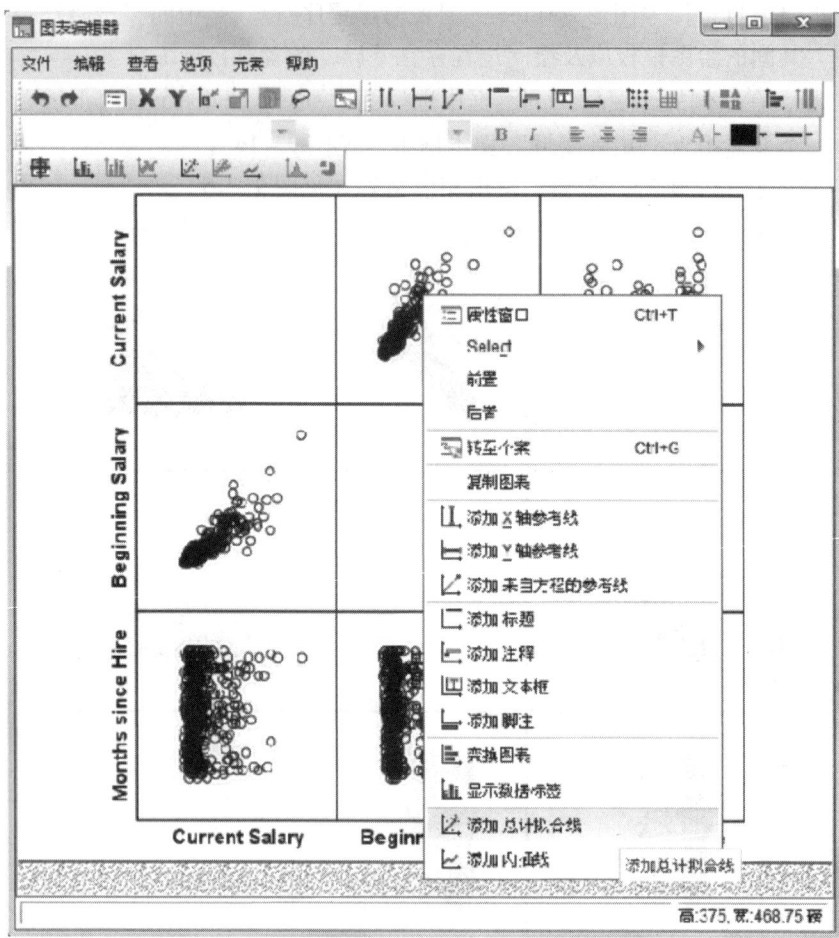

图9-16 添加拟合线

图9-17 拟合线属性设置子对话框

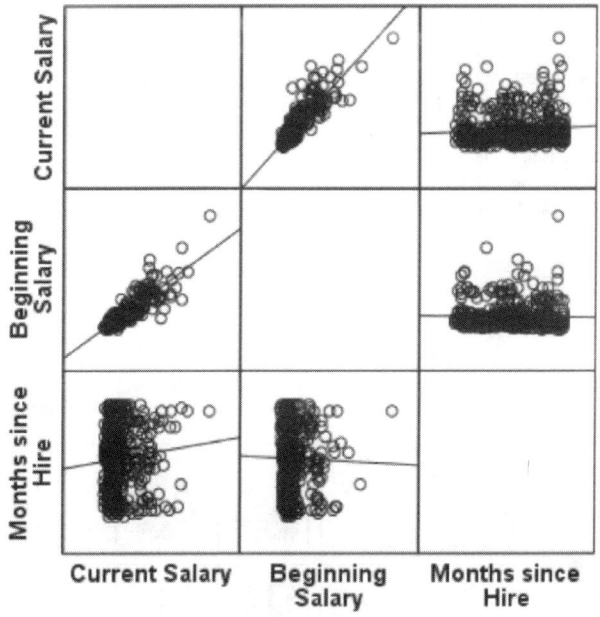

图 9-18 矩阵散点图（2）

四、应用实例

利用薪水影响因素.sav 数据库研究起始工资与当前工资的关系，但现在需考虑不同工作类型（jobcat）在两变量相关性间的差异性。现通过选择"图形（G）——图表构建程序（C）"中的"散点图/点图"模式，利用"分组散点图"绘制，其操作对话框如图 9-19 所示。

对分组变量（jobcat）通过设置相应的图案进行区别，双击"设置颜色"文本框，出现"分组区域"子对话框（见图 9-20），在"分组依据"下拉列表中选择"图案"，点击"确定"按钮回到主对话框。

最终，"图表构建程序"的设置如图 9-21 所示。点击"确定"按钮生成相应图形，对图形进行修缮美化，并添加拟合线后的结果如图 9-22 所示。

我们发现，不同工作类型，起始工资和当前工资存在差别，尤其是 Clerical（办事员）的起始工资和当前工资普遍低于 Manager（管理者），并且二者间的起始工资对当前工资的影响作用不一样，Clerical（办事员）的起始工资对当前工资的影响更大。Custodial（保管员）的样本较少（仅有 27 人），其回归直线拟合效果不具有代表性。

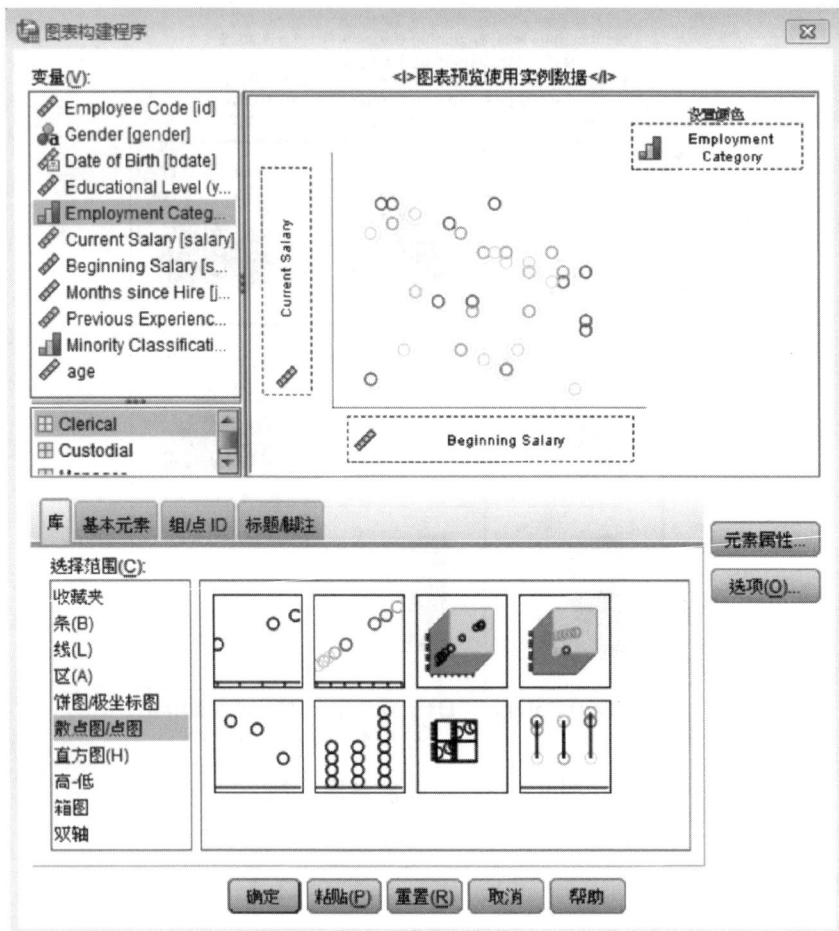

图 9-19 散点图构建程序

图 9-20 设置分组类型

第九章 数据图表展示

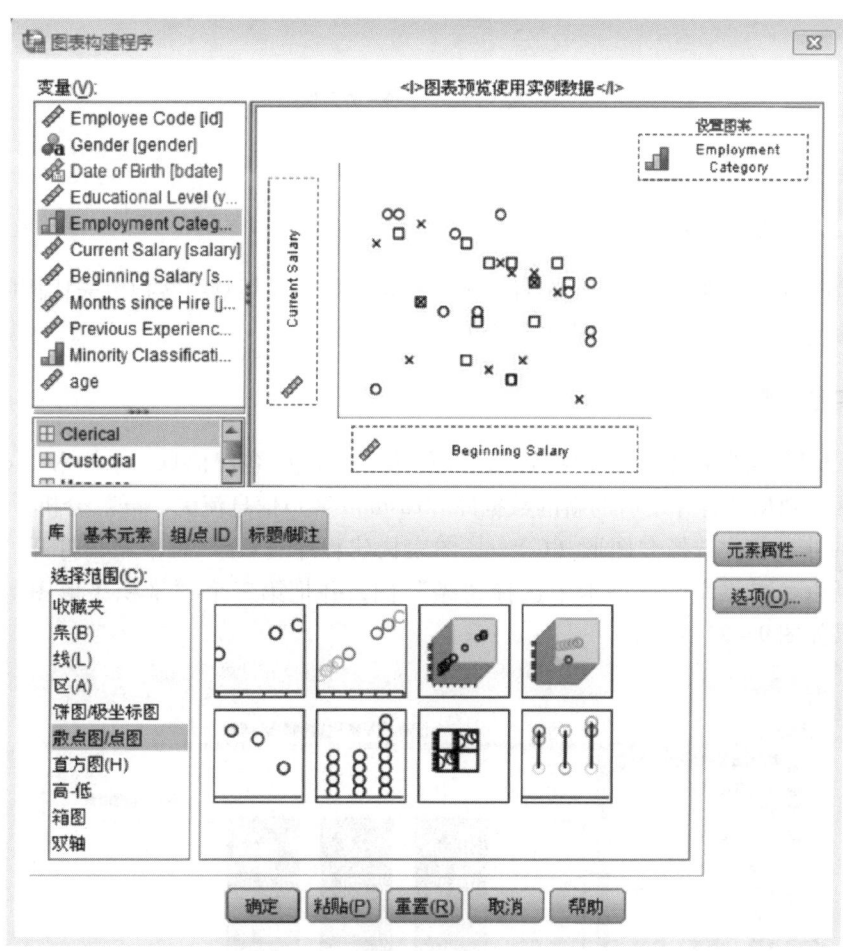

图 9-21 散点图属性设置窗口

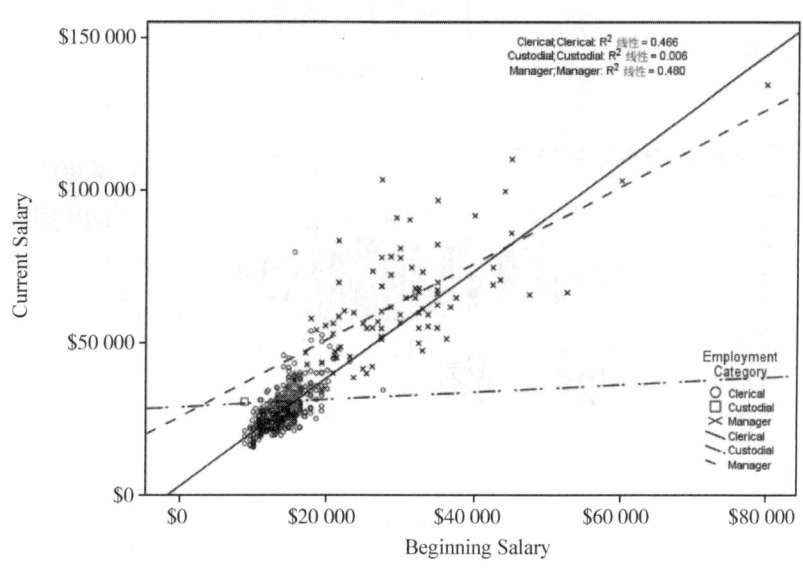

图 9-22 起始工资和当前工资的散点图（添加拟合线）

实验三 条形图

一、实验目的和要求

本实验的目的是研究分类变量在各组内的结构,如不同年龄组客户流失比例问题。通过此图示能够展现不同年龄组客户流失与否的结构差异。

二、实验步骤

【案例 9.3】实验数据同本章实验一,即利用"custinfo 客户信息.sav"和"cust 流失情况.sav"两个数据库合并之后的新的数据库"custinfo 客户信息流失.sav"分析。

1. 第一步,依次选择"图形(G)——图表构建程序(C)"菜单项,打开"图表构建程序"对话框。在"库"选项卡中选择"条"图,并把第三个"堆积条形图"拖入画布中,其结果如图 9-23 所示。

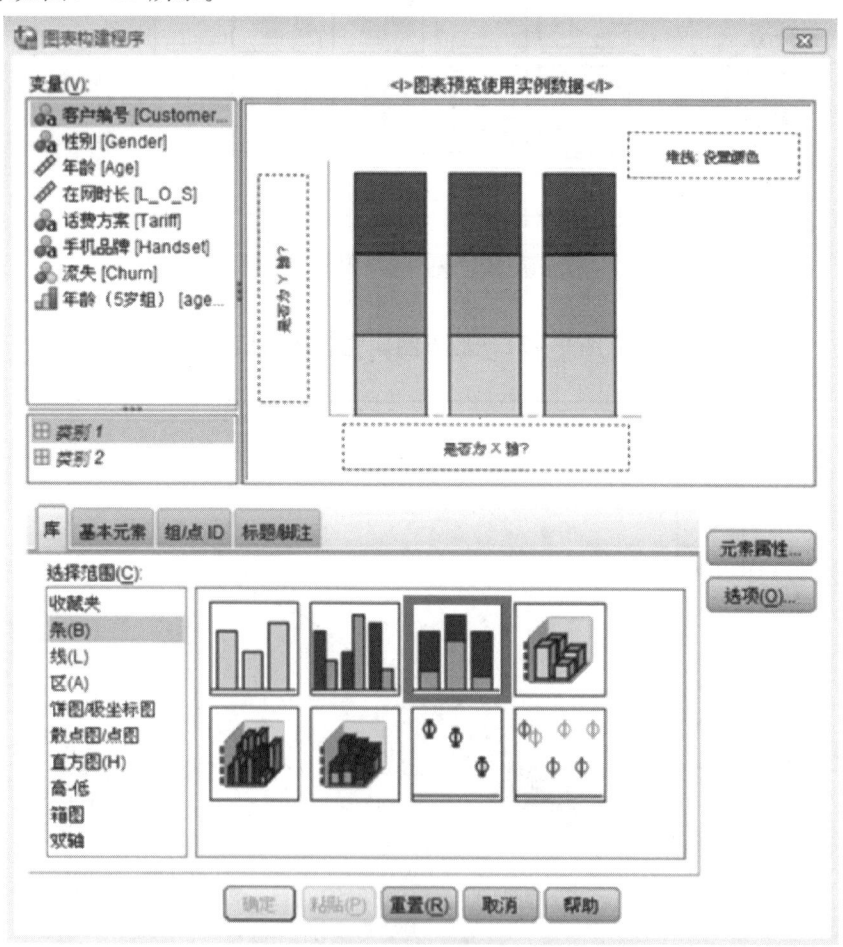

图 9-23 条形图构建程序

2. 第二步，把变量 *agegrp*［年龄（5岁组）］拖入"X轴"框中，把变量 *Churn*［流失］拖入"堆栈：设置颜色"文本框中。

双击拖入变量 Churn 之后的"堆栈：设置颜色"文本框，打开"分组区域"对话框（见图9–24）。在该对话框中的"分组依据"选项中选择"图案"，点击"确定"按钮回到主对话框（见图9–25）。

图9–24　设置分组变量

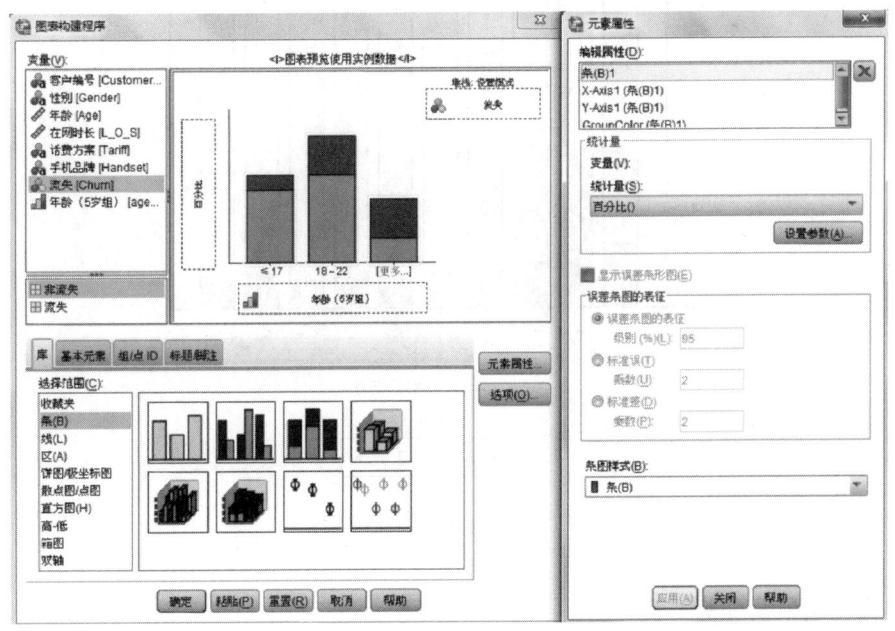

图9–25　设置坐标轴及分组变量

3. 第三步，在"元素属性"对话框中，在"编辑属性"列表框中选择"条"选项，在下方的"统计量"下拉列表框中选择"百分比（ ）"选项，并点击"设置参数"按钮，在对话框中将"计算百分比分母"设置为"每个 X 轴类别总量"（见图 9-26）。点击"继续"并在"属性对话框"中单击"应用"按钮使得各项修改生效。

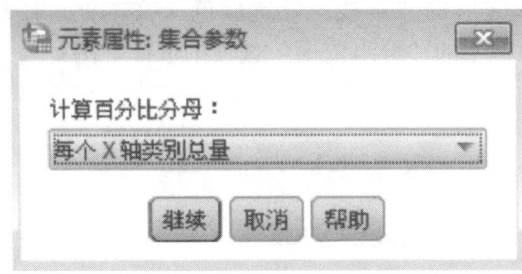

图 9-26 设置百分比计算方式

最终，对话框的属性设置形式如图 9-25 所示。在主对话框中单击"确定"按钮，输出百分比条图（见图 9-27）。

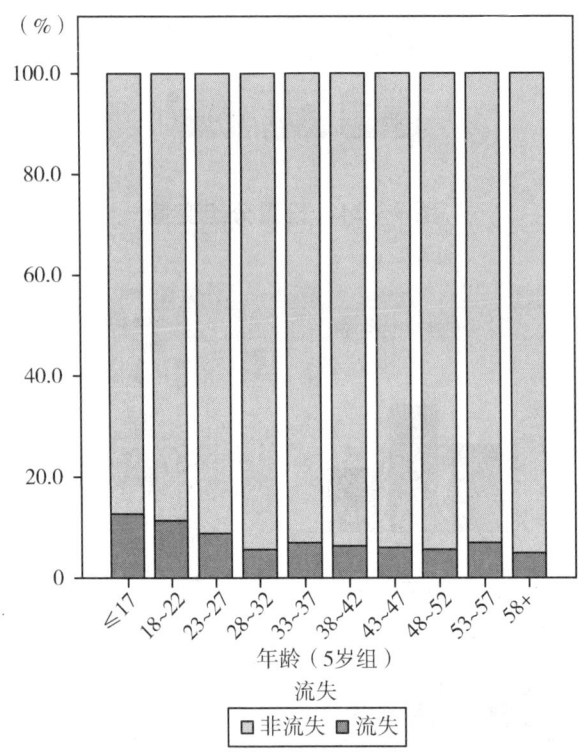

图 9-27 条形图（1）

三、实验结果及分析

对图形进行美化设计，并标示百分比数字标签，最终结果如图 9-28 所示。

从图 9-28 中可以看出，客户流失与否在不同年龄组之间存在差异，随着年龄增加流失比例呈现下降趋势，17 岁及以下组的客户流失率最高，高达 12.71%；其次是 18~22 岁组，流失率有 11.33%。流失率最低是 58 岁以及上年龄组，仅有 4.90%。

第九章　数据图表展示

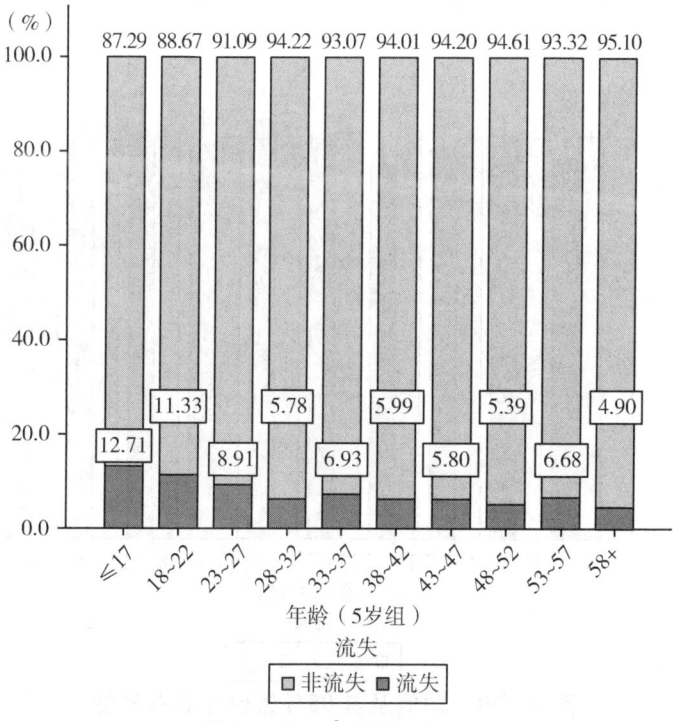

图 9-28　条形图（2）

四、应用实例

不同年龄组的"流失与否"在"在网时长"方面是否存在差异，可通过"在网时长"的均值（或中位数）及其95%置信区间来考察（见图9-29），其图示结果如图9-30所示。

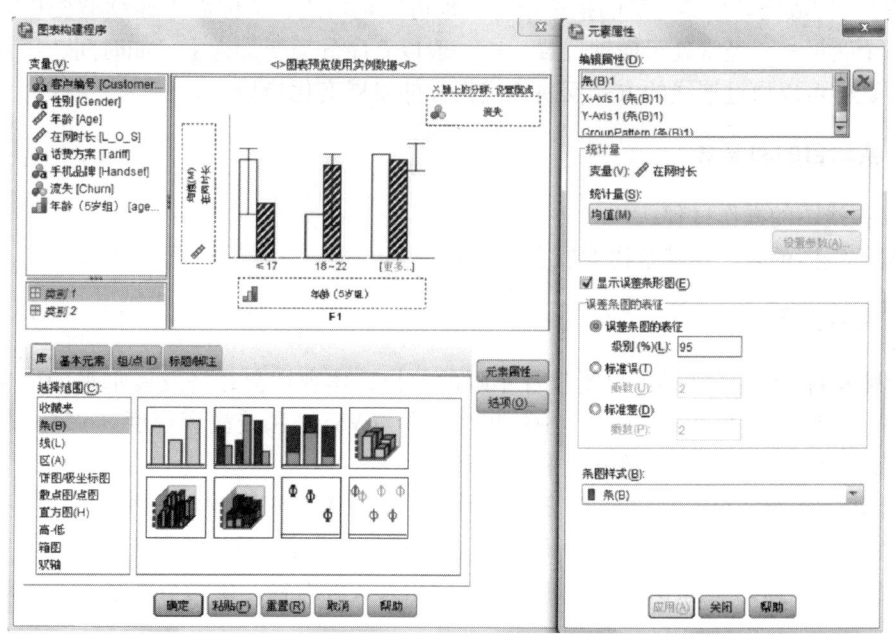

图 9-29　均值条形图

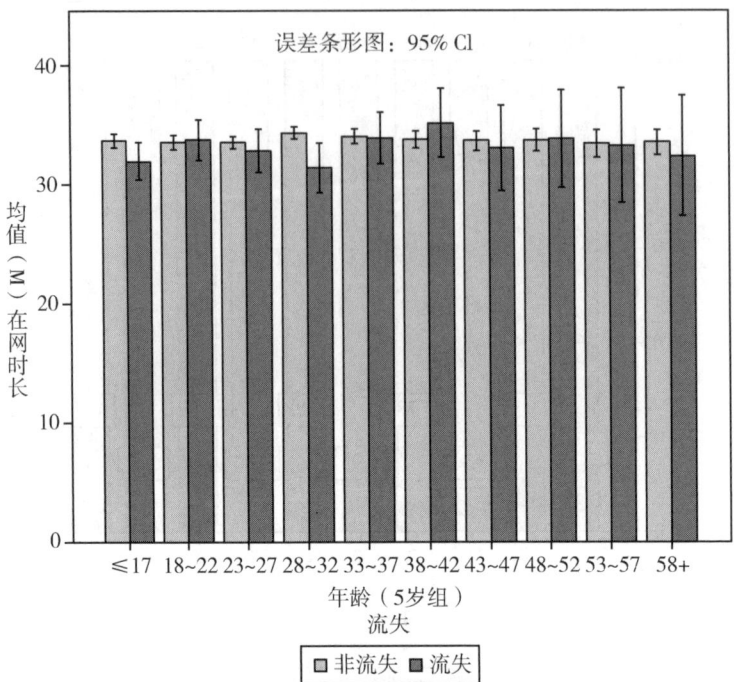

图9-30 均值及其95%置信区间条形图

实验四 线图

线图经常用来表示一个变量随着另一个变量（如时间）变化的趋势，这类趋势可以是频数（率）、构成比等分类变量的描述指标，也可以是均值、中位数等连续型变量的汇总指标；另一个变量——经常处于横轴位置——一般以有序分类变量为主，如时间、年代、程度指标等，这样可以通过连线的方式反映相应指标的发展变化趋势。

一、实验目的和要求

1. 掌握线图的操作过程；
2. 理解线图的含义及其事物发展变化趋势。

二、实验步骤

【案例9.4】不同时代的人口受教育年限的差异，体现社会经济发展水平的变化。现利用数据库"2000年人口调查.sav"中的出生年份（V35）和受教育程度（V54）信息，研究城乡之间受教育程度的发展变化过程。

在利用线图分析之前，首先，计算每个调查者的受教育年限，即把各个受教育程度转化为受教育年限（见表9-1）。这主要是利用"转换——重新编码为不同变量"菜单项，生成新变量"教育年限"。其操作过程详见第三章相关实验内容，在此不再赘述。①

---

① 详见第三章中的"实验二 重新编码生成新变量"中的操作过程。

表 9-1　　　　　　　　　　　　受教育程度与年限对应关系

受教育程度	受教育年限（年）
1. 未上过学	0
2. 扫盲班	2
3. 小学	6
4. 初中	9
5. 高中	12
6. 中专	12
7. 大学专科	15
8. 大学本科	16
9. 研究生	19

1. 第一步，依次选择"图形（G）——图表构建程序（C）"菜单项，打开"图表构建程序"对话框。在"库"标签下的"选择范围"内选择"线"，将会在右侧出现两个"线模板"，双击第二个"多重线图"模板，将会在上端的画布位置显示相应的图示结构（见图 9-31）。

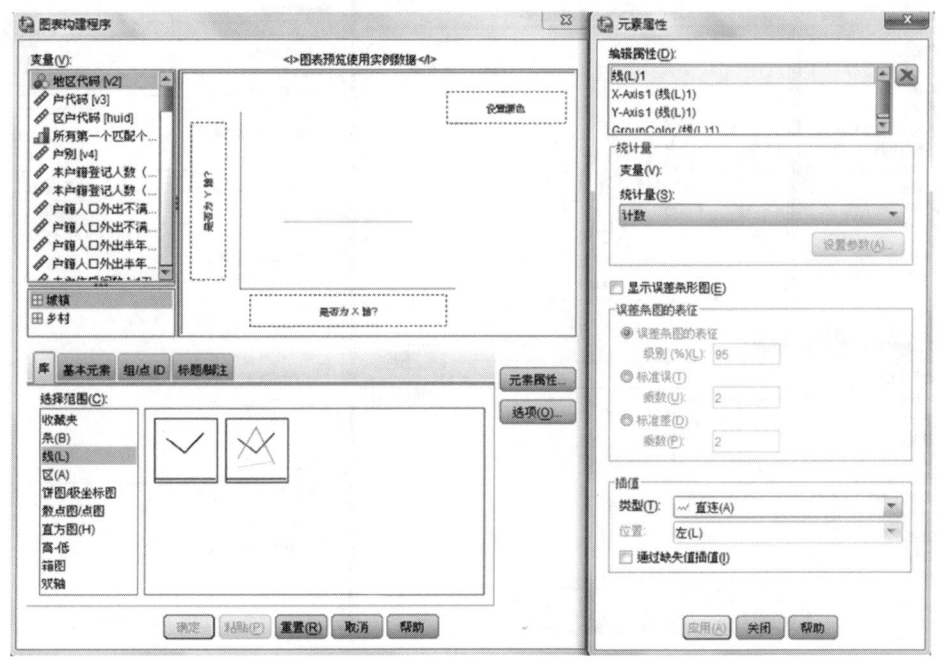

图 9-31　线图构建程序对话框

2. 第二步，把变量"出生年份（V35）"拖入横轴处的文本框中，新变量"教育年限"拖入纵轴处的文本框中，变量"地区代码（V2）"拖入"设置颜色"文本框中。

双击"设置颜色"文本框，在出现的"分组区域"对话框中（见图 9-32），设计"分组依据"为"图案"，点击"确定"按钮关闭该对话框。

图9-32 设置分组依据

在"元素属性"对话框中的"编辑属性"列表框中选择"线"选项,在下方的"统计量"下拉列表框中选择"均值"选项,点击该对话框中的"应用"按钮使各项设置生效(见图9-33)。

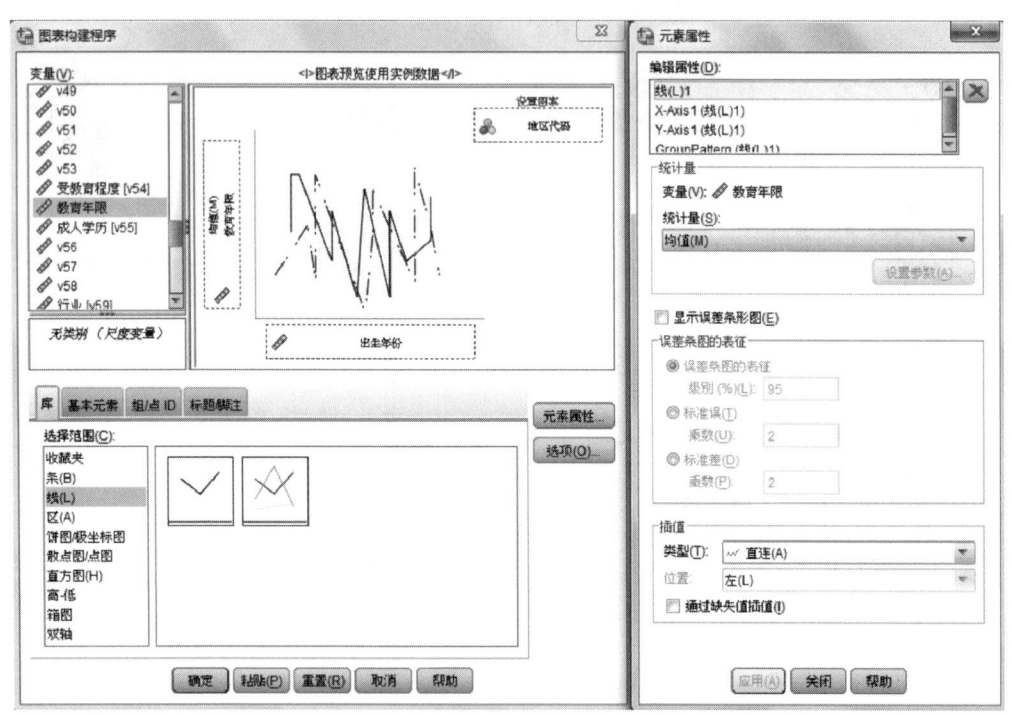

图9-33 设置"线图"的元素属性

因为在计算"平均受教育年限"时,1980年后出生人群中有较大比例的人在继续接受教育或未到入学年龄,故应对分析人群进行出生年份限定。在"元素属性"对话框中的"编辑属性"列表框中选择"X-Axis1(线(L)1)",对横轴"出生年份"的尺度范围进行设置,最小值为1950年,最大值为1980年(见图9-34),点击"应用"按钮。

3. 第三步,在"图表构建程序"主对话框中点击"确定"按钮,生成线图(见图9-35)。

图 9-34 设置横轴时间范围

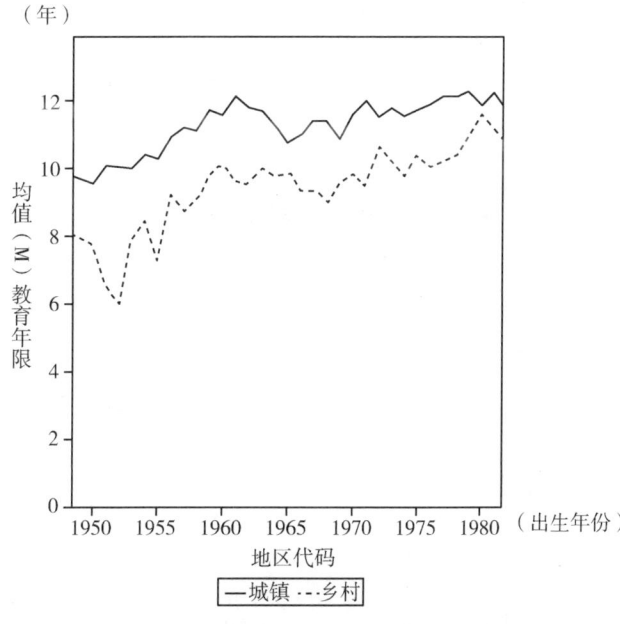

图 9-35 线图 (1)

三、实验结果及分析

对程序直接输出的结果,需进行去除阴影、调整绘图区大小、字体大小等编辑工作,其中横轴属性的刻度设置为 1950~1980 年,这主要是因为 1980 年后出生的人口还处于待教育(或在教育)年龄阶段,其受教育年限不确定,最终结果见图 9-36。

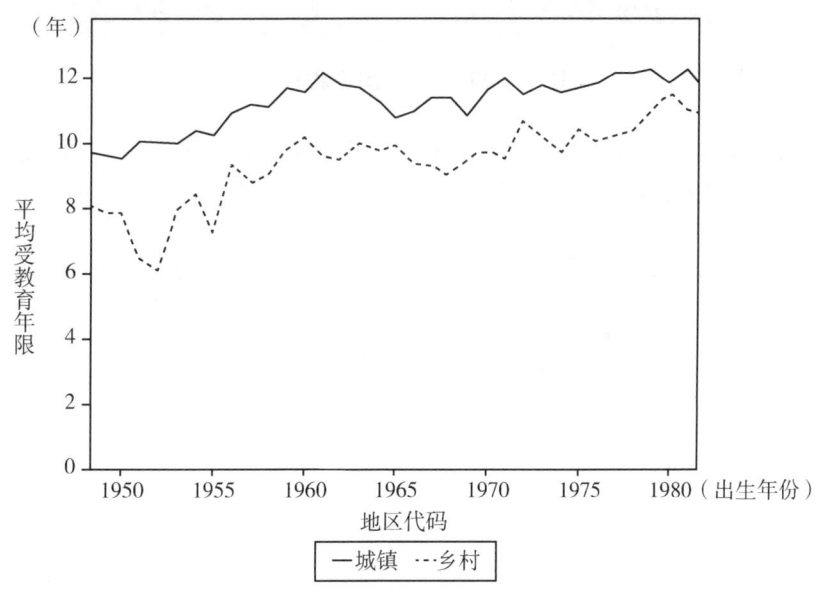

图 9-36 线图 (2)

从图 9-36 中可以发现，随着经济社会的发展，城乡居民的受教育年限获得了巨大改善，并且城乡之间的受教育程度呈现缩小的趋势。新中国成立初期出生的人群受教育年限有 9 年左右，而 20 世纪 80 年代出生人群的受教育年限提高到 11 年左右，尤其是乡村地区，已由 50 年代出生人口的 7.5 年，提高到 80 年代的 10.5 年，增长了 3 年左右。

四、应用实例①

利用数据库"*2000 年人口调查.sav*"中的变量"自有住房"（1——自有住房，0——非自有住房）与"age10"（年龄组，组距为 10 岁）分析不同年龄组的自有住房变化情况（见图 9-37）。

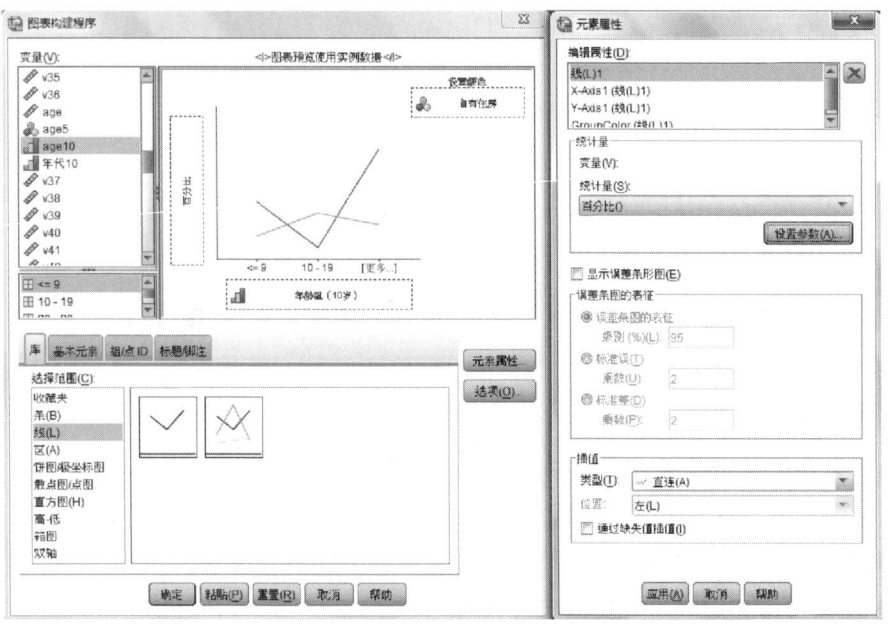

图 9-37 线图构建程序

在元素属性对话框中，"线（L）1"的统计量设置为"百分比"，在"设置参数"子对话框中选择"每个 X 轴类别总量"为计算百分比的分母（见图 9-38）。

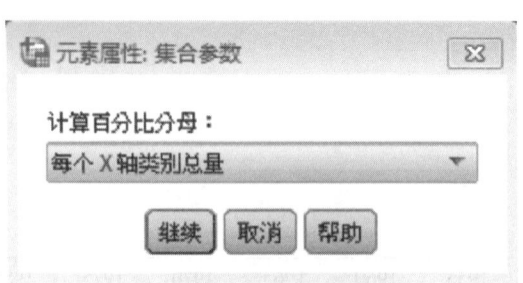

图 9-38 设置分类变量

---

① 邹湘江. 城市人口变动对住房状况的影响研究 [D]. 北京：中国人民大学，2013.

最后，输出的图形经美化修饰后如图9-39所示。

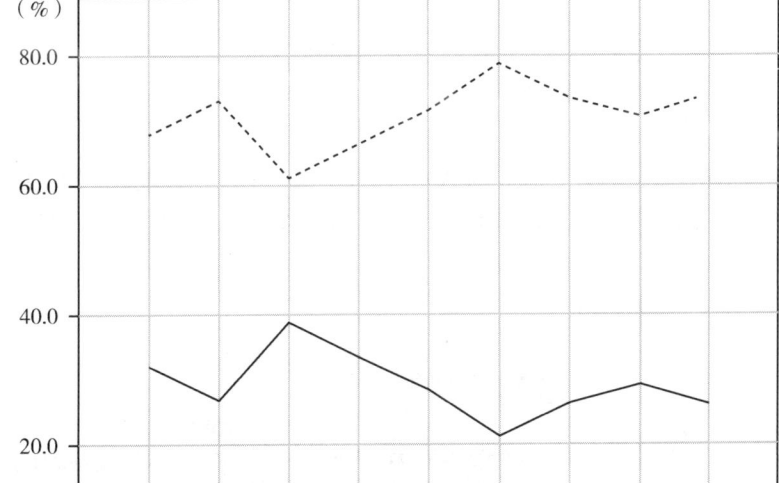

图 9-39 自有住房线图

实验五 质量控制图

在生产过程中，质量控制是一项重要的工作，如元器件直径标准、包装填充重量等都需在现场及时观测、评价是否符合质量控制要求，及时做出调整，否则，将对生产成本、产品质量造成巨大损失。我们知道，在生产过程中，产品质量具有一定的随机波动性，一方面这是由随机因素造成的，另一方面是由设备故障、误操作等非随机因素造成的，这种非随机因素所造成的质量不稳定是我们质量控制的目标，应着重避免。而在质量控制过程中，控制图将是用于分析和判断生产过程是否处于稳定状态的有效工具。

一、实验目的和要求

1. 理解控制图的适用条件；
2. 掌握其绘制过程；
3. 准确解读质量控制图的含义。

二、实验步骤

【案例 9.5】 利用数据库"*2003 年北京非典数据. sav*"中的变量 new_all(新收治总数)进行分析,利用控制图考察"新收治总数"发展变化是否具有集聚性,哪些地区具有发生的爆发性。

1. 第一步,依次点击菜单"分析(A)—质量控制(Q)—控制图(T)",打开"控制图"预定义对话框(见图 9-40),选择"个体,移动全距"选项。点击"定义"按钮,打开控制图绘制主对话框(见图 9-41)。

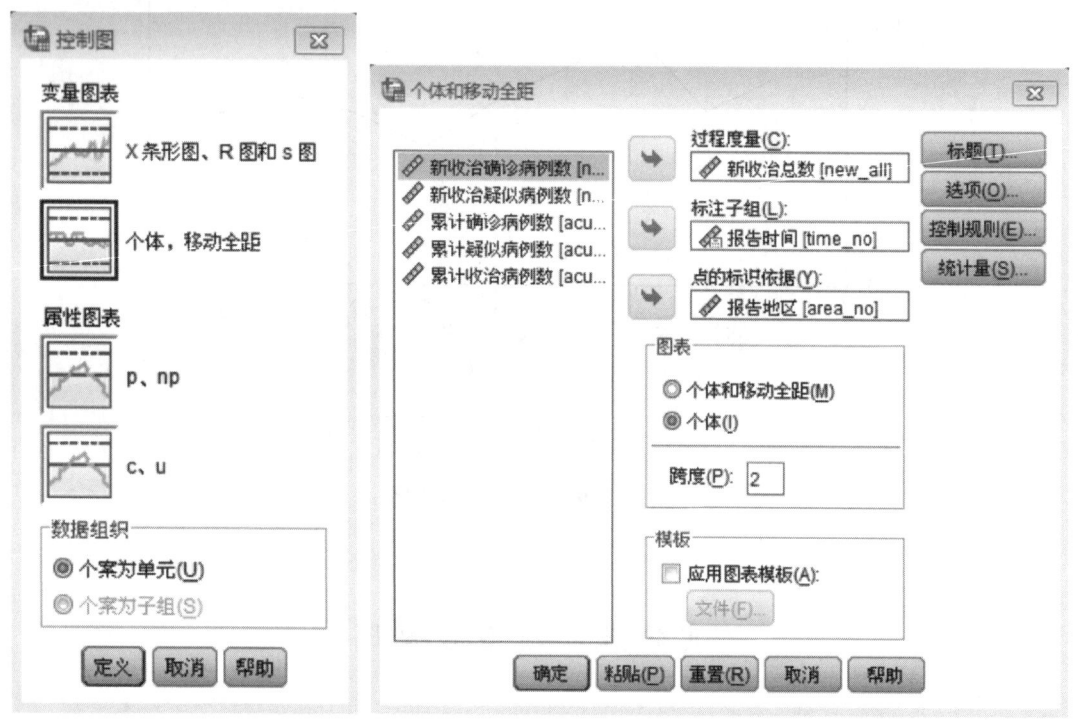

图 9-40　选择控制图类型　　　　图 9-41　控制图绘制主对话框

2. 第二步,将"新收治总数[new_all]"选入"过程度量"文本框,表示将对此变量进行观测,考察其是否具有波动性,能够展现"新收治总数"远大于其他地区的个案数值。

将"报告时间[time_no]"选入"标注子组"文本框,表示将依据此变量对"过程度量"变量进行排列。再将"报告地区[area_no]"选入"点的标识依据"文本框,表示将依据"地区"显示波动性较大的个案数值。

3. 第三步,点击"控制规则"按钮,打开"个体和移动范围:控制规则"子对话框,选择"在+3 sigma 以上"和"在-3 sigma 以下"复选框(见图 9-42)。点击"继续"按钮回到主对话框。

4. 第四步,在主对话框中点击"确定"按钮,输出相应结果(见图 9-43)。

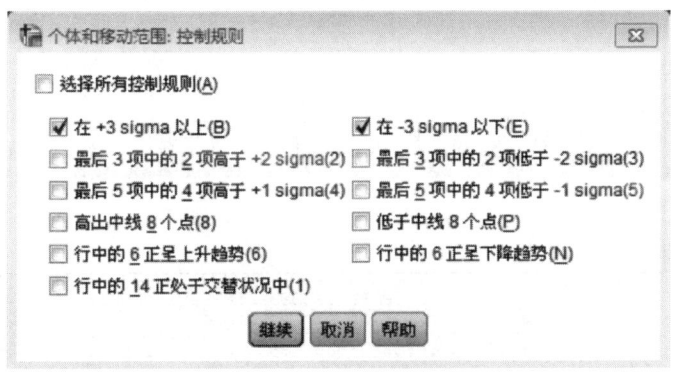

图 9-42 设置控制规则

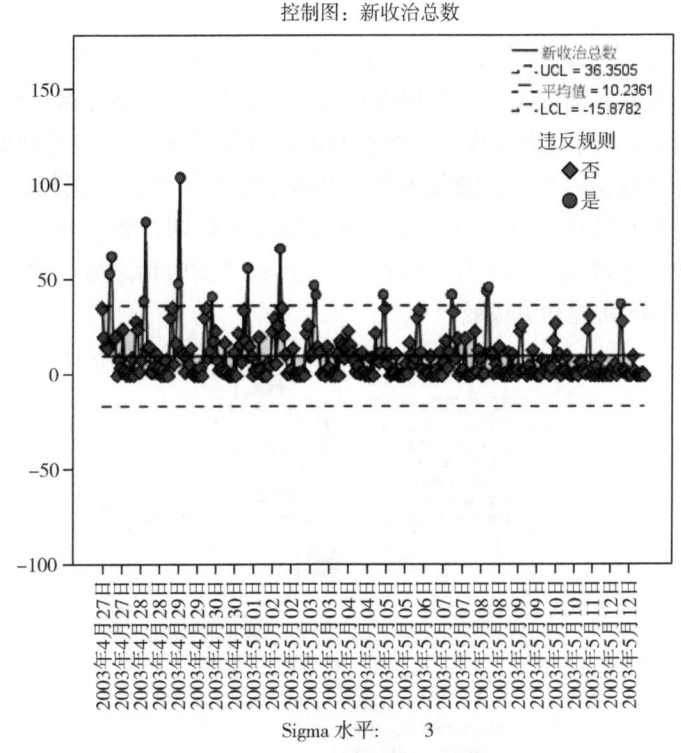

图 9-43 "新收治总数"的波动控制图（1）

三、实验结果及分析

对直接输出的控制图进行包括字体、显示数据标签、去除阴影等美化修饰工作，最终结果如图 9-44 所示。从中可见，开始阶段"新收治总数"变化较大，尤其是朝阳区、海淀区的发生数远高于 10.24 的平均水平。随着防控 SARS 工作力度的加强，疑似和确诊病例的及时收治，降低了交互传染的可能性，使得医院新收治数量逐渐减少，并最终降低到 0 的最低水平，可见防控 SARS 的方法效果明显。

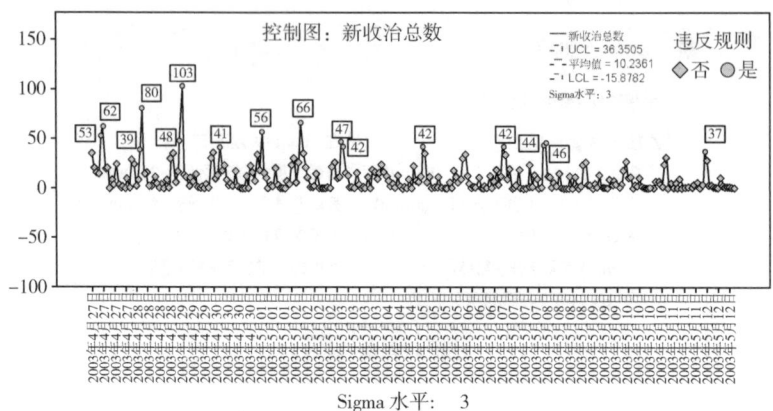

图9-44 "新收治总数"的波动控制图（2）

四、应用实例

继续利用此数据库，现在我们将分析整个北京市的"新收治总数"的发生变化情况。在进行控制图操作之前应首先对数据进行分类汇总①，即依据分组变量"报告时间"对北京市18个县区每日"新收治总数"进行求和汇总（见图9-45），得到如图9-46所示的新的数据结果。在新数据库基础上绘制每日"新收治总数"变化状况控制图（见图9-47），其中4月27日和29日是"新收治总数"增长较多的时期，随着防控力度加强，"新收治总数"增长幅度逐渐降低，到5月10日以后，每日"新收治总数"增长量低于100人，这说明北京市的SARS防控初见成效。

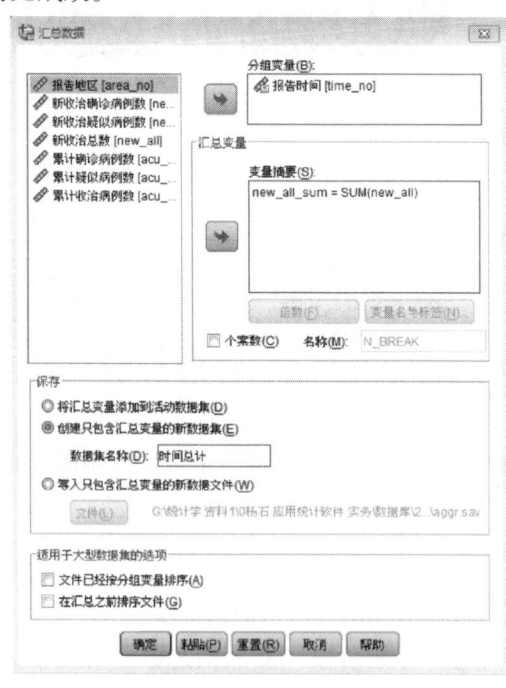

图9-45 分类汇总对话框

---

① 见第三章的"分类汇总"实验操作部分。

图 9-46 数据库及控制图属性设置框

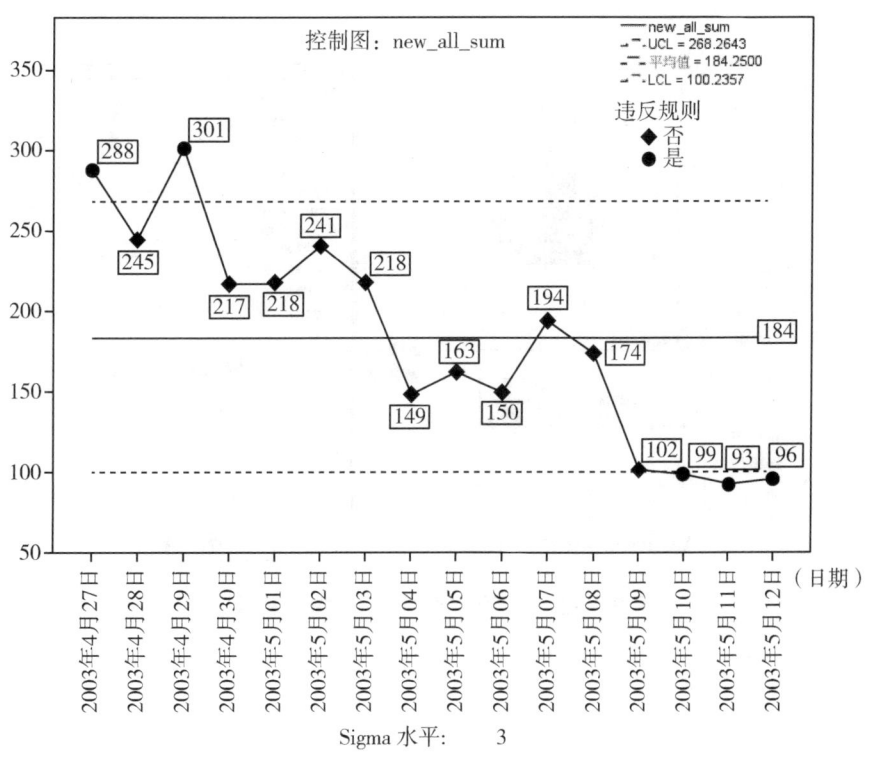

图 9-47 "新收治总数"变化状况控制图

实验六 人口"金字塔"

人口"金字塔"是直方图的变体,用于表示连续型变量在不同类别间的频数分布状况。但比直方图内容丰富,能够对不同类别间的各连续变量的频数进行对比。该图在分析有关人口的性别年龄特征方面具有重要应用。

一、实验目的和要求

1. 掌握人口"金字塔"操作规程;
2. 理解人口"金字塔"的含义。

二、实验步骤

【案例9.6】利用 custinfo 客户信息流失. sav 数据库中的 Gender(性别)、Age(年龄)变量绘制人口"金字塔",分析调查样本的人口特征。

1. 第一步,依次选择"图形(G)——图表构建程序(C)"菜单项,打开"图表构建程序"对话框。在"库"标签下的"选择范围"内选择"直方图",在右侧出现四个"模板",双击第四个"总体锥形图"模板,将会在上端的画布位置显示相应的图示结构(见图9-48)。

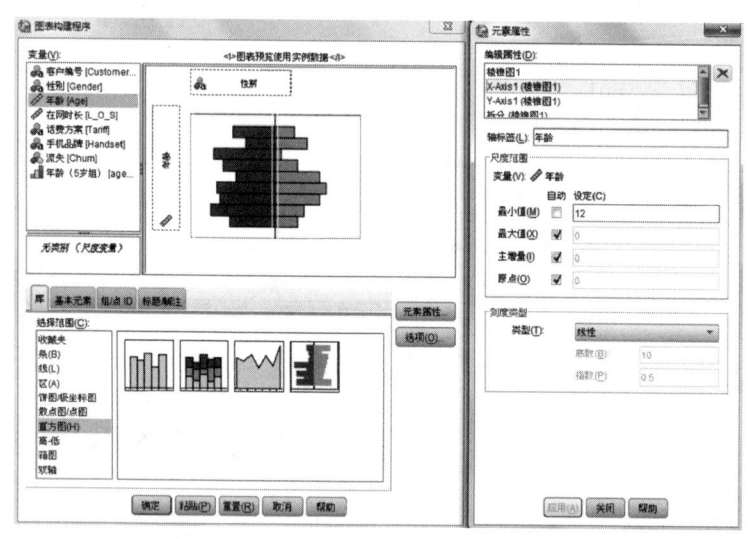

图9-48 年龄"金字塔"构建程序

2. 第二步,把"性别[Gender]"选入"拆分变量"文本框,把"年龄[Age]"选入"分布变量"文本框。

在"元素属性"子对话框中,选择"编辑属性"下的"X - Axis1(棱锥图1)",并设置"尺度范围"中的"最小值"为12,并点击按钮"应用"使设置生效。

3. 第三步,在主对话框中点击"确定"按钮生成图形(见图9-49)。

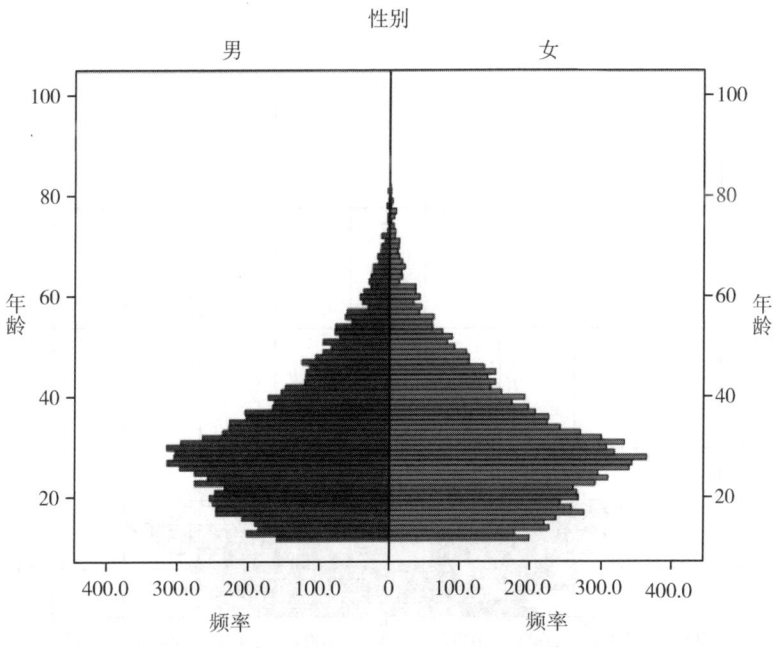

图 9-49 电信客户年龄"金字塔"(1)

三、实验结果及分析

从图 9-49 中我们可以发现调查样本的年龄以中青年为主,男女性别基本相当。但也发现该金字塔还有些不美观,信息表征不明的问题,可进一步修饰,去除阴影、修改纵轴刻度范围、增加网格线等(见图 9-50),最终结果如图 9-51 所示。

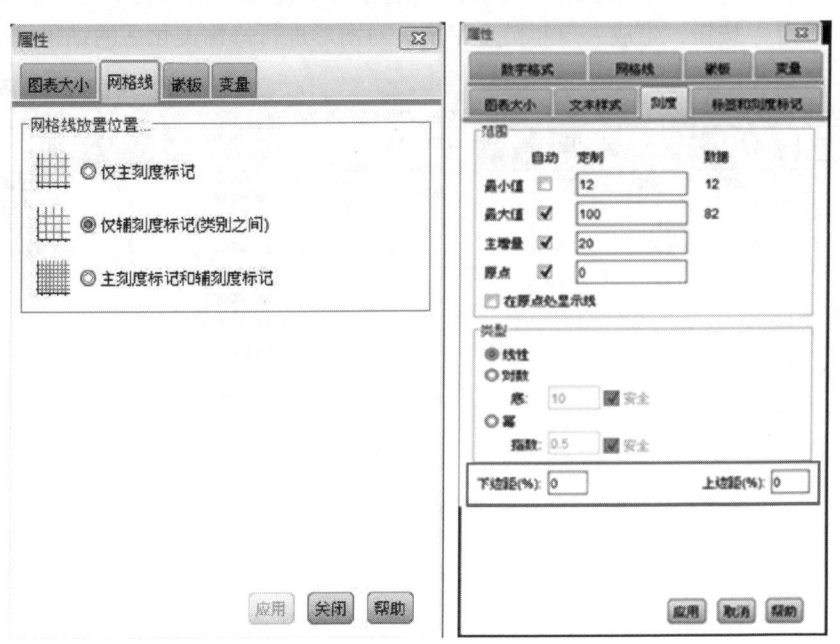

图 9-50 属性设置对话框

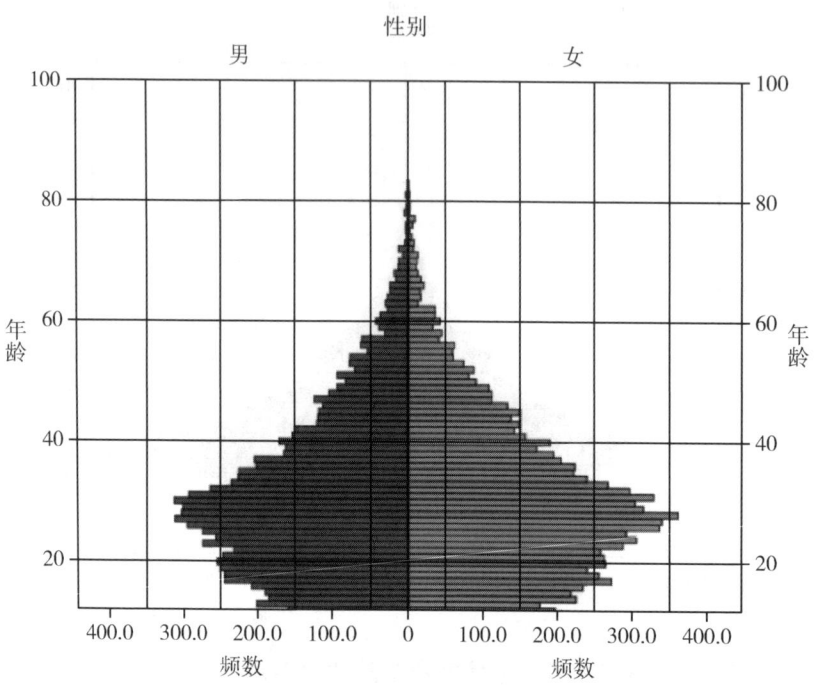

图 9-51　电信客户年龄"金字塔"（2）

四、应用实例

利用"六普分年龄性别人口.sav"数据库绘制人口年龄金字塔，其菜单选择如图 9-52 所示。在打开的"定义群体金字塔"对话框中把分析变量选入相应文本框（见图 9-53）。最后点击"确定"按钮，生成人口年龄金字塔。对图形进行修饰美化后的结果见图 9-54。

图 9-52　构建人口"金字塔"菜单项

图 9-53 人口"金字塔"对话框

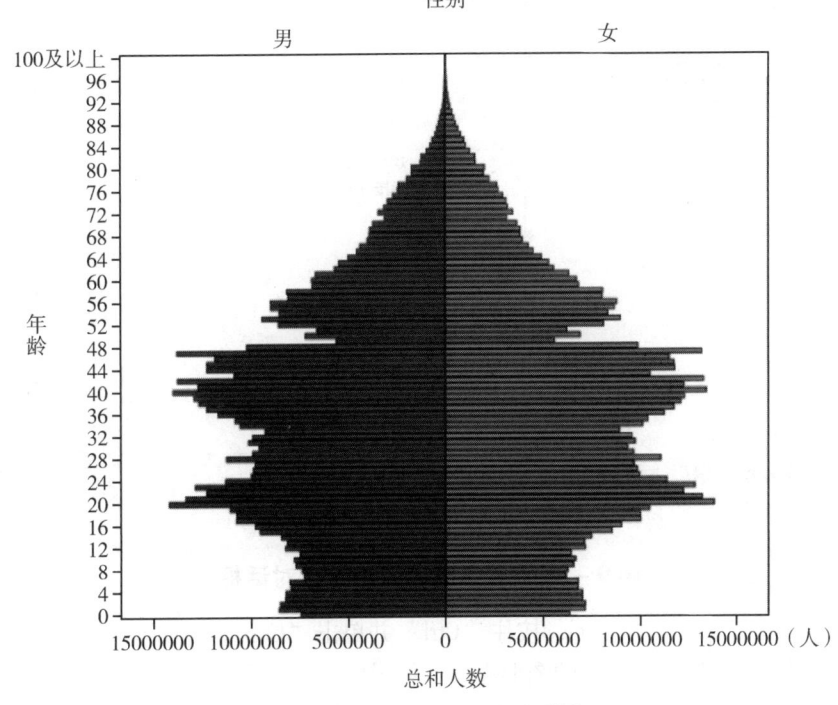

图 9-54 人口"金字塔"

实验七　3D 直方图

直方图用于展示连续型数值变量频数分布结构。但有时候我们会遇到两个连续型变量交互下的频数分布问题，这时候可借助 3D 直方图形式。3D 直方图中底平面上的两轴用于表示连续型变量，竖轴展示频数分布状况。

一、实验目的和要求

1. 掌握 3D 直方图的绘制过程；
2. 理解图形的实际含义。

二、实验步骤

【案例 9.7】利用"薪水影响因素.sav"数据库[①]，研究"salbegin"（起始工资）和"salary"（当前工资）两变量间的分布状况。

1. 第一步，依次选择"图形（G）——图形画板模板选择程序"菜单项，打开"图形画板模板选择程序"对话框（见图 9-55）。

图 9-55 图形模板选择程序对话框

2. 第二步，在"基本"标签下，按住"Ctrl"并单击"Current Salary"和"Beginning Salary"，将会在右侧显示多种可供选择的图形样式（见图 9-56）。点击选择"3-D Histogram"图形。

在"详细"标签下，可以看到有关图形的 x 轴和 z 轴的变量信息及输出图形的样式。

3. 第三步，其他设置采取默认方式，直接单击"确定"按钮完成操作，输出结果见图 9-57。

---

① 薛薇. 基于 SPSS 的数据分析 [M]. 北京：中国人民大学出版社，2006.

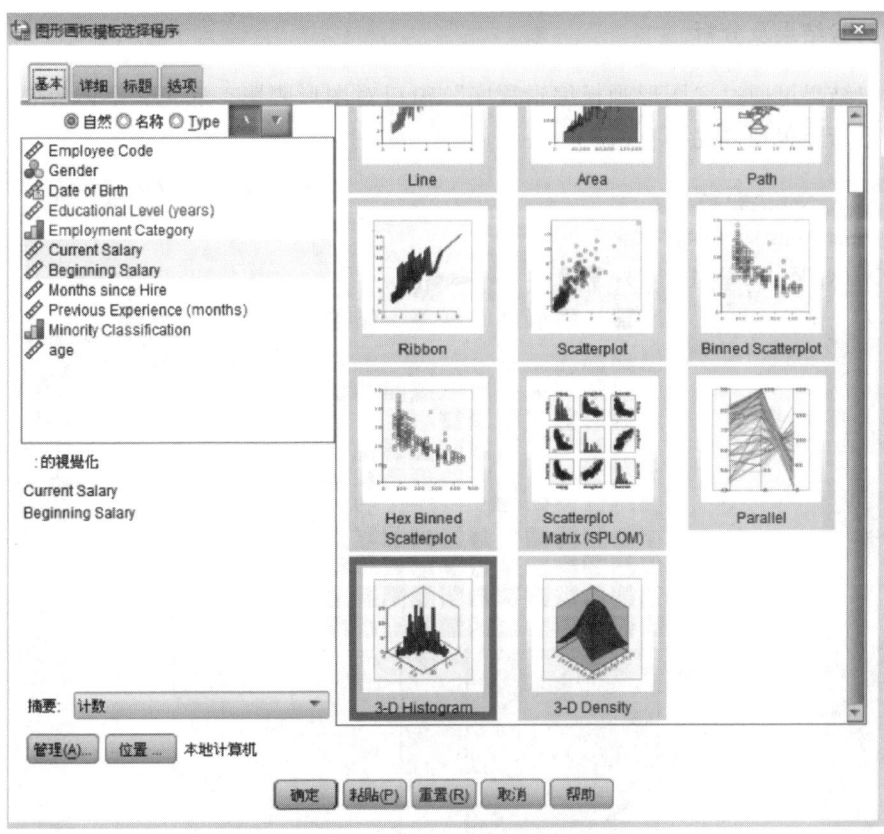

图 9-56 "3-D Density" 图形设置过程

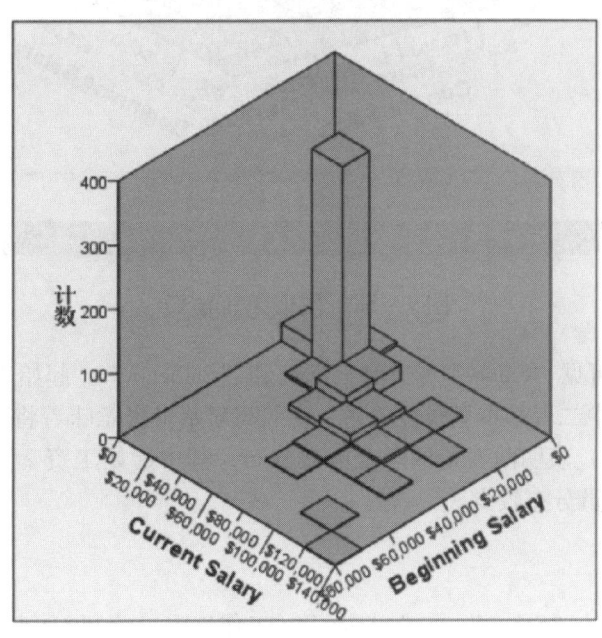

图 9-57 起始薪酬与当前薪酬的 3D 直方图

三、实验结果及分析

对输出结果可通过"图形画板编辑程序"窗口对图形阴影、底色、字体等要素进行修饰，使图形清晰美观（见图 9–58）。

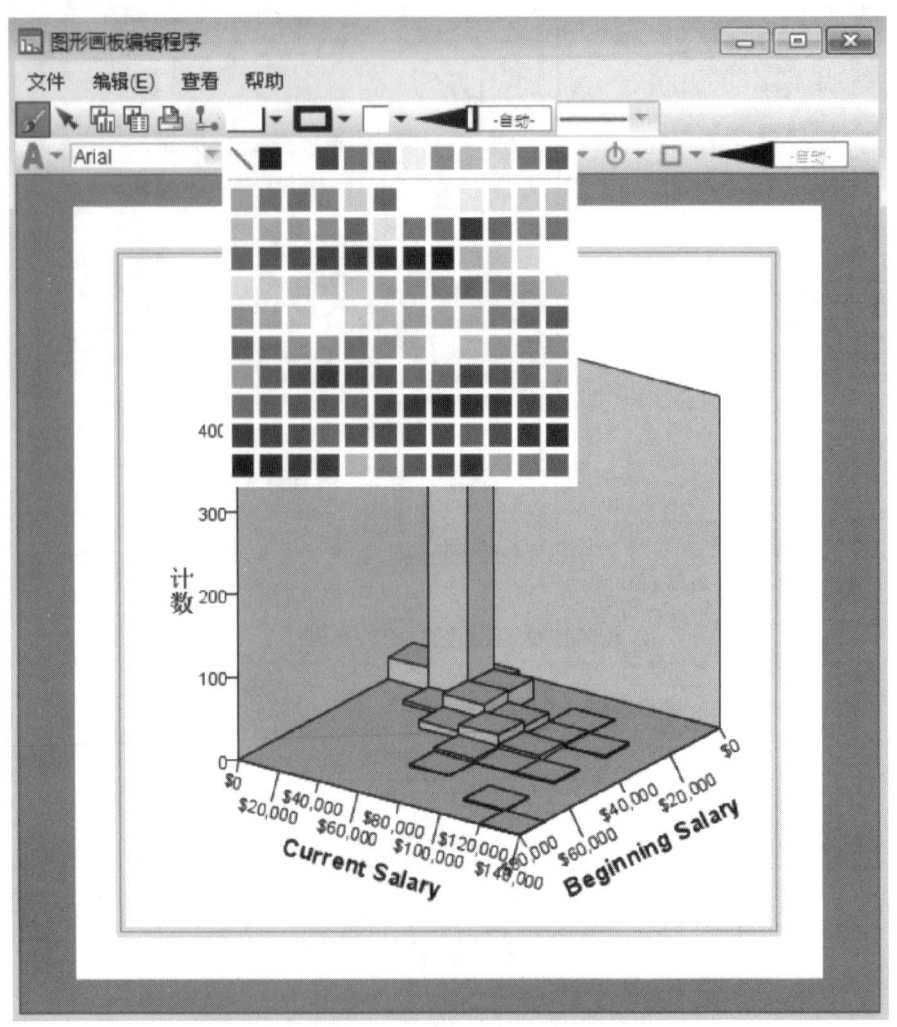

图 9–58　图形编辑窗口

从 3D 直方图中可见"Salary"（当前工资）和"Salbegin"（起始工资）的联合分布状况。底层 X–Z 平面中二者基本呈线性关系，说明高起始工资意味着将来也会获得较高的工资水平。竖轴（计数）表明两变量的联合频数分布，其中起始工资 2 万、当前工资 4 万的人数最多，而其他人员分布较少。

四、应用实例

利用本数据库中的"Salary"与"jobtime"（工作年限）绘制 3D 直方图，展示不同工作年限下的当前工资水平变化情况。

参考文献

[1] 薛薇. 统计分析与 SPSS 的应用（第四版）[M]. 北京：中国人民大学出版社，2014.

[2] 张文彤，邝春伟. SPSS 统计分析基础教程（第二版）[M]. 北京：高等教育出版社，2011.

[3] 张文彤，董伟. SPSS 统计分析高级教程（第2版）[M]. 北京：高等教育出版社，2013.

[4] 张文彤，钟云飞. IBM SPSS 数据分析与挖掘实战案例精粹[M]. 北京：清华大学出版社，2013.

[5] 吴明隆. 问卷统计分析实务：SPSS 操作与应用[M]. 重庆：重庆大学出版社，2010.

[6] 宗义湘，王俊芹. 统计学教程[M]. 北京：中国质检出版社，中国标准出版社，2012.

[7] 风笑天. 社会研究方法（第三版）[M]. 北京：中国人民大学出版社，2009.

[8] 戴维·R·安德森，丹尼斯·J·斯威尼，托马斯·A·威廉斯著. 张建华等译. 商务与经济统计（第11版）[M]. 北京：机械工业出版社，2012.

[9] 贾俊平，何晓群，金勇进. 统计学（第6版）[M]. 北京：中国人民大学出版社，2015.

[10] 卢纹岱，朱红兵. SPSS 统计分析（第5版）[M]. 北京：电子工业出版社，2015.

[11] [美] 艾格瑞斯蒂，[美] 芬蕾著，朱红兵译. 社会科学统计方法（第4版）[M]. 北京：电子工业出版社，2011.

[12] 朱红兵. 应用统计与 SPSS 应用[M]. 北京：电子工业出版社，2011.

后　记

　　《SPSS 应用与案例分析》终于出版了，回想写作过程中的点点滴滴，感触颇多。由最初提出设想，编写提纲开始，持续了很长时间，设计编写体例、具体内容几易其稿，讨论多次，期间还考虑增加其他相关软件的案例操作，但最终因书稿内容较多，在规定的课时内完成教学任务有一定难度而放弃。

　　成稿的过程也是一个学习的过程，由最初的提纲编制、第一稿讲义、第二稿讲义……到最后的书稿，期间经历了多届学生的使用、修改和完善。这期间学生的参与讨论也为此书的写作提供了巨大的帮助，他们为了更好地理解问题、理解统计分析的基本原理，利用数据计算来验证结果之间的数量关系，达到了统计软件操作既知其然又知其所以然的目的。书中的操作步骤经过了仔细的验证，能够准确实现实验目的，达到数据分析的要求，这要感谢三位编委所带领的操作验证小组，他们是李华、刘佳琪、颜慧贤、刘文琪、郑杰、杨文秀等，是大家的通力合作才完成了一遍遍的验证。

　　特别鸣谢：赵邦宏教授、王建忠教授、尉京红教授、宗义湘教授、王俊芹教授、张亮教授、张润清教授、孙文生教授在教学和写作过程中给予的指导和帮助。但由于自身能力和水平有限，书中难免存在疏漏，文责由编者承担，存在不当之处敬请批评指正。